세컨드 브레인을 구축하는
제텔카스텐
& 옵시디언

세컨드 브레인을 구축하는
제텔카스텐 & 옵시디언

초판 1쇄 발행 | 2024년 8월 5일
초판 2쇄 발행 | 2025년 2월 14일

지은이 생산적생산자 | **펴낸이** 이은성 | **편집** 홍순용 | **디자인** 백지선 | **펴낸곳** *e*비즈북스 |
주소 서울시 종로구 창덕궁길 29-38, 4-5층 | **전화** (02)883-9774 | **팩스** (02)883-3496 |
이메일 ebizbooks@naver.com | **등록번호** 제2021-000133호

ISBN 979-11-5783-351-1 03000

*e***비즈북스**는 푸른커뮤니케이션의 출판 브랜드입니다.

세컨드 브레인을 구축하는

제텔카스텐 & 옵시디언

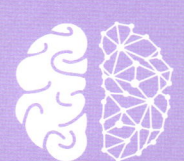

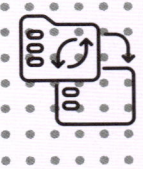

생산적생산자 지음

ℯ 비즈북스

● 프롤로그 ●

저는 메모를 좋아했습니다. 대학생 시절부터 주머니에 들어가는 메모장과 작은 볼펜으로 해야 할 일이나 일상, 저의 생각을 적었고 스마트폰이 나온 뒤에는 노트 어플을 활용했습니다. 그리고 다양한 메모 관련 도서와 인터넷 정보를 보면서 메모의 의미와 방법론을 하나씩 배워갔습니다.

신입사원 시절에는 업무 관리를 위해 원노트OneNote라는 프로그램을 사용했습니다. 업무 내역은 물론이고 간식이 나오는 요일과 회식 때 갔던 백숙집 이름까지 빠짐없이 메모했습니다. 원노트 다음엔 에버노트Evernote를 사용했습니다. 업무 일지와 매뉴얼을 에버노트에 만들어 업무 처리 내역을 남겼는데, 다양한 에버노트 강의와 모임에 참여하며 열의를 갖고 사용했습니다.

이후엔 워크플로위Workflowy라는 노트 프로그램을 업무와 콘텐츠 제작에 이용했습니다. 이 프로그램은 끊임없이 파생되는 생각이나 질문을 계층 구조로 표현하고, 복잡한 회사 업무를 요소별로 나눠서 챙길 수 있게 해주었습니다. 콘텐츠 목차 구성, 강의 기획 및 교안 작성에도 이 프로그램을 활용할 수 있었습니다.

그런데 열정적인 저의 메모 인생에 빨간불이 켜졌습니다. '나라는 사람은 평생 새로운 지식을 배우고 공부할 것이 분명한데, 오랜 시간 동안 메모하고 보관해둔 자료를 찾기 어렵고 찾더라도 활용하기 어려운 경우가 많다'는 것입니다. 분명 전에 어떤 문서나 영상을 보고 관련 메모를 남겼는데, 시간이 지난 뒤에 찾으려 하면 그 기록을 찾지 못하는 경우가 많았습니다. 그러면 다시 시간을 들여서 정리하고 메모해야 했습니다. 적어둔 것을 찾지 못해 다시 기록할 때의 막막함은 처음 내용을 적을 때의 그것보다 더 컸습니다.

　다른 문제도 있었습니다. 제가 사용하던 프로그램들은 선형적 방식으로 운영되어 날짜나 주제를 정하고 그 안에서 경험한 순서에 따라 메모해야 했습니다. 지식은 다른 지식과 연결될 때 가치가 커지고 새로운 아이디어를 만들어내는데, 기존의 메모법으로는 그러한 작업을 수행하기 어려웠습니다.

　이런 상황을 한번 생각해보겠습니다. MBTI 테스트를 했는데 역사 속 어떤 인물이 나와 같은 유형인지 궁금합니다. 찾아보니 소설 《데미안》의 저자인 헤르만 헤세가 있습니다. 갑자기 전에 《데미안》을 읽고 적어둔 나의 생각이 보고 싶어집니다. 이어서 《데미안》과 마찬가지로 개인의 의식적 성장이라는 주제를 다룬 서머싯 몸의 소설 《면도날》이 떠오릅니다. 그런데 의식적 성장이라는 단어에서 명상이 떠오릅니다. 그러다가 다시 《데미안》과 《면도날》을 읽었던 독서모임이 생각나고, 당시 모임 회원들과 무슨 대화를 나눴는지, 지금 그 사람들은 어떻게 지내는지 궁금해집니다. 의식의 흐름 기법으로 쓰인 《율리시스》를 읽어볼까 하는 생각에까지 도달합니다. 이렇게 다양하게 뻗어나가는 무작위적인 인간의 사고를 아우를 수 있는 메모법이 필요하다는 생각이 들었습니다.

　내적 불만은 탐험의 동력이 되는 경우가 많습니다. 메모 프로그램을 찾던 중 압도적인 생산성을 발휘한 니클라스 루만 교수의 제텔카스텐 메모법을 알게 되었습니다. 제텔카스텐 메모법이란 '개별 내용의 독립된' 메모들을 연결하여 복잡한 아이디어와 지식을 체계적으로 관리하는 방법입니다. 제텔카스텐 방식을 활용하면서, 학습 능력이 좋아지는 것을 느낄 수 있었습니다. 내가 이해한 내용으로 메모하는 방식 덕분이었습니다. 이해한 후에야 문장으로 남길 수 있기에 정보를 받아들일 때 설명하기 애매한 부분을 줄여나갈 수 있었고, 동료와의 커뮤니케이션 및 강의력 향상에도 도움이 되었습니다.

　무엇보다 새롭게 배우는 지식이 기존에 내가 갖고 있던 지식과 어떻게 연결될 수 있는지 적극적으로 찾는 과정을 통해 나의 지식 자산을 점검할 수 있었고, 예상치 못한 연결이 발견되는 창의적 순간을 자주 경험할 수 있었습니다. 그리고 이 메모법이 옵시디언 프로그램과 결합하면, 기존 메모 방식 및 노트 프로그램에서 느꼈던 불편함, 불만족을 해결할 수 있을 것이라는 생각이 들었습니다. 옵시디언Obsidian은 개인지식관리 및 노트 작성에 최적화된, 마크다운 형식을 사용하는 강력한 노트 앱입니다. 에버노트와 노션에 이은 제3세대 메모 앱으로, 제텔카스텐 방식을 도입해 다양한 분야의 지식을 쌓을 수 있게 도와줍니다. 저 역시 열정적으로 활용했고, 늘어가는 옵시디언 메모를 바라보며 지식의 증가를 정량적으로 파악할 수 있었습니다. 그 위력을 잘 알기에 개인 코칭을 진행하며 수강생들과 함께 생산성을 높이는 방법을 연구하고 있습니다. 그리고 그 효과를 더 널리 공유하고 싶어 책을 쓰게 되었습니다.

저는 이 책에서 제텔카스텐 메모법을 효과적으로 구현하고 활용하기 위해 옵시디언을 사용하는 방법을 안내했습니다. 그래서 이 책은 우선 제텔카스텐 원리에 대해 소개하고, 옵시디언 프로그램에 대한 기본 설명과 활용법을 안내한 다음, 활용 사례와 원리를 설명하는 순서로 구성되어 있습니다. 순서대로 따라오시면 여러분만의 유기적이고 통합적인 지식관리 시스템을 구축하실 수 있을 겁니다. 이 책이 여러분의 지적 영토를 확장하는 과정인 동시에 원하는 삶의 방향성을 찾는 데 도움이 되기를 바랍니다.

생산적생산자

● 차례 ●

프롤로그   005

1장 지식을 연결하고 생각을 확장하는 제텔카스텐 메모법

지식을 연결해 새로운 아이디어와 이론을 생성하는 생산적이고 특이한 메모법 ·············· 014
- 제텔카스텐, 니클라스 루만의 지식 보관 방법   014
- 연결형 지식 구축을 통한 창의력 및 생산성 증대   016

제텔카스텐 메모의 종류와 원리 ·············· 018
- 임시메모 Fleeting Notes   018
- 문헌메모 Literature Notes   019
- 영구메모 Permanent Notes   021
- 제텔카스텐의 진정한 목적은 연결을 통한 생각의 발전   023

제텔카스텐을 사용하면 할 수 있는 일 ·············· 024

개인지식관리를 돕는 제텔카스텐과 옵시디언 ·············· 028

2장 옵시디언 프로그램 살펴보기

옵시디언 프로그램의 특징 ·············· 032

옵시디언 프로그램 시작하기 ·············· 040
- 보관소 Vault 생성하기   040
- 옵시디언 첫 화면   045
- 옵시디언 설정하기   053
- 옵시디언 오른쪽 사이드바   075

제텔카스텐 메모법 활용을 위한 기본 설정 ······ 078
- 옵시디언에 노트 폴더 만들기   078
- 템플릿 폴더 경로 지정하기   079
- 템플릿 노트 만들기   080

옵시디언을 구성하는 뼈대, 마크다운 문법 ······ 084
- 마크다운 문법이란?   084
- 헤더Header   085
- 인용Block Quote   086
- 불릿 포인트   087
- 수평선   087
- 글자 강조   088

옵시디언 노트 연결하기 ······ 089
- 노트 연결   089
- 노트 연결 활용(헤더)   091
- 노트 연결 활용(블록)   093
- Aliases(별명으로 설정)   096
- 굵게 하기 / 기울이기 / 중앙 정렬하기   097
- 인라인 코드 / 코드 블록   098

3장 지식의 폭을 넓혀주는 옵시디언 기능들

옵시디언 메뉴 기능 살펴보기 ······ 102
- 노트 추가 메뉴 설명   102

플러그인 살펴보기 ······ 120
- 코어 플러그인   120
- 커뮤니티 플러그인   130

옵시디언 그래프 뷰

- 그래프 뷰Graph View 147
- 로컬 그래프Local Graph 150
- 그래프 뷰를 통한 노트 연결 관계 파악 151
- 그래프 뷰 활용 153

4장 옵시디언으로 개인지식관리하기

제텔카스텐 메모별 실전 노하우 164

- 내 생각과 아이디어를 임시메모로 만들기 164
- 책과 영화, 기사를 문헌메모로 만들기 169
- 나의 지식관리를 도와주는 리소스메모 175
- 평범한 내용도 가치 있게 만들어주는 일간메모(데일리 노트) 176

영구메모를 만들고 메모끼리 연결하기 179

- 실전! 영구메모 만들기 179
- 영구메모 인덱스 만들기 184
- 연결을 찾지 못하는 순간은 메모를 다시 복습하는 시간 188

콘텐츠 생성을 위한 제텔카스텐 190

- 메모를 연결해 콘텐츠 생성하기 190
- 글쓰기를 도와주는 제텔카스텐 191

5장 생산성을 높이기 위한 워크플로우 및 활용 사례

제텔카스텐을 활용한 개인지식관리 196

- 유튜브 영상 - 영구메모 흐름 196
- 독서 - 영구메모 흐름 204
- 기사 - 리소스메모 흐름 211

회사원의 제텔카스텐 & 옵시디언 활용(PARA) ·········· 217
- 업무지식을 쌓는 데 도움을 주는 제텔카스텐 217
- PARA & Dataview로 할일 관리 220
- 어떤 직무든 적용할 수 있는 시스템 223

연구자의 제텔카스텐 & 옵시디언 활용(Zotero) ·········· 224
- Zotero에서의 연구 자료 관리 224
- 옵시디언으로의 자료 동기화 228

그 외의 제텔카스텐 & 옵시디언 활용 232
- 개발자의 활용 사례 232
- 소설가의 활용 사례 233
- 크리에이터의 활용 사례 235

6장 챗GPT와 옵시디언을 통한 지식관리 및 학습

옵시디언에서 챗GPT를 활용한 개인지식관리 ·········· 238

챗GPT와 옵시디언의 협업 준비 ·········· 242
- Smart Connections 플러그인 활용 지식 연결 강화 246

챗GPT가 가능하게 해주는 생산적 업무 방식 ·········· 254

에필로그 259

1장

지식을 연결하고 생각을 확장하는 제텔카스텐 메모법

지식을 연결해 새로운 아이디어와 이론을 생성하는 생산적이고 특이한 메모법

💎 제텔카스텐, 니클라스 루만의 지식 보관 방법

20세기 사회학 분야에서 가장 중요한 인물 중 하나로 평가받는 니클라스 루만은 자신이 학문적 성과를 쌓을 수 있었던 기반으로 제텔카스텐Zettelkasten이라는 메모 방식을 꼽았습니다. 제텔카스텐은 독일어로 메모 상자를 의미합니다. 루만은 9만 장이 넘는 메모를 기록해 상자에 모았으며, 이를 활용해 사회체계이론을 세우는 것을 비롯해 사회학의 여러 영역에 크게 기여할 수 있었습니다. 사회 시스템, 법률, 종교, 경제뿐 아니라 사랑까지, 그는 다양한 주제를 깊이 있게 이해하고 분석할 수 있었습니다.

루만도 처음에는 책이나 논문에 밑줄을 치고 여백에 기록하는 기존의 메모 방식을 사용했습니다. 하지만 새로운 글을 써야 할 때마다 백지 상태에서 시작하는 자신을 발견한 그는 기존의 메모 방식이 효율성이 떨어진다는 것을 깨닫습니다. 새로운 방식을 고민하던 그는 작성한 메모가 연결되는 맥락만큼 가치를 지닌다는 점을 알아내 이것을 가장 잘 구현하는 연결형 메모법인 제텔카스텐을 본격적으로 도입하였습니다.

루만이 사용한 제텔카스텐은 이전에는 찾아볼 수 없었던 획기적인 메모 방법이었습니다. 각 메모에 하나의 아이디어나 관찰을 기록하고, 관련 있는 메모의 인덱스 번호를 기재하여 노트 간의 상호 연결을 가능하게 했습니다. 각각의 메모를 독립된 개체로 보면서도 이들을 연결하는 방법을 찾은 것입니다. 이것은 지식을 선형적으로 쌓는 전통적인 방법과는 다릅니다. 비선형적으로 지식을 쌓는 새로운 방법으로, 연결된 지식을 구축하는 데에 효과적입니다.

이러한 방식은 루만이 단순히 지식을 저장하고 모아두는 것에 그치지 않고, 새로운 아이디어와 이론을 생성하고 생산적인 저술 작업을 진행하는 데 큰 도움이 되었습니다. 그의 메모 상자, 제텔카스텐은 단순한 정보 저장소가 아닌, 지식을 생성하고 발전시키는 플랫폼으로 작동한 것입니다. 이러한 메모 시스템의 활용은 오늘날 많은 연구자들과 작가들에게 영감을 주었으며 지식 작업의 방식에 큰 영향을 미쳤습니다.

제텔카스텐은 수집 → 가공 → 출력 순서로 메모를 만들고 활용합니다. 다음 그림은 이러한 메모 시스템을 도식화한 것입니다.

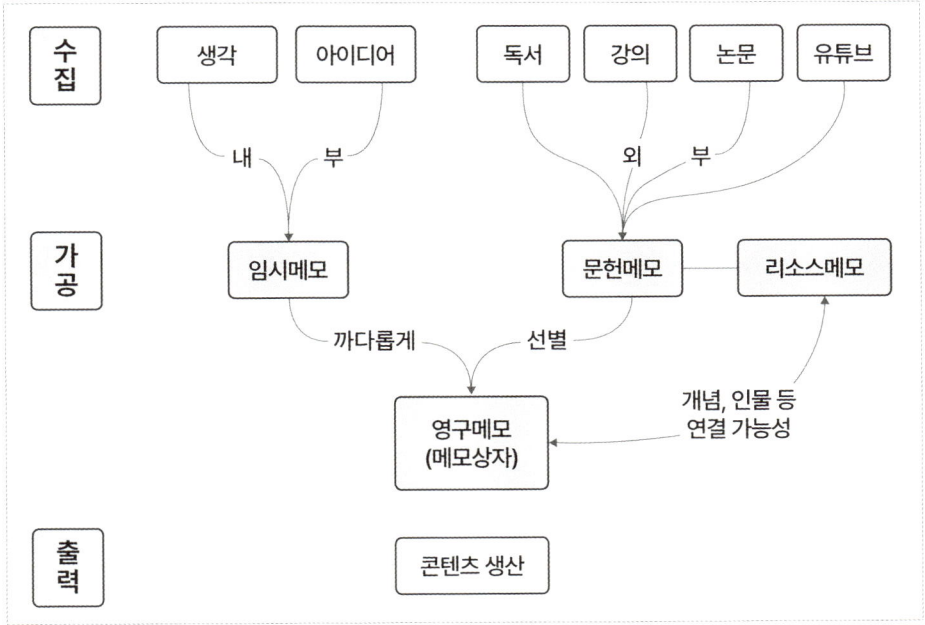

그림 1-1 **제텔카스텐 메모 구조도**

수집 단계에서 생각과 아이디어는 '내부' 자료입니다. 내 생각과 내 아이디어이기 때문입니다. 그리고 독서나 강연, 논문, 유튜브 등은 '외부' 자료입니다. 말 그대로 외부에서 얻은 것이기 때문입니다. 이렇게 정보들을 수집해 가공하고 보관한 메모를 활용하여 콘텐츠를 만드는 것입니다. 그 과정에서 가장 큰 역할을 하는 것이 바로 '연결'입니다. 연결은 이 책 전체에서 계속 언급되는 중요한 단어입니다.

💎 연결형 지식 구축을 통한 창의력 및 생산성 증대

제텔카스텐의 메모들은 개별적이고 단편적인 정보나 아이디어를 담고 있습니다. 이 메모들은 서로 연결되어 다양한 맥락을 형성할 때 진가가 드러납니다. 개별 메모는 서로 연결될 때 더 가치 있어지고, 더 크고 의미 있는 지식 구조를 만들어냅니다. 제텔카스텐 방식으로 조직된 메모들은 예상치 못한 연결의 가능성을 열어 창의적인 사고를 촉진하고 새로운 아이디어를 발견할 수 있게 합니다.

제텔카스텐을 통해 학자들은 복잡하고 다방면에서 검증된 이론을 좀 더 쉽게 개발하고, 작가들은 이야기의 구조나 캐릭터 간의 관계를 설득력 있고 새롭게 구축할 수 있습니다. 또 연구자들은 방대한 데이터와 아이디어를 통합하고 다양한 분야의 지식을 연결하여 새로운 통찰을 얻을 수 있습니다. 글을 쓰고 영상을 만드는 콘텐츠 크리에이터들도 단순한 메모 도구를 넘어서는, 생각과 창의력을 체계적으로 발전시키는 개인지식관리 방법론으로 제텔카스텐을 사용할 수 있습니다.

루만의 사례는 제텔카스텐 방식이 어떻게 개인의 생각과 아이디어를 체계적으로 발전시킬 수 있는지 보여줍니다. 이 시스템은 단순히 기존 지식을 재구성하는 것을 넘어서, 새로운 관점과 통찰을 제공하며 복잡한 문제를 해결하고 창의적인 아이디어를 생성하는 데 기여합니다. 이를 통해 더 깊이 있고 의미 있는 학습과 연구가 가능해집니다. 다음 쪽의 [그림 1-2]는 저와 함께 제텔카스텐을 공부한 분이 옵시디언을 사용해 작성한 메모입니다.

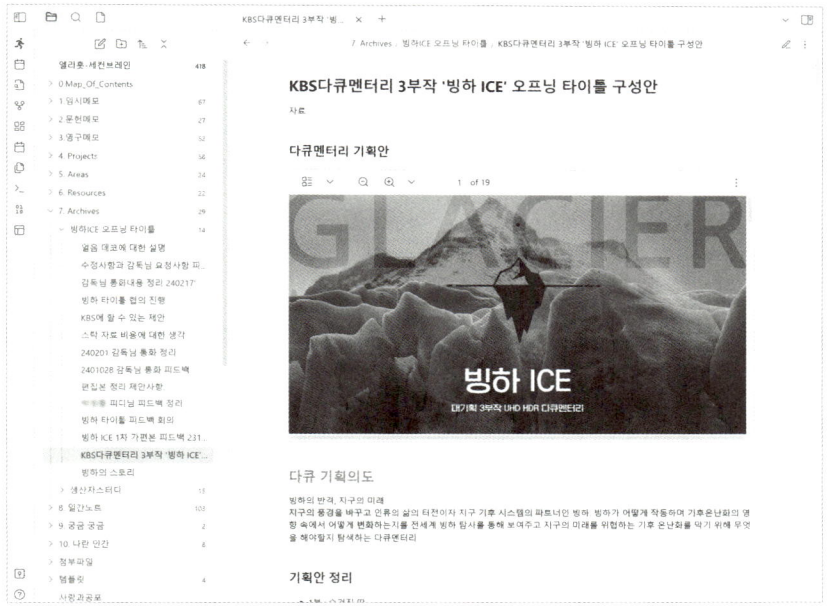

그림 1-2 제텔카스텐 방식으로 작성된 메모 사례

이분은 다큐멘터리 프로그램을 제작하면서 수주 발표 자료 작성, 작업 레퍼런스 관리 및 내부 인원과의 소통에 옵시디언을 활용해 이전보다 순조롭게 작업을 할 수 있었다고 합니다.

   독자 여러분이 제텔카스텐 방법을 활용해 메모를 작성한다면, 처음에는 당연히 메모도 적고 연결도 적을 것입니다. 그렇지만 꾸준히 메모를 추가해 나간다면, 활용할 수 있는 메모와 연결도 많아질 것이고, 이전보다 더 효율적으로 작업을 할 수 있을 것입니다.

제텔카스텐 메모의 종류와 원리

제텔카스텐의 메모에는 임시메모와 문헌메모, 그리고 영구메모가 있습니다. 임시메모와 문헌메모는 초기 단계의 메모로 아직 다듬어지지 않은 원석이지만, 갈고 다듬는 과정을 거친다면 다이아몬드처럼 가치 있는 영구메모가 되어 나의 제텔카스텐을 풍부하게 해주고 지식의 원천이 될 수 있습니다. 각각의 메모들을 하나씩 살펴보며 특징을 알아보고 영구메모로 발전시키는 과정을 알아보겠습니다.

🪨 임시메모 Fleeting Notes

'임시메모'는 일상에서 떠오르는 생각이나 아이디어를 간단하게 기록하는 메모입니다. 영구메모로 발전할 수 있는 후보들을 수집하는 초기 단계에 만들어집니다. 'Fleeting'이라는 단어에 '떠다니는'이라는 의미가 있듯이 임시메모는 우리의 일상이나 마음속에 떠다니는 생각을 포착하고 그중에서 의미 있는 것을 선별합니다. 이는 쏟아지는 일을 효과적으로 수집하고 분류해서 처리하는 GTD Getting Things Done 방법론에 나오는 '수집함 Inbox'과 유사한 개념이라고 보시면 됩니다.

이러한 임시메모는 **'나의 생각'**에서 출발합니다. 일상의 다양한 상황, 갑자기 떠오르는 아이디어, 내면에서 우러나오는 감정이나 상념 등이 그 내용이 될 수 있습니다. 임시메모들은 창의적인 사고의 씨앗이 되며, 나중에 보다 구체적이고 체계적인 생각으로 발전할 가능성이 무궁무진합니다. 처음에는 별 볼 일 없는 것처럼 보이는 것도 어딘가에 쓸모 있을 수도 있으니 진지하게 대하고 생각이나 아이디어가 사라지기 전에 즉시 메모해두는 것이 필수입니다. 이는 나중에 영구메모로 발전시키기 위한 중요한 재료가 됩니다.

하루는 스레드에서 월간 윤종신에 대한 포스팅을 봤습니다. 15년 동안 한번도 빠지지 않고 매월 하나의 곡을 만들어왔다는 윤종신에 관해 이야기하며, 완벽하지 않더라도 배출하듯 글을 써야 한다는 내용이었습니다. 저는 이 포스팅을 보고 '글쓰기 변비에 걸리지 않으려면 꾸준한 배출이 필요하다'라는 임시메모를 만든 다음 이를 영구메모로 가공하는 과정을 거쳤습니다. 이후에 《먹고 기도하고 사랑하라》의 작가인 엘리자베스 길버트의 '글쓰기라는 집'이라는 강의를 듣고 남겼던 문헌메모와 해당 영구메모를 연결하는 작업까지 할 수 있었습니다.

문헌메모 Literature Notes

'문헌메모'는 콘텐츠를 정리한 메모입니다. 책, 논문, 기사 등 외부 소스에서 얻은 지식을 개인적인 관점으로 재해석하고 정리하는 것이 주요 목적입니다. 외부 콘텐츠의 내용과 그 콘텐츠와의 상호작용을 통해 얻은 인사이트가 그 중심 내용이 됩니다. 콘텐츠의 인상적인 부분을 기록하고 그에 대한 생각을 자신의 언어로 정리하는 것입니다.

또한 문헌메모는 출처 관리의 목적도 있습니다. 원문과 그에 대한 자신의 생각을 적어놓은 노트의 출처를 관리해서 다시 찾아볼 때나 글을 쓰거나 콘텐츠를 만들 때 참고할 수 있습니다.

문헌메모는 나의 생각이 기반이 되는 임시메모와 달리 출처가 명확해 지식의 깊이를 더할 수 있어 좋습니다. 루만은 책이나 논문을 읽으면서 그 내용에 대한 자신만의 해석과 연결점을 찾아 메모했습니다. 옵시디언 같은 디지털 플랫폼을 활용하면 이러한 과정을 더 용이하게 만들 수 있습니다. 옵시디언에서는 '이 페이지에서는 A 내용이 나오고 이 부분은 B 개념과 연결된다'와 같은 형식으로 기록할 수 있으며,

이러한 방식은 복잡한 개념을 보다 쉽게 이해하고 지식 체계에 통합하는 데 도움이 됩니다. 다음은 제가 《본깨적》이라는 책을 보고 옵시디언에서 작성한 문헌메모의 사례입니다.

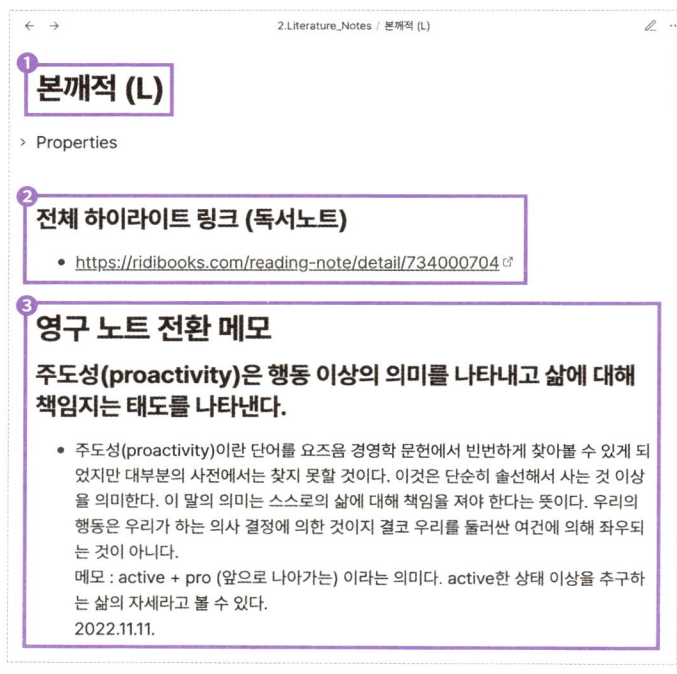

그림 1-3 문헌메모 사례

❶에는 제목을 적습니다. 책제목을 제목으로 삼았습니다. ❷에는 전자책(저는 리디북스로 읽었습니다)으로 이 책을 읽으면서 하이라이트한 부분들이 링크로 표시됩니다. 링크를 클릭하면 전자책의 독서노트 부분으로 이동됩니다. ❸에는 하이라이트한 내용들이 표시됩니다.

영구메모 Permanent Notes

임시메모와 문헌메모에서 선별한 아이디어와 정보를 자신의 언어로 재정리하여 기록하는 메모로 제텔카스텐에서 가장 중요한 구성 요소입니다. 영구메모를 작성할 때는 충분히 생각하고 고민한 후에 선별해서 영구메모 내용을 골라야 합니다. 루만은 하루 종일 지식을 탐구하고 자료를 읽는 연구자였음에도 불구하고 매일 6장 정도만 영구메모로 작성했다고 합니다. 까다로운 기준을 충족하는 내용만 영구메모로 작성해 메모의 가치와 중요성을 높였습니다. 영구메모를 만든다는 것은, 단순히 정보를 기록하고 입력하는 데서 더 나아가 기존에 만들어두었던 다른 영구메모들과 연결하며 지식으로 만들어나가는 것입니다. 영구메모를 작성할 때는 3가지 중요한 원칙이 있습니다.

그림 1-4 자료 신청

첫째, **일관된 템플릿을 사용해야 합니다.** 일관된 형식의 메모는 향후 메모끼리의 연결을 돕고 작성 과정에서의 혼란을 최소화합니다. 내가 경험하고 학습한 지식의 형태가 매번 다르게 기록돼 있으면 다른 지식과 연결되기가 어렵습니다. 형태가 특이한 퍼즐이 기존의 다른 퍼즐과 결합되기 어려운 것과 같은 원리입니다. 그래서 같은 양식의 템플릿을 사용하시는 걸 추천합니다. 옵시디언을 처음 사용하는 분들은 템플릿 샘플이 필요할 수도 있습니다. [그림 1-4]의 QR 코드를 스캔하고 이메일 주소를 입력하시면 일간메모, 문헌메모, 영구메모, 제텔카스텐 샘플 템플릿을 비롯해 136쪽과 196쪽의 예시를 따라 해보실 수 있는 노트들이 자동으로 발송됩니다. 템플릿 사용법은 79쪽에 설명되어 있습니다.

둘째, **반드시 자신의 언어로 작성해야 합니다.** 자신의 언어로 정리해서 기록한다는 말은 제대로 이해하고 메모를 작성하는지 여부를 스스로 확인한다는 의미입니다. 메모할 때 자신의 언어로 잘 표현되지 않으면 이해되지 않은 것이라고 보고 다시 개념을 살펴보면서 완전히 이해한 뒤 영구메모로 만들어야 합니다.

셋째, **하나의 메모에는 하나의 내용만 적어야 합니다.** 만약 하나의 메모에 2개 이상의 내용이 들어가 있으면 이 메모와 향후 다른 메모를 연결하고 조합하기가 어렵다는 문제가 발생합니다. 이렇게 하나의 메모에 하나의 내용만 담아야 하는 성질을 원자성atomicity이라고 합니다.

루만의 영구메모는 각각의 고유한 번호를 가졌으며 이는 다른 노트에서 참조할 때 사용됩니다. 옵시디언에서는 노트 제목 자체가 번호 역할을 하며 필요한 경우에는 폴더까지 포함합니다. 이 시스템은 노트의 번호 지정에 대한 고민이나 부담 없이 효율적인 지식 관리를 가능하게 합니다. 옵시디언에는 이렇게 만들어진 노트를 한눈에 볼 수 있는 그래프 뷰 기능이 있습니다.

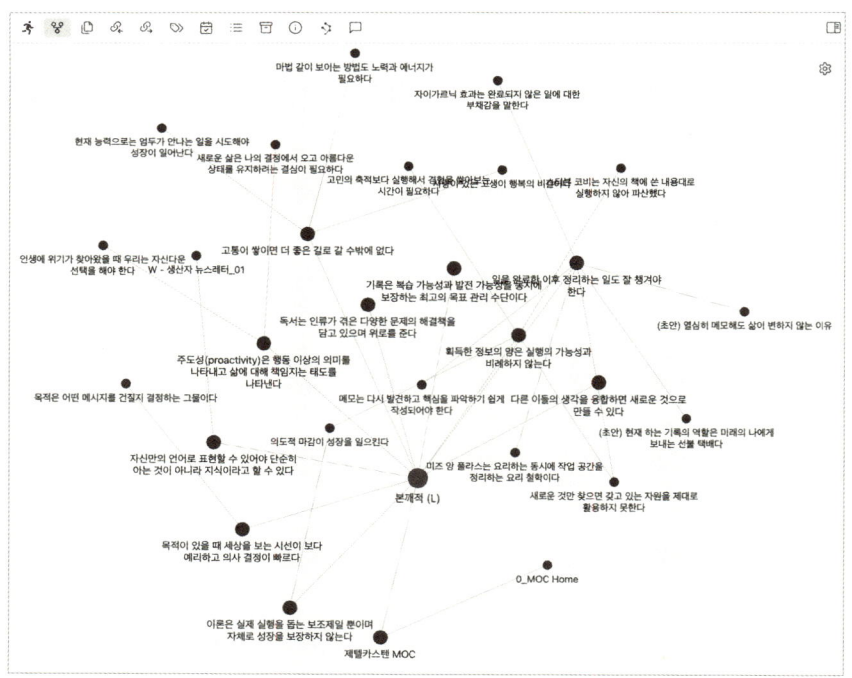

그림 1-5 옵시디언의 노트를 한눈에 확인할 수 있는 그래프 뷰

[그림 1-5]에서 보듯이 그래프 뷰에서 각각의 노트는 동그라미 형태의 점으로 표시됩니다. 그리고 노트들의 연결은 선으로 표시됩니다. 노트가 하나의 개념을 중심으로 연결된 것이 아니라 저마다 연결되어 있다는 점이 핵심입니다.

💎 제텔카스텐의 진정한 목적은 연결을 통한 생각의 발전

영구메모를 통한 지식의 연결망 구축은 제텔카스텐의 핵심입니다. 이 방법은 경험과 지식 습득에서 얻은 통찰을 선별하고 이를 체계적으로 연결하여 깊이 있는 지식 체계를 구축합니다. 숙련된 사용자는 임시메모나 문헌메모를 거치지 않고도 바로 영구메모를 생성할 수 있습니다. 하지만 일반적으로는 임시메모 및 문헌메모를 먼저 작성한 뒤 그것을 영구메모로 발전시키는 과정을 거쳐 가치 있는 콘텐츠를 선별하는 것을 권장합니다. 이러한 과정은 지식을 단순히 모으는 것이 아니라 그 지식이 어떻게 서로 연결되고 상호작용하는지를 탐구하는 데 중점을 두고 있습니다.

제텔카스텐 메모법은 개인이 가치 있는 생각을 만들어내는 여정으로 평생 지속 가능하며, 다양한 분야의 지식을 연결하고 발전시킬 수 있는 강력한 도구입니다. 메모 시스템을 구축하는 목적은 단순한 지식의 축적이 아니라 생각을 잘하기 위한 것입니다. 메모 시스템은 자신이 생각한 가설이나 아이디어를 기존 메모와 비교해 검증하고, 새로운 시각에서 바라보고 검토하는 과정을 통해 보다 나은 통찰에 도달하는 데 기여합니다. 그러므로 제텔카스텐에서의 메모 역시 생각을 발전시키는 방향으로 작성해야 한다는 것을 유념하시기 바랍니다.

제텔카스텐을 사용하면 할 수 있는 일

제텔카스텐 메모법은 단순한 기록 도구를 넘어서, 다양한 분야에서 복잡한 문제를 해결하고 창의적인 아이디어를 발전시키는 데 중요한 역할을 합니다. 이 방법은 개인적인 학습부터 전문적인 연구까지 다양한 상황에서 활용될 수 있으며, 사용자들에게 새로운 관점과 해결책을 제시합니다. 이 방식을 적용할 수 있는 대표적인 분야들을 살펴보겠습니다. 물론 제텔카스텐 원리를 이해하고 적용한다면 지식과 경험을 축적하면서 관련성을 파악해야 하는 모든 지식 관리 분야에서 적용할 수 있습니다.

· 업무지식관리

업무 영역 전반에서 얻은 지식을 제텔카스텐을 통해 통합적으로 관리할 수 있습니다. 제텔카스텐 메모법을 사용하면 새로운 지식을 자신의 언어로 정리하고 정해진 양식에 맞게 채우는 과정을 반복하게 됩니다. 이는 업무 분야에 대해서 깊게 파고들 수 있게 해주고, 여러 업무 분야에서 쌓이는 지식을 통해서 격자형 정신 모델의 구축을 가능하게 해줍니다. 광범위한 업무 지식의 연결 가능성을 의식적으로 탐구하면서 새로운 업무 제안이나 당면한 문제에 대한 해결책을 얻을 수 있습니다.

· 복잡한 주제 연구

제텔카스텐은 복잡한 주제를 연구하는 연구자들에게도 유용합니다. 박사 과정 중인 한 학생은 기후 변화와 생물 다양성에 관한 복잡한 연구 주제를 제텔카스텐을 통해 비교적 쉽게 찾고 정할 수 있었습니다. 이 학생은 주제를 다양한 하위 주제로 나누고 각각에 대한 메모를 작성하여 방대한 연구 자료를 조직적으로 관리했습니다. 제텔카스텐의 유연한 구조 덕분에 그는 연구 과정에서 발견된 새로운 정보와 인사이트를 기존의 지식 구조에 쉽게 통합할 수 있었습니다. 이를 통해 복잡한 주제를 보다 명확하게 이해하고 깊이 있는 연구 결과를 도출할 수 있었습니다.

- 창의적 글쓰기

제텔카스텐은 다중 스토리라인과 캐릭터를 연결하는 소설 작가에게 도움이 됩니다. 한 소설 작가는 복잡한 스토리라인과 다양한 캐릭터들을 제텔카스텐을 통해 효과적으로 연결했습니다. 작가는 각 캐릭터의 성격, 배경, 그리고 이야기의 각 전개 사항들을 개별 메모로 관리할 수 있습니다. 이러한 메모들은 서로 연결되어 작가가 캐릭터 간의 관계와 스토리의 흐름을 쉽게 조정할 수 있도록 돕습니다. 제텔카스텐은 이야기의 복잡한 구조를 명확하게 파악하게 해주며, 더 풍부하고 매력적인 내러티브를 구축하는 데 기여합니다.

- 프로그래밍

프로그래머는 코드를 체계적으로 관리하고 효율적으로 활용하는 도구로 제텔카스텐을 사용할 수 있습니다. 다양한 프로젝트에서 사용한 코드 블록, 알고리즘, 버그 해결 방법 등을 메모하고 이를 제텔카스텐 방식으로 관리하면, 필요할 때 쉽게 관련 자료를 찾아 활용할 수 있습니다. 예를 들어 기존 프로젝트에서 활용했던 코드를 빠르게 적용하거나 수정해서 새로운 프로젝트에 사용할 수 있습니다. 또한 기존 코드와 새로운 코딩 아이디어를 연결하는 데 도움을 주어 보다 창의적이고 효율적인 프로그래밍이 가능하게 합니다.

• 마케팅

마케터는 트렌드와 시장 조사 결과 등을 분석하고 그것에 맞는 마케팅 작업과 창의적인 마케팅 아이디어를 발굴해야 하는데, 제텔카스텐은 이러한 일에 유용한 도구입니다. 마케터는 제텔카스텐을 사용하여 시장 동향, 고객 피드백, 경쟁사 분석 등 다양한 정보를 기록하고 서로 연결할 수 있습니다. 이렇게 정리된 정보는 새로운 마케팅 전략을 수립하거나 창의적인 광고 캠페인을 개발하는 데 필요한 통찰력을 제공합니다. 제텔카스텐은 마케터가 정보를 단순히 저장하는 것을 넘어서, 그 정보를 바탕으로 혁신적인 아이디어를 창출할 수 있도록 도와줍니다.

• 보험 설계 업무

보험 설계사는 각 보험사별로 매달 최신화되는 방대한 정보와 상품을 정리하여 고객들에게 제공하고 고객의 니즈에 맞는 상품을 추천합니다. 기존 시스템 폴더 및 엑셀을 활용해 관리하던 정보를 제텔카스텐 방식을 적용해서 정리하고 옵시디언에서 연결함으로써, 수많은 상품의 장단점을 정리하고 상품에 대한 이해도를 높일 수 있습니다. 그리고 설명에 등장하는 용어와 관련 있는 상품 노트의 연결을 통해서 고객들의 니즈에 맞는 상품을 빠르게 찾고 이를 이해하기 쉬운 용어로 설명할 수 있습니다.

• 영상 제작 업무

영상 제작자는 창의적인 아이디어를 발굴하는 것과 동시에 기존 작업물을 관리하는 것이 중요합니다. 기존 작업물 및 새로운 이미지나 영상 레퍼런스를 제텔카스텐 방식으로 관리하고 연결해두면, 필요한 순간에 다양한 재료들을 조합하면서 새로운 아이디어나 해결책을 찾을 수 있습니다. 이렇게 창의성을 요구하는 영역의 업무는 문서화되기 어려운 측면이 있는데, 제텔카스텐 방식을 통해 이 부분을 명시화된 지식으로 남겨 내부 교육에 사용하거나 외부와의 커뮤니케이션 효율 및 상호 이해도를 높일 수 있습니다.

이처럼 제텔카스텐은 그 범용 가능성이 무궁무진한 새로운 메모법입니다. 특정 분야에 종사하는 사람에게만 유용한 도구가 아니라, 생산성을 높이고 창의적으로 업무를 수행하고 싶은 개인 누구나 각자의 업에 맞는 방식으로 활용할 수 있습니다. 앞으로 많은 사람들에게 널리 알려져 그 활용 사례가 더욱 늘어나리라 예상합니다. 구체적인 제텔카스텐 메모법과 이것을 옵시디언에서 구현한 활용법은 뒤에서 자세히 다루겠습니다.

개인지식관리를 돕는 제텔카스텐과 옵시디언

개인지식관리PKM, Personal Knowledge Management는 정보를 체계적으로 수집, 정리, 공유하고 이를 통해 지식을 창출하고 활용하는 것을 의미합니다. 현대 사회에서는 다양한 매체와 플랫폼을 통해 끊임없이 새로운 정보에 노출됩니다. 이러한 정보를 효과적으로 관리하고 활용하는 능력은 개인의 학습 효율성을 높이고, 업무와 개인적인 영역에서 더 나은 생산성을 발휘하는 데 중요합니다.

개인지식관리는 단순한 정보 저장을 넘어서, 개인의 지식을 체계화하고 이를 창의적이고 생산적으로 활용하는 데 초점을 맞춥니다. 아무리 많은 정보라도 그것을 목적에 맞게 정리하지 않는다면 단순히 정보를 저장하는 것에 불과할 뿐 특별한 의미가 있다고 할 수 없습니다. '구슬이 서 말이라도 꿰어야 보배'라는 말이 있듯이 정보를 보관하는 목적을 명확히 해서 정리된 지식으로 저장하고 언제 어디서 정보를 다시 들여다보더라도 직관적으로 의미를 파악할 수 있도록 해야 합니다.

· **개인지식관리의 필요성**

현대 사회에서 정보 과부하는 피할 수 없는 현실이며, 이로 인해 중요한 정보를 놓치거나 활용하지 못하는 경우가 빈번합니다. 효과적인 개인지식관리는 이러한 정보를 체계적으로 다루어 학습과 업무의 효율을 극대화할 수 있게 도와줍니다.

· **개인지식관리를 하지 않을 때 발생하는 문제**

체계적인 지식관리가 이루어지지 않을 경우 중요한 정보의 분실, 중복 작업, 지식의 깊이와 폭의 제한 등 다양한 문제가 발생할 수 있습니다. 예를 들어 중요한 메모를 잃어버려 다시 정보를 찾는 데 시간을 소모하거나, 이미 학습한 내용을 반복해서 학습해야 할 수도 있습니다.

• **개인지식관리의 장점**

체계적인 개인지식관리는 정보의 효과적인 저장, 접근 및 활용을 가능하게 하며 지식에 깊이를 더하고 확장가능하게 만들어 다양한 분야에 대한 학습 능률을 향상시킵니다. 또한 이질적인 분야의 정보들을 서로 연결시키면서 새로운 아이디어를 생성하고, 이러한 아이디어를 다양한 형태로 표현하는 능력을 향상시킬 수 있습니다.

• **개인지식관리를 위한 제텔카스텐과 옵시디언**

제텔카스텐과 옵시디언은 개인지식관리를 위한 효과적인 도구입니다. 제텔카스텐은 아이디어와 정보를 서로 연결하고 체계화하는 지속 가능한 방법을 제공하며, 개인적인 관심사에서부터 전문적인 연구까지 다양한 분야의 지식을 체계적으로 발전시킬 수 있습니다. 옵시디언은 이러한 제텔카스텐 메모법을 구현하고, 다양한 생산성 도구를 프로그램 내에서 사용할 수 있도록 해줍니다.

이제부터 제텔카스텐을 구현하기 위한 옵시디언 프로그램에 대해서 알아보겠습니다. PC나 태블릿을 준비해서 하나씩 따라하며 읽으시면 이해에 도움이 될 것입니다. 그런데 옵시디언은 한창 발전하는 서비스인 까닭에 UI가 자주 변경됩니다. 이 책의 초고를 집필할 때부터 출간이 임박한 지금 순간에도 바뀌고 있습니다. 책에서 보여주는 화면에 해당 메뉴가 없더라도 당황하지 마시고 잘 찾아보시면 됩니다. 바뀌더라도 동떨어진 곳이 아니라 위쪽이나 아래쪽 등 가까이 있는 경우가 대부분이고, 기능은 동일합니다.

2장

옵시디언 프로그램 살펴보기

옵시디언 프로그램의 특징

옵시디언은 제텔카스텐 시스템을 구축하기에 아주 좋은 프로그램이지만, 아직 많이 알려지지 않아 낯설 수 있습니다. 그래서 먼저 옵시디언 공식 홈페이지를 살펴보면서 이 프로그램에 대해 개괄적으로 알아보겠습니다.

옵시디언 홈페이지 https://obsidian.md/ 에 접속하면 "생각을 날카롭게 하라(Sharpen your thinking.)"라는 메시지가 보입니다. 옵시디언Obsidian은 흑요석을 뜻하는데, 선사 시대에는 흑요석을 도구로 사용했습니다. 날카로울수록 사용성이 올라가는 흑요석처럼, 옵시디언은 사용자들이 생각을 날카롭게 다듬어 효율적으로 활용할 수 있도록 돕는 프로그램이라는 의미로 보입니다.

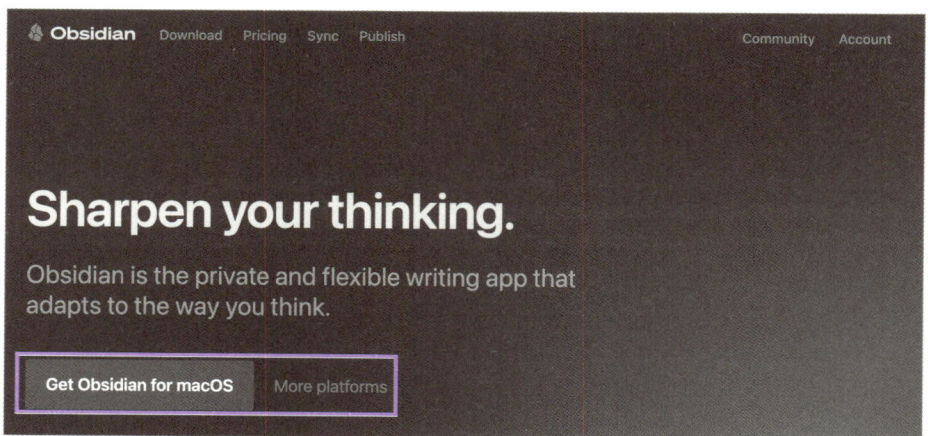

그림 2-1 옵시디언 홈페이지 메인 화면 1 - 옵시디언 소개

"Sharpen your thinking." 아래로는 "당신이 생각하는 방식에 맞춰 적응하는 개인적이고 유연한 글쓰기 앱(the private and flexible writing app that adapts to the way you think)"이라고 옵시디언을 소개하고 있습니다.

그리고 소개 아래 설치 버튼이 있는데, 다양한 플랫폼에서 사용할 수 있습니다. 각자의 필요에 맞게 설치하면 됩니다.

다음으로는 옵시디언의 샘플 노트를 보여주고 있습니다.

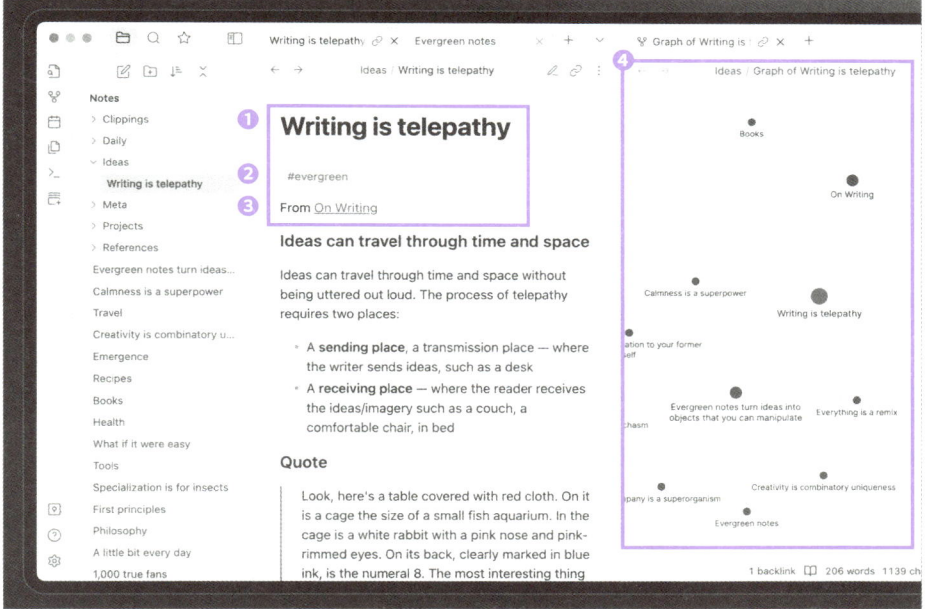

그림 2-2 옵시디언 홈페이지 메인 화면 2 - 샘플 노트

❶의 'Writing is telepathy'는 노트의 제목입니다.
❷의 '#evergreen'은 이 노트에 달린 태그입니다. 태그는 노트 검색과 분류 및 연결에 중요한 기능을 합니다.

❸의 'From On Writing'은 이 노트가 'On Writing'이라는 노트를 연결하고 있다는 의미입니다. 연결은 옵시디언의 핵심 기능입니다.

❹는 옵시디언만의 특징인 그래프 뷰입니다. 점으로 표시된 노트들이 선으로 이어져 있어 노트들 간의 관계를 한눈에 파악할 수 있습니다.

또한 모바일에서도 옵시디언을 사용할 수 있습니다. 옵시디언의 동기화Sync 기능을 이용하면 스마트폰에서도 옵시디언에 접속해서 노트 정보를 보고 수정할 수 있습니다. 다음으로 옵시디언의 주요한 특징을 3가지로 설명한 부분을 살펴보겠습니다.

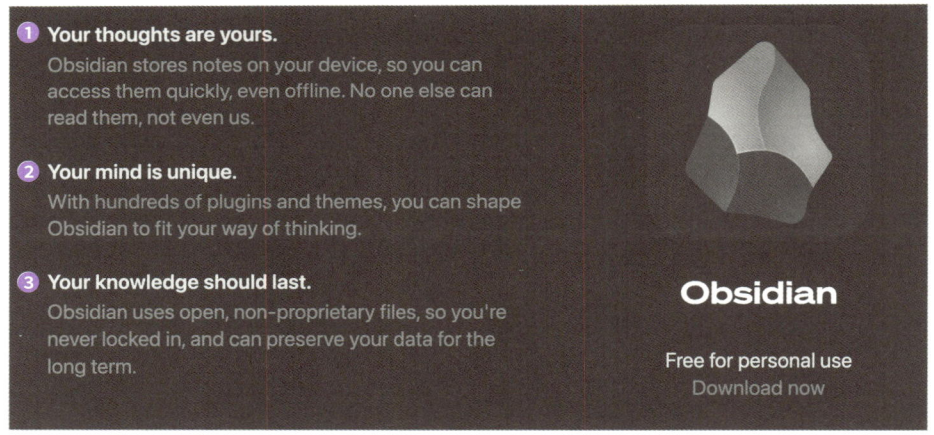

그림 2-3 옵시디언 홈페이지 메인 화면 3 - 주요 특징

❶ 당신의 생각은 당신의 것입니다(Your thoughts are yours.): 옵시디언은 서버나 클라우드가 아닌 PC나 태블릿, 노트북, 스마트폰 등 사용자의 장치에 노트를 저장하기 때문에 다른 이들이 사용자의 노트에 접근하지 못한다는 내용입니다. 이는 데이터의 소유권이 사용자에게 있다는 말입니다. 또한 사용자의 디바이스에 저장하면 오프라인 상태에서도 작업할 수 있기 때문에 접근성이 높고 집중하는 데도 좋다

는 장점도 있습니다.

❷ **당신의 생각은 독특합니다**(Your mind is unique.): 옵시디언은 다양한 플러그인과 테마를 지원하기 때문에 사용자 마음대로 옵시디언의 기능을 갖추고 꾸밀 수 있다는 내용입니다.

❸ **지식은 지속되어야 합니다**(Your knowledge should last.): 옵시디언은 독자적인 파일 형식을 사용하는 것이 아니어서 장기적으로 데이터를 보관할 수 있다는 내용입니다. 참고로 옵시디언은 마크다운 파일 형식을 지원합니다. 마크다운 형식은 꾸미기 도구를 이용하지 않고 타이핑하는 것만으로 정보를 빠르게 입력할 수 있고, 다른 프로그램들과도 호환도 잘 됩니다.

다음으로는 옵시디언에서 제공하는 핵심적인 도구 4가지인 링크(연결), 그래프, 캔버스, 플러그인을 설명하고 있습니다. 먼저 '링크(연결)'를 보겠습니다. 이 책에서는 링크와 연결을 혼용해서 쓰고 있는데, 의미는 같습니다.

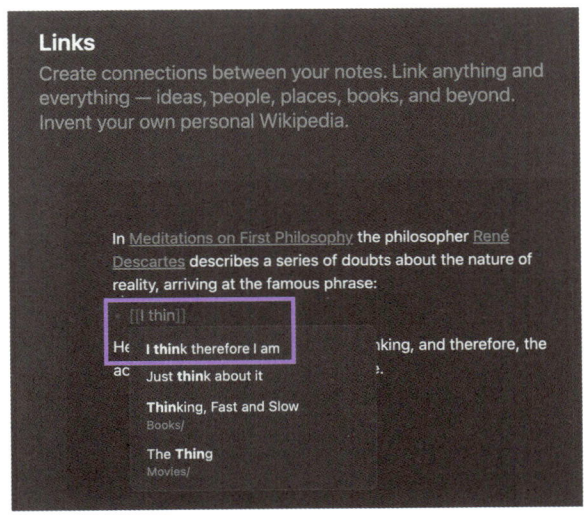

그림 2-4 **옵시디언 홈페이지 메인 화면 4 - 링크(연결)**

'연결'은 다른 노트 프로그램과 차별되는 옵시디언의 특수한 기능입니다. 옵시디언에는 노트끼리의 연결은 물론, 개념이나 인물, 장소, 책 등 모든 것의 연결을 가능하게 하는 기능이 있습니다. 게다가 아주 쉽고 빠르게 연결할 수 있다는 것이 옵시디언의 특장점입니다.

앞쪽의 [그림 2-4]는 철학자 데카르트에 관련된 노트를 작성하는 예시입니다. 데카르트의 유명한 경구를 작성해 놓은 노트가 있어서 이를 연결하려고 합니다. 'I thin'까지만 입력해도 'thin'이라는 글자가 들어간 노트들이 리스트됩니다. 이 가운데 [[I think therefore I am]]를 선택하면 이 노트와 연결이 되는 것입니다.

다음으로 '그래프Graph'를 살펴보겠습니다.

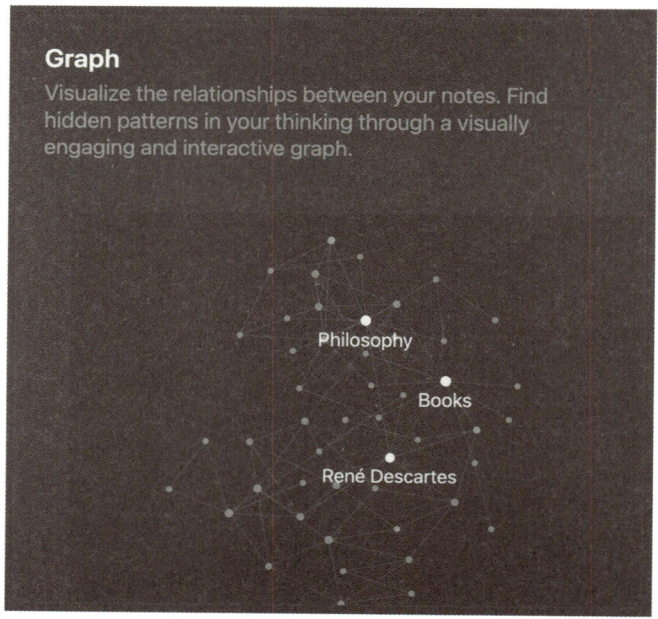

그림 2-5 옵시디언 홈페이지 메인 화면 5 - 그래프

옵시디언은 사용자가 연결한 노트를 그래프로 구현해서 손쉽게 연결 관계를 파악

할 수 있게 해줍니다. 그래프에서 각각의 점은 노트를 의미하고 점을 연결하는 선은 노트가 연결되어 있다는 것을 의미합니다. [그림 2-5]를 보면 'René Descartes'라는 노트에 'Books'와 'Philosophy'라는 노트가 연결돼 있는 것을 한눈에 파악할 수 있습니다. 이것이 그래프 뷰입니다. 노트 간 연결 관계를 파악하면서 개인이 가진 지식을 지속적으로 확장하고 심화할 수 있다는 옵시디언의 기능을 잘 보여줍니다. 제텔카스텐 방식에 따라 계속해서 노트를 만들고 연결해나가며 맥락을 파악하는 방식으로 활용할 수 있습니다.

다음으로 '캔버스Canvas'를 살펴보겠습니다.

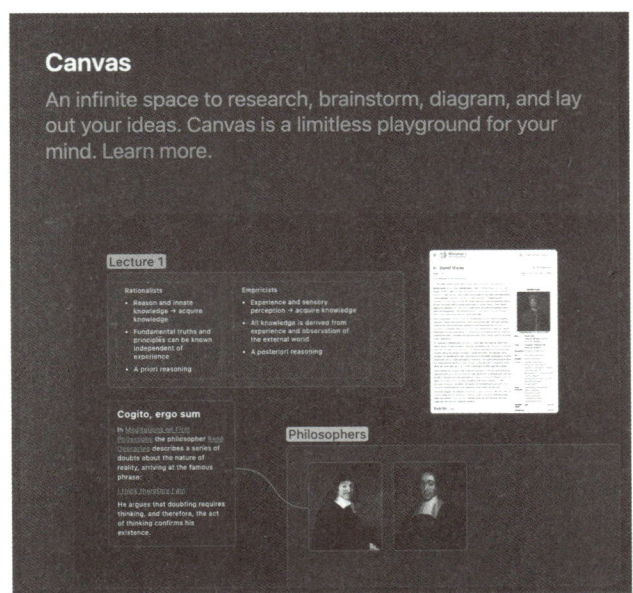

그림 2-6 옵시디언 홈페이지 메인 화면 6 - 캔버스

캔버스는 하나의 화이트보드에 자신의 생각을 그릴 수 있는 도구로, 애플의 '프리폼 Freeform'과 유사합니다. [그림 2-6]은 옵시디언 캔버스를 활용해 강의 자료를 만드

는 화면을 보여주고 있습니다. 캔버스를 활용하면 생각이 발전하는 과정을 그림으로 파악할 수 있어 글보다 더 빠르고 직관적으로 이해할 수 있다는 장점이 있습니다. 수사물 드라마와 영화를 보면 사건과 등장인물들의 사진을 자석으로 고정해둔 화이트보드를 배경으로 팀원들과 회의를 하는 모습이 종종 나옵니다. 그와 비슷한 개념이라고 생각하시면 좋습니다.

다음으로 추가 확장 프로그램 개념인 '플러그인Plugins'을 살펴보겠습니다.

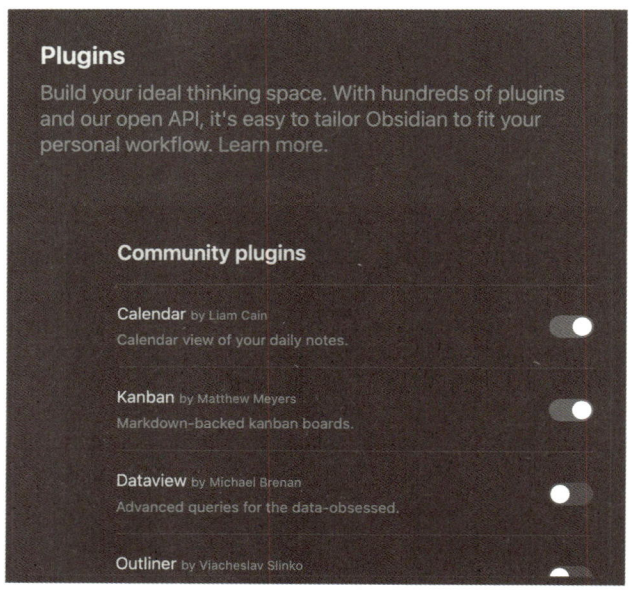

그림 2-7 옵시디언 홈페이지 메인 화면 7 - 플러그인

옵시디언은 다양한 확장 프로그램을 추가할 수 있습니다. 크롬 브라우저 확장 프로그램처럼 자신에게 필요한 기능을 쉽게 추가해 사용할 수 있습니다. 옵시디언 플러그인에는 기본적으로 내장된 코어 플러그인과 사용자들이 참여해서 만든 커뮤니티 플러그인이 있습니다. 많은 생산성 프로그램을 옵시디언에서 활용할 수 있어, 옵시

디언을 생산성 툴로도 활용할 수 있습니다.

옵시디언 홈페이지에는 이외에도, 여러 기기에서 동기화가 필요한 사용자들을 위한 유료 기능인 '싱크Sync'도 소개하고 있습니다. 옵시디언은 기본적으로 사용자의 기기에 정보를 저장하는데 여러 기기에서 같은 노트를 봐야 할 때도 있습니다. 그럴 때 유용한 것이 유료 기능인 싱크입니다. 싱크 기능에는 기본 플랜과 플러스 플랜이 있는데, 플러스 플랜에서는 더 많은 보관소와 더 높은 용량을 제공합니다. 또한 퍼블리시Publish 기능에 대한 소개가 있습니다. 옵시디언 노트를 바로 개인의 홈페이지, 블로그로 활용할 수 있게 해주는 유료 기능입니다.

   이상에서 살펴본 홈페이지에서 소개된 옵시디언의 주요 사항들은 본문에서 자세히 설명하겠습니다.

옵시디언 프로그램 시작하기

보관소Vault 생성하기

옵시디언은 사용자의 기기에 자료를 저장합니다. 그래서 사용자의 기기에 자료를 보관할 곳을 만들어야 하는데, 그것을 옵시디언에서는 보관소라고 표현합니다. 컴퓨터에서 옵시디언 자료를 따로 보관하는 폴더 정도로 이해하시면 쉬울 것입니다. 옵시디언은 서버 대신 로컬 드라이브에 모든 노트 데이터를 보관하기 때문에 인터넷이 연결되지 않아도 데이터에 접근할 수 있다는 것이 장점입니다.

개인 사용자라면 하나의 보관소만 있어도 충분합니다. 그런데 회사와 개인 생활을 구분하고 싶다거나 완전히 새롭게 보관소를 만들고 싶다면 보관소를 추가로 생성하시면 됩니다.

다만 보관소를 복수로 만들 경우에는 미리 생각해둘 점이 있습니다. 보관소를 2개 만들어 각각의 보관소에 노트를 저장하면, 한 보관소의 노트는 그 보관소에 있는 노트만 연결할 수 있고, 다른 보관소에 저장된 노트들은 연결할 수 없습니다. 다른 보관소에 저장된 노트끼리는 연결할 수 없는 것입니다.

처음에는 관련성 없어 보이는 노트라도 나중에는 관련성을 찾아 연결할 수 있다는 것이 옵시디언의 중요한 장점 중 하나인데, 보관소가 2개 이상이면 옵시디언을 사용하는 의미가 많이 줄어들고 통합적으로 지식을 관리하기 어렵습니다.

독자 여러분 중에는 옵시디언을 처음 사용하시는 분들이 대부분일 것 같은데, 완벽하게 제텔카스텐의 원리를 이해하고 옵시디언 사용법을 마스터하시기 전에는 보관소를 하나만 사용하는 것을 추천합니다.

지금부터 옵시디언을 사용하기 위해 제일 먼저 해야 할 보관소 생성을 해보도록 하겠습니다. 앞으로 이 보관소에 내가 만든 노트들이 보관될 것이니 개인 PC에 보관소를 만든다면 자신이 잘 아는 곳에, 공용 PC에 보관소를 만든다면 다른 사람이 접근하기 어려운 곳에 폴더를 만들어 보관하시기 바랍니다.

다음의 [그림 2-8]은 옵시디언을 설치하고 처음 실행할 때 나오는 화면입니다. 참고로 이 책에 나오는 화면들은 맥에 옵시디언을 설치하고 사용할 때의 화면이라는 점을 미리 말씀드립니다. 윈도우와 약간 다른 부분이 있지만, 옵시디언 노트를 사용할 때의 모습은 맥과 윈도우가 큰 차이가 없으니 따라하시는 데 불편함은 없으실 것입니다.

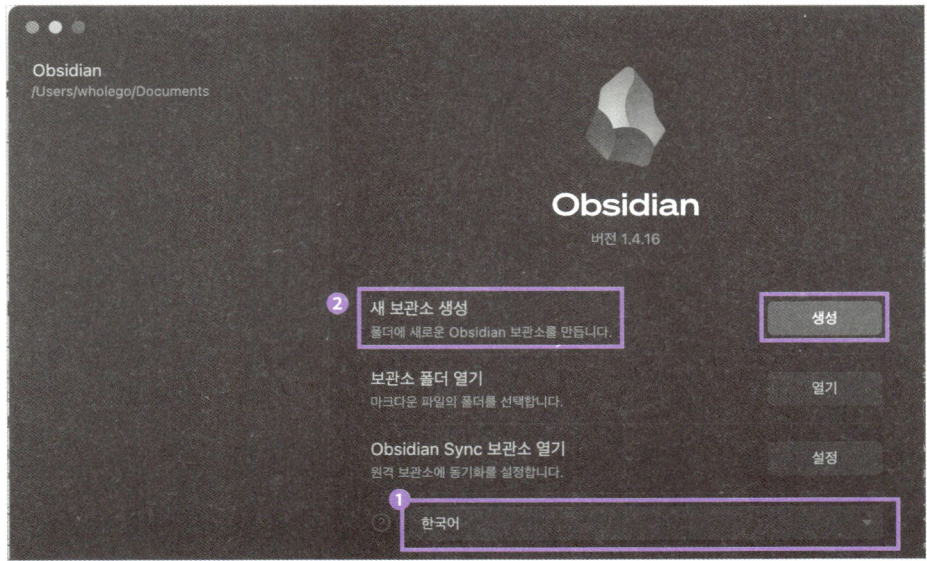

그림 2-8 **옵시디언의 보관소 생성하기**

우선 [그림 2-8]의 ❶에서 언어를 한국어로 선택합니다.

❷ '새 보관소 생성' 오른쪽에 있는 [생성] 버튼을 누르면 새롭게 생성할 보관소의 이름과 위치를 설정하는 메뉴가 다음 화면과 같이 나옵니다.

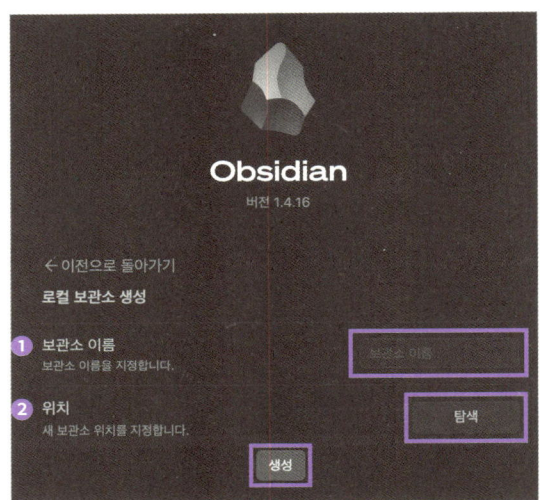

그림 2-9 **옵시디언의 보관소 설정하기**

❶ '보관소 이름'에 원하는 이름을 입력합니다. 저는 '생산적생산자'로 입력해보겠습니다.

❷ '위치' 오른쪽에 있는 [탐색] 버튼을 누르면 보관소 파일을 저장할 위치를 내 로컬 드라이브에서 설정할 수 있는 다음 [그림 2-10] 화면으로 넘어갑니다. 평소 컴퓨터에 폴더를 만드는 것과 다르지 않습니다. 참고로, 윈도우에서는 ❷에서 위치를 정하고 하단의 [생성] 버튼을 누르면 바로 보관소가 생성됩니다.

그림 2-10 옵시디언의 보관소 폴더 지정하기

❶ [새로운 폴더] 버튼을 누르면 '생산적생산자_보관소' 폴더가 생성됩니다.
❷ [열기] 버튼을 누르면 보관소 위치가 지정되고 보관소 설정 화면으로 돌아갑니다.

그림 2-11 옵시디언의 보관소 이름과 위치가 설정된 화면

[그림 2-11]을 보면 보관소 이름과 위치가 지정된 것을 확인할 수 있습니다. '보관소 이름' 옆에는 내가 설정한 '생산적생산자'라는 이름이 보이고, '위치' 아래에는 '생산적생산자_보관소'라는 폴더가 들어 있는 경로를 자세히 보여주고 있습니다.

보관소의 위치가 마음에 들지 않아 수정해야 할 때는 '위치' 옆의 [탐색] 버튼을 눌러 앞 페이지에서 설명해드린 과정을 반복해 새로운 폴더를 만들면 됩니다. 모든 부분에 문제가 없고 수정할 필요가 없다는 점을 확인했다면 [생성] 버튼을 눌러줍니다. 그러면 다음 그림에서처럼 우리의 첫 번째 옵시디언 보관소가 생성된 것을 볼 수 있습니다.

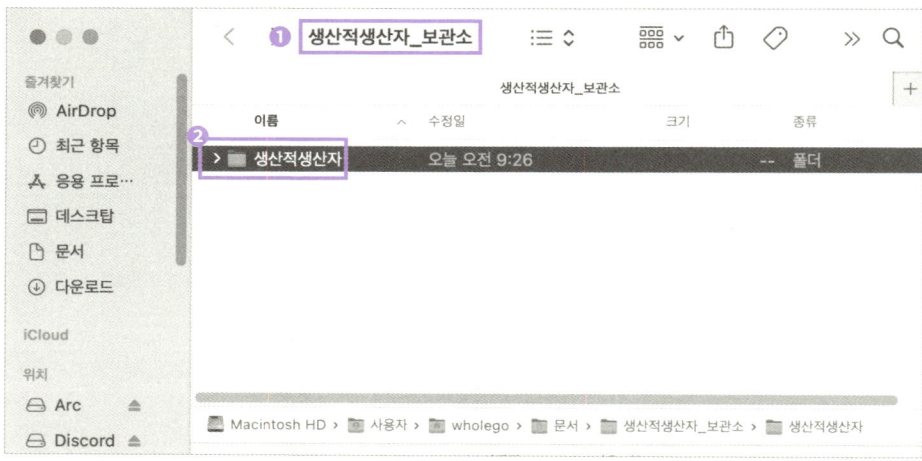

그림 2-12 **로컬 드라이브에서 생성된 옵시디언 보관소**

❶ 보관소의 저장 장소로 지정한 '생산적생산자_보관소' 폴더를 확인할 수 있습니다.
❷ 보관소 이름인 '생산적생산자'를 확인할 수 있습니다.

옵시디언 첫 화면

보관소를 만들고 처음 마주하는 옵시디언의 화면은 다음과 같습니다.

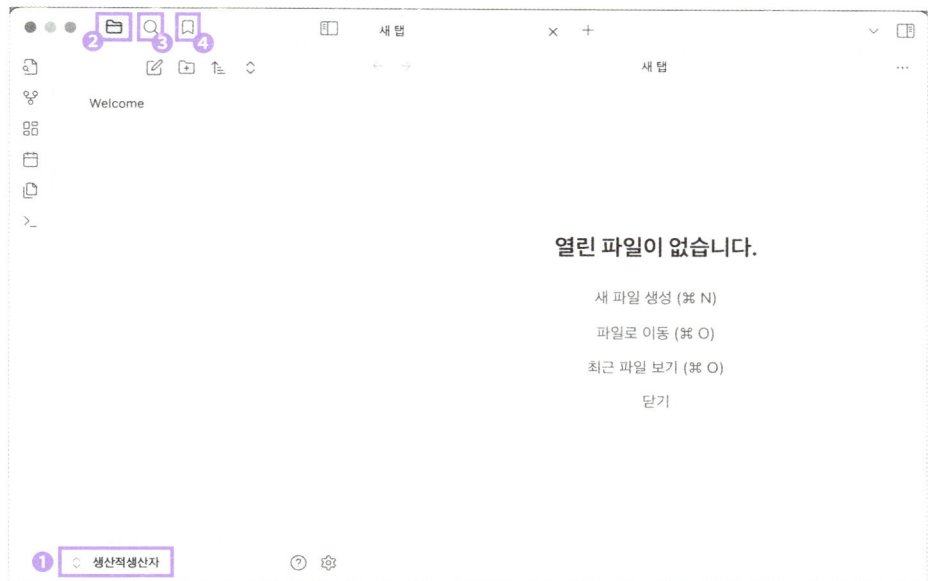

그림 2-13 **옵시디언의 좌측 패널 모습 1**

❶은 보관소 이름으로, 설정한 '생산적생산자'가 나오는 것을 보실 수 있습니다.
❷는 '파일 탐색기'로, 보관소를 처음 틀면 기본으로 활성화되어 있을 것입니다. 여기에서 보관소 아래에 위치한 폴더와 노트를 볼 수 있는데, 아직 생성한 노트가 없기 때문에 보관소 이름과 환영한다는 Welcome 메시지만 나타나는 것을 확인할 수 있습니다.
❸은 '검색'으로, 새롭게 노트를 추가하면서 연결할 기존 노트를 찾는 등 노트를 검색할 때 사용합니다. 간단히 키워드만 입력해 검색할 수도 있고, 파일 경로나 파일 이름, 태그 같은 옵션을 설정해 활용할 수도 있습니다. 단축키는 ⌘ + ⇧ + F 입니

다. '⌘' 기호는 맥북의 Command 로 윈도우의 Ctrl 키와 동일합니다. '⇧' 기호는 Shift 키를 의미합니다.

❹는 'Bookmarks'로, 인터넷 브라우저의 즐겨찾기 기능과 동일합니다. 제텔카스텐 원칙에 따라서 영구메모를 노트로 만들고 옵시디언에 추가할 때마다 기존에 만들어 놓은 노트와 연결하는 과정을 거쳐야 하는데, 북마크 기능을 사용하면 특정 자료나 위치를 주기적으로 반복해서 확인할 수 있어 좋습니다.

리본 메뉴

메뉴 좌측 위에 있는 아이콘들에 대해서 알아보겠습니다. 옵시디언의 메뉴를 빠르게 실행할 수 있는 단축 아이콘들인데, 보통 리본 메뉴라고 부릅니다. 메뉴를 삭제하거나 순서를 바꿀 수도 있는데, 방법은 66쪽에서 설명하겠습니다.

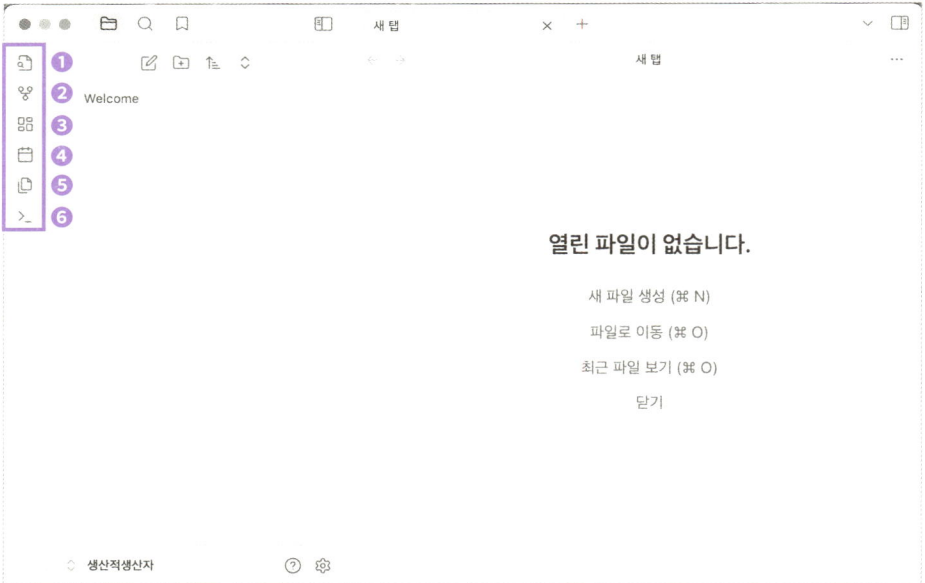

그림 2-14 **옵시디언의 좌측 패널 모습 2**

❶ **퀵 스위처**: 노트로 빠르게 이동하거나 새롭게 추가한 제목으로 노트를 생성합니다. 이 아이콘을 누르면 다음과 같이 '이동/생성하려는 파일 이름 입력'이라는 안내 메시지가 뜹니다. 파일 이름을 입력해 찾는 노트로 빠르게 이동하거나, 입력한 내용을 제목으로 노트를 생성할 수 있습니다.

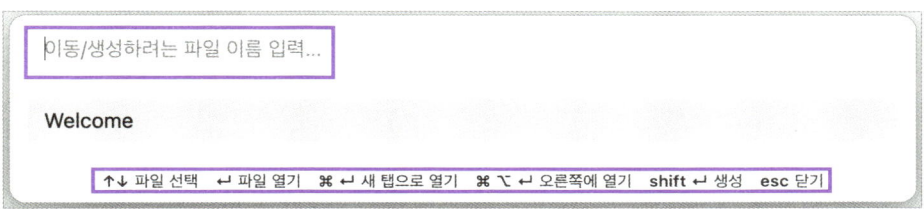

그림 2-15 **퀵 스위처**

❷ **그래프 뷰 열기**: 노트 간의 연결 상태를 한눈에 파악하도록 점과 선으로 된 그림을 보여줍니다. 점 하나가 각 노트를 나타내고 노트에 이어진 선을 따라가면 노트와 연결된 다른 노트가 나옵니다. 22쪽 [그림 1-5]를 참고하시기 바랍니다.

그림 2-16 **그래프 뷰**

❸ **새 캔버스 만들기**: 옵시디언에서 시각적으로 구조를 그릴 수 있는 그리기 도구입니다. 노트나 요소를 추가할 수 있고, 요소들 간의 관계도를 그리고, 작업 흐름 workflow을 화면에 나타낼 때 활용할 수 있습니다.

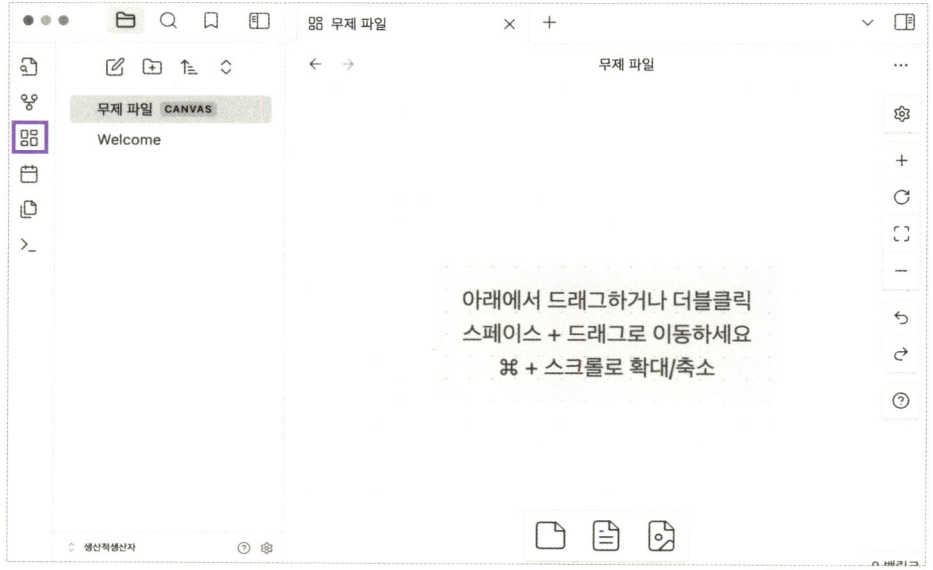

그림 2-17 캔버스

❹ **데일리 노트 열기:** 날짜별 노트를 생성해주는 메뉴이며, 이 메뉴를 클릭하면 클릭한 날짜를 제목으로 하는 노트가 즉시 생성됩니다. 처음에는 빈 노트로 생성되는데, 데일리 노트 템플릿을 지정해두면 동일한 양식으로 생성할 수 있습니다. 자세한 것은 플러그인을 설명하는 부분에서 다룰 예정입니다.

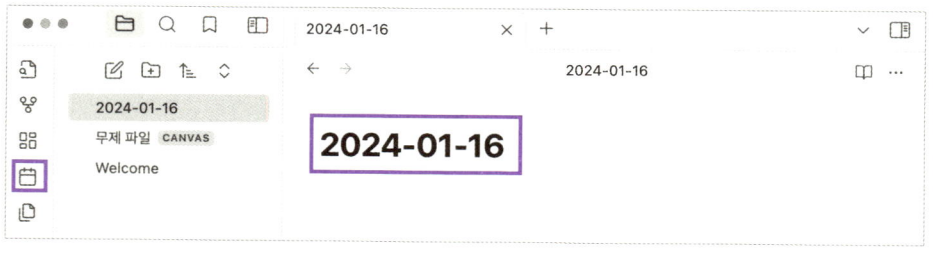

그림 2-18 데일리 노트

❺ **템플릿 삽입:** 필요한 템플릿을 미리 설정해놓으면 편리합니다. 이 기능으로 필요한 양식으로 템플릿을 설정하고 빠르게 불러올 수 있습니다. 제텔카스텐 노트는 양식이 동일해야 하기 때문에 최우선으로 설정하고, 필요에 따라서 문헌메모나 데일리 노트에 필요한 템플릿을 미리 설정해놓으면 편리합니다. 막 옵시디언을 설치하고 실행했다면 아직 템플릿 설정이 되지 않아 'Failed to list templates. No template folder configured'라는 에러 메시지가 우측 상단에 뜹니다. 이 부분 역시 플러그인을 다루는 부분에서 더 자세히 다루었습니다.

❻ **명령어 팔레트 열기:** 옵시디언 내의 모든 메뉴의 명령어를 검색할 수 있습니다. 자주 사용하는 명령어는 고정pin 기능을 통해서 상단에 노출되도록 설정할 수 있습니다. 코어 플러그인을 다루는 부분에서 좀 더 자세히 설명하겠습니다.

그림 2-19 **명령어 팔레트**

옵시디언 좌측 하단메뉴

지금까지 옵시디언을 설치하고 가장 많이 사용할 부분들에 대해 설명드렸습니다. 이제 메인 화면 좌측 하단에 있는 메뉴들에 대해 설명하겠습니다.

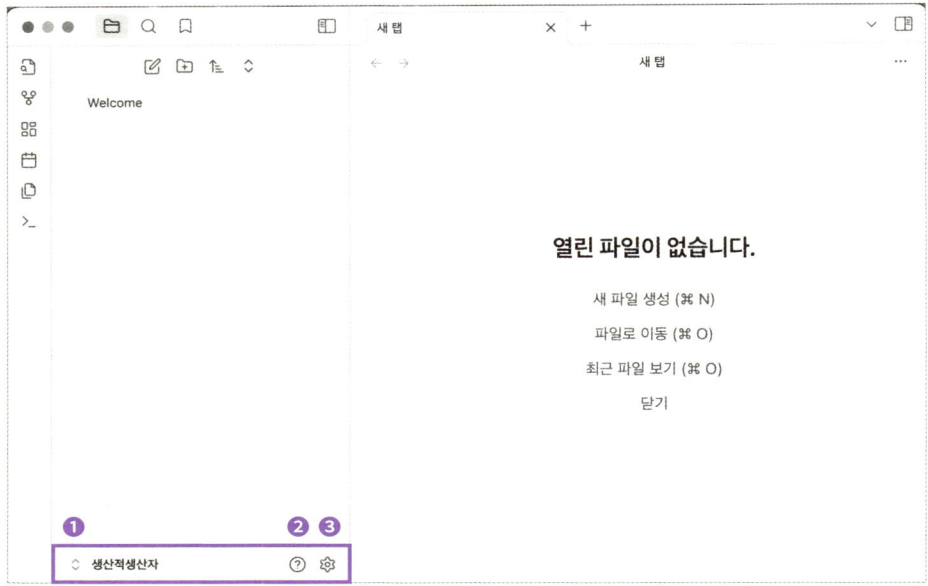

그림 2-20 옵시디언 좌측 하단 메뉴

❶ **보관소:** 옵시디언에서는 다양한 보관소를 만들어 노트를 보관할 수 있습니다. 개인지식관리는 개인의 통합적인 지식체계를 구축하는 것이 기본적인 목표이지만, 필요에 따라 회사 일과 개인 업무를 구분하거나 여러 사람이 사용하는 컴퓨터에 보관소를 만들어야 할 때는 보관소의 분리가 필요합니다. 사용 목적에 따라 보관소를 생성해 자료의 뒤섞임을 방지하는 법을 알아보겠습니다. ❶을 누르면 보관소를 선택 및 관리할 수 있는 화면이 다음 쪽의 [그림 2-21]처럼 나옵니다.

　[그림 2-21]은 제 개인 자료를 보관하는 보관소입니다. 제가 진행하는 강의마다 보관소를 구분해서 자료를 보관하기 때문에 메인으로 사용하는 보관소 외에도 '부트캠프', 'CLASS101' 등 여러 개의 보관소가 있습니다. 그리고 회사 업무에 필요한 자료를 보관하는 회사 보관소는 별도로 생성해서 이용하고 있습니다.

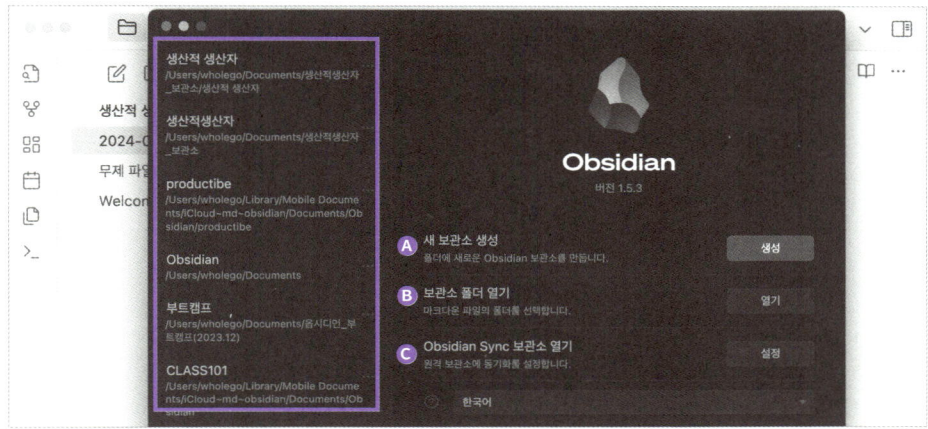

그림 2-21 다른 보관소 선택하기

❷ **도움말:** 물음표 모양 아이콘을 누르면 '공식 도움말 사이트', '디스코드 채팅', '공식 포럼', '샌드박스 보관소'에 접속할 수 있습니다.

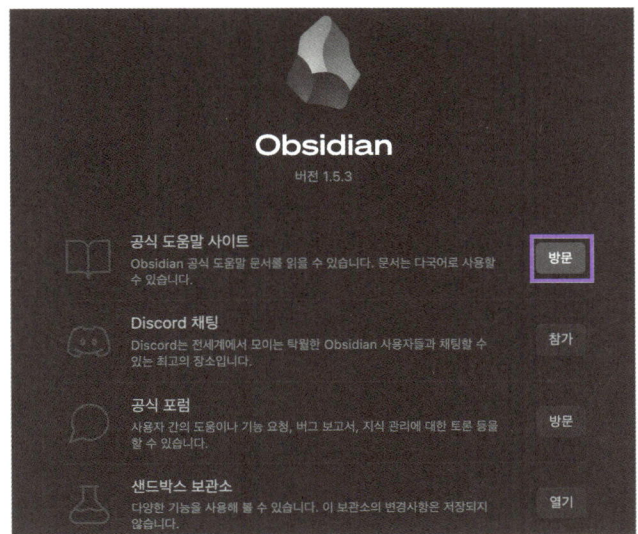

그림 2-22 도움말

'공식 도움말 사이트'에는 옵시디언의 다양한 기능이 안내되어 있습니다. 노트를 삽입하고 노트와 파일을 연결하는 방법 등도 설명되어 있습니다. '디스코드 채팅'은 디스코드 프로그램을 활용해 음성 채팅을 할 때 사용합니다. '공식 포럼'은 옵시디언 사용자들이 의견을 주고받는 공간으로, 새로운 기능의 도입을 제안하거나 버그 등을 운영진에게 전달할 때 사용합니다. '샌드박스 보관소'에 접속하면 옵시디언에서 제공하는 다이어그램, 헤딩, 하이라이트 등의 기능을 사용해볼 수 있습니다.

'공식 도움말 사이트' 우측의 [방문] 버튼을 누르면, '옵시디언 도움말' 창이 나타납니다. 'English' 부분을 눌러 '한국어'를 선택하면 왼쪽 메뉴가 한국어로 바뀝니다.

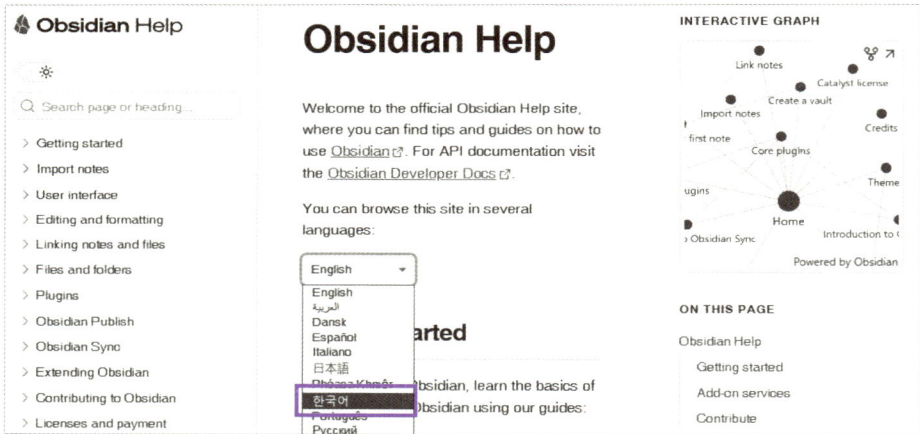

그림 2-23 **옵시디언 도움말**

❸ **설정:** 설정에 대해서는 바로 이어서 별도로 설명하겠습니다.

(앞에서도 말씀드렸듯이 옵시디언의 UI는 자주 변경됩니다. 최근 첫 화면의 좌측 패널 하단에 사소한 변경이 있었는데, 출간이 임박한 시점에 책 전체를 바꿀 만큼 중요한 것은 아니어서 옵시디언 첫 화면을 소개하는 부분인 45-50쪽에만 최신 화면을 넣었고, 53쪽 이후 좌측 패널 하단 UI는 변경 전의 디자인입니다. 이에 독자 여러분의 양해 부탁드립니다.)

옵시디언 설정하기

옵시디언에서는 사용자의 취향에 맞게 다양한 요소를 설정할 수 있습니다. 옵시디언 첫 화면에서 톱니 모양의 설정 아이콘을 누르면 설정 창이 뜨는데, 여기에서 '옵시디언 정보', '편집기', '파일 및 링크' 메뉴 등에서 다양한 설정을 할 수 있습니다.

Obsidian 정보

먼저 'Obsidian 정보'를 알아보겠습니다.

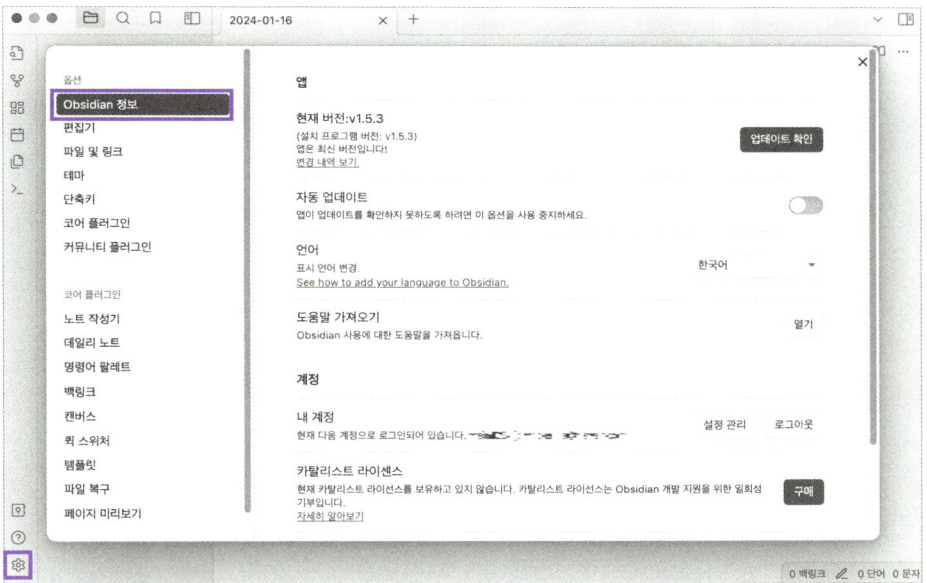

그림 2-24 옵시디언 정보

이곳에서는 내 옵시디언의 버전 등 기본 정보를 확인하고 자동 업데이트를 설정할 수 있습니다. 또한 기본적으로 영어로 설정된 언어를 '언어' 우측의 탭을 눌러 한국어로 바꿀 수 있으며, 계정 정보도 확인할 수 있습니다.'

편집기

다음으로 '편집기'를 살펴보겠습니다. 옵시디언을 사용할 때 도움을 주는 여러 기능이 있으니 잘 숙지하시길 바랍니다. 각각의 기능을 하나씩 알아보겠습니다. 기능이 많아서 한번에 다 보이기가 어렵기 때문에, 편의상 세 부분으로 나누어 설명합니다.

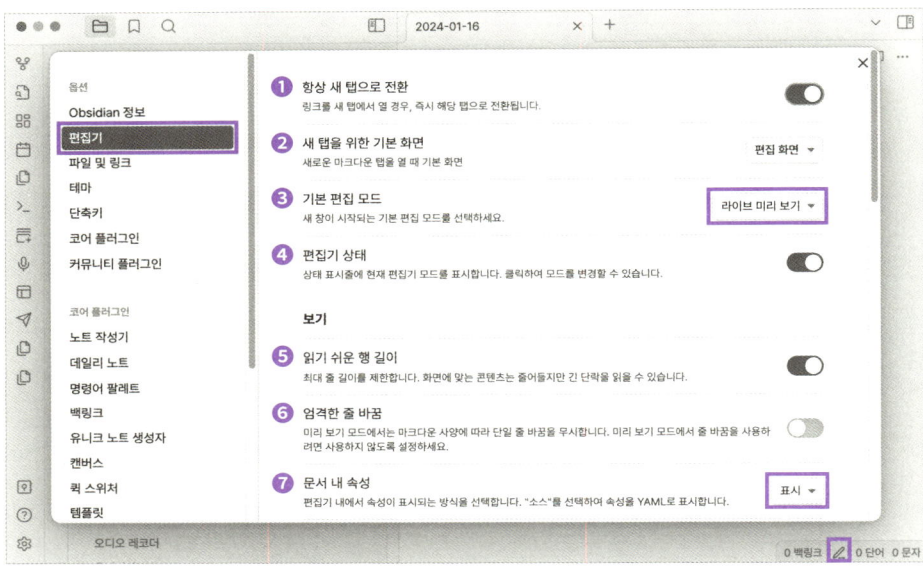

그림 2-25 편집기 1

❶ **항상 새 탭으로 전환:** 링크를 새 탭에서 열 경우 화면에서 새 탭을 가장 먼저 나타나게 하고 싶을 때 사용합니다. 오른쪽의 바를 눌러 활성화 여부를 선택할 수 있으며, 위 화면은 기능이 활성화되어 있는 모습입니다. 이 기능을 비활성화할 경우 새로운 탭이 열려도 기존 탭 화면을 유지합니다. 링크를 여는 것은 링크 안의 내용을 확인하기 위한 경우가 대부분이니 가급적 활성화하는 것을 추천합니다.

❷ **새 탭을 위한 기본 화면:** 새로운 탭을 열 때 어떤 모드로 열지 선택하게 해줍니다. '편집 화면'을 선택하면 바로 편집할 수 있는 에디터 모드로 열리고, '읽기 화면'을 선택하면 편집할 수 없

는 읽기 모드로 열립니다. '편집 화면'을 기본으로 설정하는 걸 추천합니다.

❸ **기본 편집 모드:** 기본 편집 모드에는 '소스 모드'와 '라이브 미리 보기'가 있습니다. '소스 모드'는 사용자가 마크다운 문법 기호를 보면서 텍스트를 입력하고 편집할 수 있는 모드입니다. 제목, 목록, 강조 등의 단순한 서식 마크다운 문법 기호가 함께 보입니다. '라이브 미리 보기'는 말 그대로 문법 기호 없이 곧장 서식이 적용된 화면을 보면서 편집할 수 있는 모드입니다. 내용을 입력하는 동시에 서식이 적용되어 문서를 편집할 때 매우 편하니 '라이브 미리 보기'로 설정해 두시는 것을 추천합니다.

❹ **편집기 상태:** 이 기능을 활성화해두면, [그림 2-25]의 우측 하단에서처럼 현재 노트 편집기의 상태가 표시됩니다. 이 펜 모양의 아이콘은 편집기 상태를 활성화하지 않으면 표시되지 않습니다. 편집기 상태는 아이콘으로 표시되는데 [그림 2-26]의 왼쪽부터 읽기 모드, 라이브 미리 보기 화면, 소스 모드입니다. 내 편집기의 상태를 이 모양을 보고 바로 확인할 수 있으니 이 기능도 활성화해두시기 바랍니다.

그림 2-26 **옵시디언 편집기 상태**

❺ **읽기 쉬운 행 길이:** 최대 줄 길이를 제한할 때 사용합니다. 행 길이를 조절해서 가독성을 높일 때 사용 여부를 결정할 수 있습니다.

❻ **엄격한 줄 바꿈:** 이 기능을 활성화하면, 소스 모드나 라이브 미리 보기 모드에서 엔터를 한 번 쳐서 단락을 구분한 부분이 읽기 모드에서는 한 줄로 이어져 보입니다. 엔터를 여러 번 치면 그중 한 번만 반영된 모습으로 읽기 모드에 나타납니다. 비활성화하면 세 가지 모드에서 모두 동일하게 보입니다. 저는 후자가 편해 이 기능을 활성화하지 않았습니다.

❼ **문서 내 속성:** 옵시디언 노트의 속성값이라고 할 수 있는 프로퍼티Properties를 노트에서 기본적으로 표시할지 여부를 설정할 수 있습니다. 프로퍼티는 프로그램에 따라 프론트매터나 메타데이터로 불리기도 합니다. '표시', '숨김', '소스' 중 하나를 선택할 수 있는데 다른 노트와 구분하기 위해 '표시'를 선택하는 것을 추천합니다.

그림 2-27 **편집기 2**

❶ **제목 접기:** 제목 아래의 모든 텍스트를 폴드하고 싶을 때 사용합니다.

옵시디언에서는 문서의 구조와 계층을 정의하기 위해 마크다운 문법의 '헤더'를 사용합니다. '헤더'는 텍스트 앞에 붙이는 '#'의 개수에 따라 수준을 구분해서 제목, 부제목, 소제목 등을 나타냅니다.

헤더의 수준은 1~6단계까지 있으며 상위 제목은 하위 제목을 품을 수 있어 계층 구조를 보여줄 수 있습니다. 헤더는 읽기 모드에서 확인하실 수 있는데 한글 프로그램이나 MS 워드의 개요 기능처럼 문서의 전체 구조를 파악하는 데 편리하니 활성화를 추천합니다.

❷ **들여쓰기 접기:** 들여쓰기를 한 특정 부분을 접고 싶을 때 사용합니다. 작성한 노트를 한눈에 알아보는 것이 좋아서 이 기능을 활성화하는 것을 추천합니다.

❸ **행 번호 표시:** 노트를 작성할 때 현재의 행이 몇 번째 행인지를 노트 왼쪽에 표기하고 싶을 때

사용합니다. [그림 2-28]처럼 숫자가 나타나는데, 작성된 문서량을 즉시 알 수 있는 척도로 사용할 때 도움이 되니 가급적 활성화하는 것을 추천합니다.

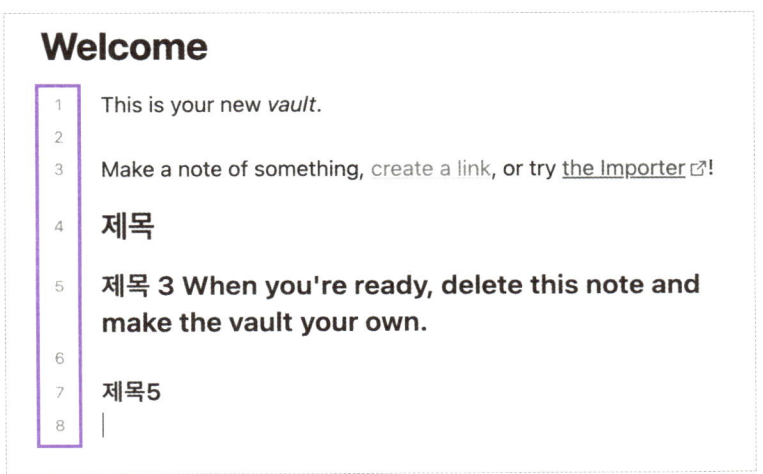

그림 2-28 행 번호 표시

❹ **들여쓰기 가이드 보기:** 들여쓰기를 한 노트의 계층적 구조를 수직선으로 보여주고 싶을 때 사용합니다. 같은 계층에 놓인 노트라면 여기서도 같은 라인 위에 놓입니다.

❺ **오른쪽 → 왼쪽(RTL):** 글을 오른쪽에서 왼쪽으로 써야 할 때 사용합니다. 아랍어처럼 오른쪽에서 왼쪽으로 써야 할 때 활성화하면 됩니다.

❻ **철자 검사:** 맞춤법 검사가 필요할 때 사용합니다. 시스템 기본 언어를 바탕으로 맞춤법 검사를 진행하며 수정이 필요하다고 판단되는 부분은 빨간색 밑줄이 생깁니다.

❼ **철자 검사 언어:** 현재 컴퓨터에서 설정된 언어를 인식해서 자동으로 철자를 체크하고 싶을 때 사용합니다.

❽ **괄호를 자동으로 페어링:** 노트에 내용을 입력할 때 괄호, 작은따옴표, 큰따옴표를 하나만 쳐도 자동으로 2개의 기호가 입력되게 할 때 사용합니다.

❾ **마크다운 표기법을 자동으로 페어링:** 마크다운 문법을 사용할 때 자동으로 단어를 페어링해

주는 기능입니다. 옵시디언을 쓰다 보면 같은 기호를 두 번 연속해서 입력할 때가 많습니다. 이 기능을 활성화하면, 예를 들어 **을 입력하면 단어의 뒷 부분에 **이 자동으로 기입됩니다.

❿ **스마트 들여쓰기:** 들여쓰기를 할 때 자동으로 계층을 맞춰줍니다.

그림 2-29 **편집기 3**

❶ **탭 사용:** 탭을 사용해서 들여쓰기를 하고 싶을 때 사용합니다.

❷ **탭 크기:** 탭을 나타내는 공백 수를 결정하게 해줍니다. 설정을 바꿔도 큰 차이가 나지 않으니 기본 설정을 사용하는 것을 추천합니다.

❸ **HTML 자동 변환:** 웹페이지에서 복사 후 붙여넣기를 하거나 드래그 & 드롭할 때 HTML 언어를 옵시디언에서 쓰는 마크다운으로 자동 변환하게 하고 싶을 때 사용합니다.

❹ **Vim 키 설정:** 강력한 텍스트 편집 기능을 제공하는 명령어 기반의 텍스트 에디터가 필요할 때 사용합니다. 고급 사용자를 위한 기능인데 저는 사용하지 않고 있습니다.

파일 및 링크

이제 '파일 및 링크'를 살펴보겠습니다. 옵시디언 내부 파일 관리 방식과 내부 링크를 설정하는 메뉴입니다.

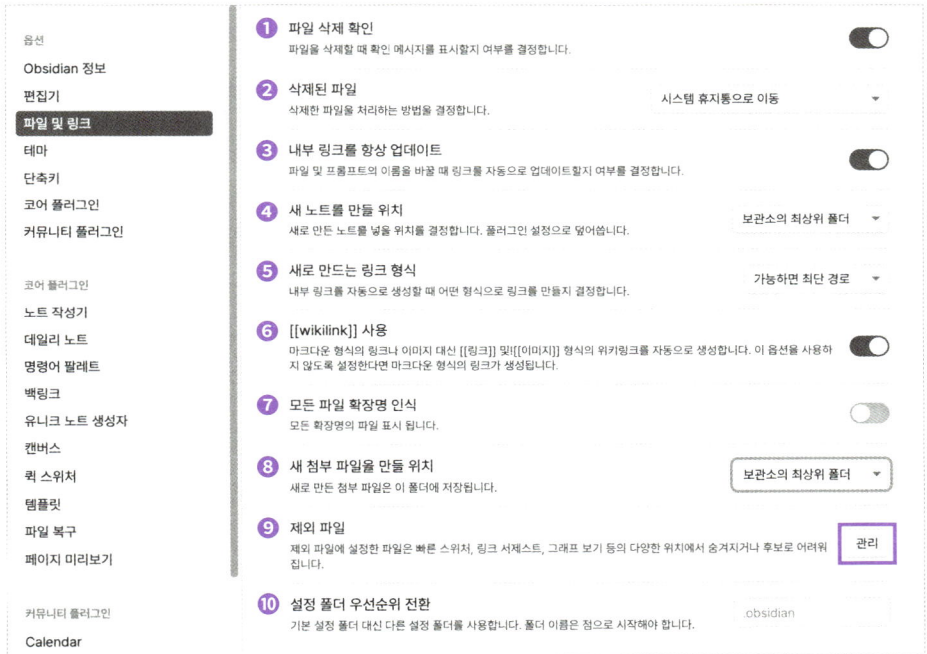

그림 2-30 **파일 및 링크**

❶ **파일 삭제 확인:** 파일을 삭제할 때 [그림 2-31]처럼 한 번 더 묻는 창이 나타나게 하고 싶을 때 사용합니다. 파일 삭제 전 최종 확인을 위한 옵션인데, 삭제한 뒤에도 휴지통에 보관되니 파일을 살릴 수 있습니다.

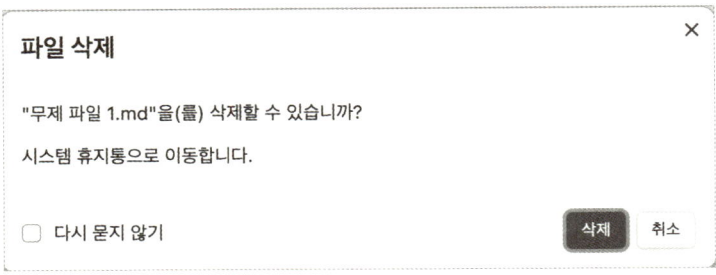

그림 2-31 파일 삭제 확인 창

❷ **삭제된 파일:** 삭제된 파일을 이동시킬 장소를 정할 수 있습니다. '시스템 휴지통으로 이동'을 선택하면 윈도우/맥 운영체제에서처럼 삭제된 파일을 휴지통에서 복원하면서 사용할 수 있습니다. '영구삭제'를 설정하면 지운 자료를 복원할 수 없으니 신중하게 선택해야 합니다.

그림 2-32 삭제된 파일 이동

❸ **내부 링크를 항상 업데이트:** 연결해놓은 노트의 이름이 바뀌었을 때 다른 노트에서 참조하고 있는 노트의 이름도 자동으로 바꿔주는 기능입니다. 노트 제목을 바꿀 때 일일이 연결노트를 찾아서 바꾸지 않아도 되니, 활성화하는 것을 추천드립니다.

❹ **새 노트를 만들 위치:** 새로운 노트를 생성하면 자동으로 어떤 위치에 생성할지 설정하는 메뉴입니다. 다음 쪽의 [그림 2-33]을 보면서 설명하겠습니다.

　Ⓐ '새 노트를 만들 위치' 오른쪽에 있는 메뉴를 클릭하면 Ⓐ-1과 같이 새 노트를 만들 위치를 선택할 수 있습니다. '보관소의 최상위 폴더'와 '현재 파일과 동일한 폴더'는 이름 그대로여서 따로 설명하지 않도록 하겠습니다. 그런데 마지막 항목인 '아래에 지정된 폴더'를 선택하면 '새 노트를 만들 위치' 밑에 Ⓑ와 같이 '새 노트를 만들 폴더'를 설정하는 메뉴가 나타납니다.

❶-1에 폴더 이름을 입력하면 새 노트는 그 폴더에 저장됩니다. 예시로 '01.임시메모'라고 입력해보았습니다.

그러면 이제 새롭게 생성하는 새 노트는 '01.임시메모' 폴더에 저장됩니다.

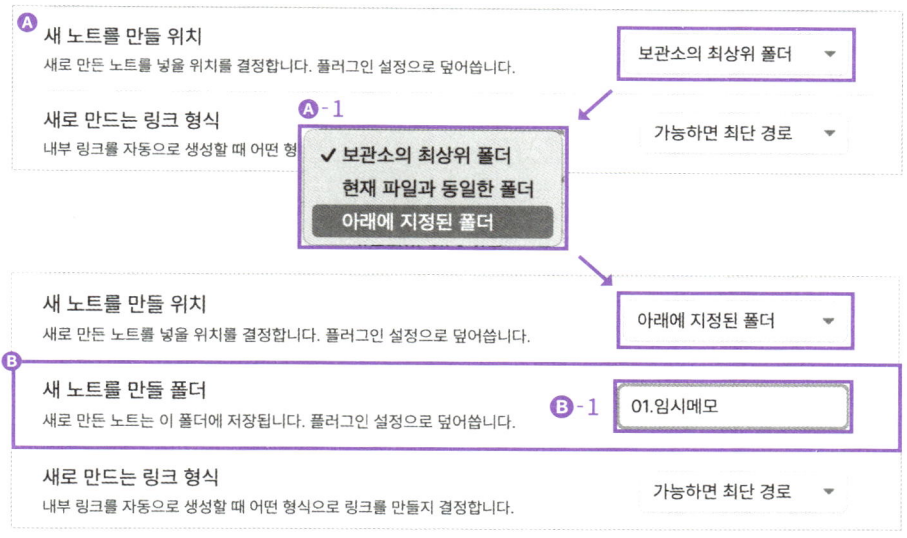

그림 2-33 새 노트 위치 설정하기

❺ **새로 만드는 링크 형식:** 내부링크를 자동으로 생성할 때 어떤 형식으로 링크를 만들지 결정합니다. 기본설정인 '가능하면 최단 경로'를 추천합니다. 연결을 중시하는 옵시디언에서 노트를 연결할 때 간결하게 진행할 수 있어 효율적으로 관리할 수 있습니다.

❻ **[[wikilink]] 사용:** [[ ]], ![[ ]] 등의 연결과 링크 이미지를 쓰고 싶을 때 사용합니다. 마크다운 형식을 사용하면 마크다운 형식을 지원하는 또 다른 사이트나 프로그램에서도 연결해서 사용할 수 있고, wikilinks 방식을 활용하면 단순하고 깔끔하게 표현된다는 장점이 있습니다.

❼ **모든 파일 확장명 인식:** 옵시디언에서 열 수 없는 확장자를 가진 파일이라도 옵시디언 내부 탐색기 및 퀵 스위처 Quick Switcher에서 보고 싶을 때 사용합니다.

❽ **새 첨부파일을 만들 위치:** 첨부파일을 노트에 붙여넣을 때 어떤 위치에 첨부할지를 설정하는

메뉴입니다. ❹에서 새 노트를 저장할 위치를 설정한 것과 같은 방식으로 지정하면 됩니다. 따로 지정하지 않으면 보관소의 최상위 폴더에 저장되는데, 그러면 폴더가 지저분해질 수 있기 때문에 위치를 지정하기를 권장합니다.

❾ **제외 파일:** 특정 파일이나 폴더를 검색이나 플러그인 등의 기능 수행에서 제외할 수 있게 해주는 기능입니다. [관리] 버튼을 눌러 제외 파일을 설정할 수 있습니다.

❿ **설정 폴더 우선순위 전환:** 옵시디언의 기본 설정 폴더인 '.obsidian' 폴더 외의 폴더를 우선순위로 설정하게 해줍니다. 기존에 사용하던 보관소의 설정을 복사할 때 활용할 수 있습니다.

테마

다음으로 살펴볼 것은 '테마'입니다. 여기서는 옵시디언 프로그램의 시각적 요소를 설정할 수 있습니다. 개인의 홈페이지나 페이스북, 인스타그램 등 SNS를 꾸미는 기능과 비슷하다고 보면 이해가 쉽습니다.

그림 2-34 테마

❶ **기본 테마:** 우측의 '시스템 테마 적용'을 누르면 선택할 수 있는 모드가 나타납니다. 다크, 라이트, 시스템 테마 적용 중에서 하나를 선택할 수 있습니다.

❷ **강조 색상:** 현재 위치나 버튼 등 강조되는 부분에 사용자가 원하는 색을 사용하게 해줍니다. 옵시디언의 시그니처 색상인 보라색이 기본으로 설정되어 있는데, 취향에 따라 변경해서 사용하실 수 있습니다.

❸ **테마:** 사용자의 취향에 따라 테마를 설치하고 적용 및 관리할 수 있게 해줍니다. 오른쪽의 [관리] 버튼을 누르면 다양한 테마를 옵시디언에 바로 적용해볼 수 있습니다.

❹ **현재 커뮤니티 테마:** 사용자가 몇 개의 테마를 설치했는지 알 수 있습니다. 아무것도 설치하지 않으면 0개의 테마가 설치되어 있다는 문구가 나타납니다.

'현재 커뮤니티 테마' 아래로는 '글꼴'과 'Interface', '고급 옵션' 메뉴가 있는데, '글꼴'부터 차례대로 살펴보겠습니다. 사람마다 선호하는 서체나 글자 크기 등이 있으니 그것에 맞춰 옵시디언 노트를 설정할 수 있습니다.

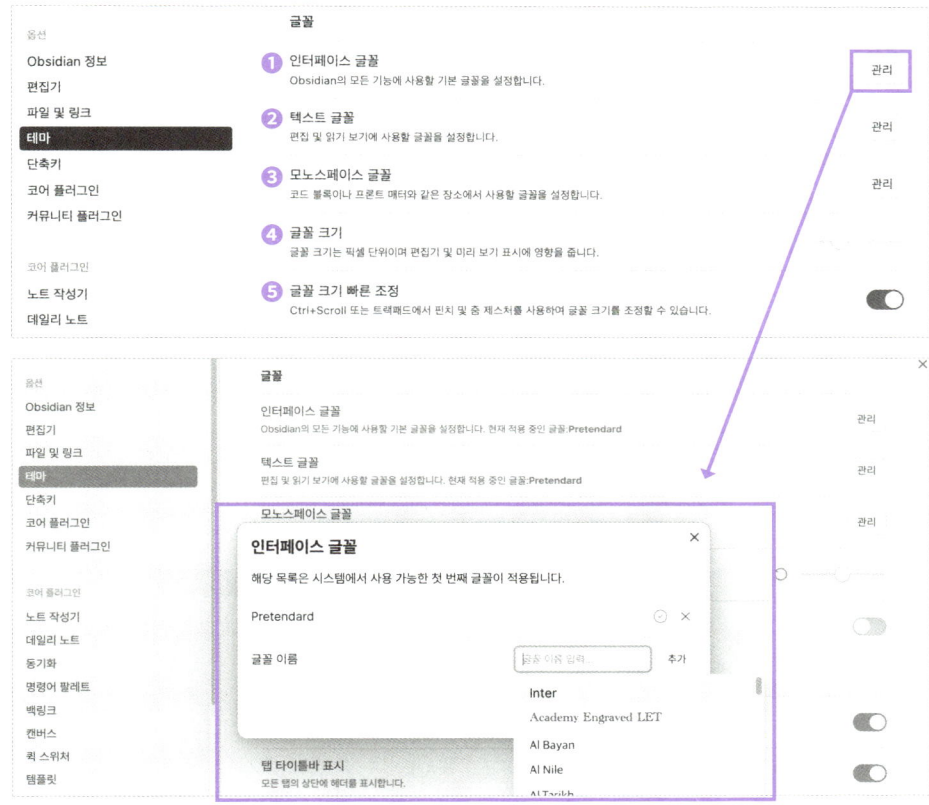

그림 2-35 **글꼴**

❶ **인터페이스 글꼴:** 옵시디언의 모든 기능에 사용할 기본 글꼴을 설정하게 해줍니다. 오른쪽에 있는 [관리] 버튼을 누르면 글꼴을 선택하는 창이 뜹니다. '글꼴 이름 입력'을 클릭하면 기본으로 제공하는 글꼴 중에서 마음에 드는 것을 선택할 수 있습니다. 만약 유튜브나 강의에 사용할 예정이시면 무료이면서도 상업적으로 이용할 수 있는 Pretendard 폰트를 사용하는 것을 추천드립니다. 상업적으로 이용할 수 있는 무료 글꼴을 모아 제공하는 눈누noonnu.cc에서 다운로드하실 수 있습니다.

❷ **텍스트 글꼴:** 편집 및 읽기와 보기에 사용할 글꼴을 설정합니다. 인터페이스 글꼴과 마찬가지로 [관리] 버튼을 눌러 설정하면 됩니다.

❸ **모노스페이스 글꼴:** 프로그래밍할 때 쓰는 코드 블록이나 프로퍼티 같은 공간에서 사용할 글꼴을 설정하게 해줍니다.

❹ **글꼴 크기:** 글꼴 크기를 조절하고 싶을 때 오른쪽의 바를 조정해서 사용합니다. 만약 노트를 작성할 때 글꼴 크기를 빠르게 조정하고 싶다면 오른쪽 바를 조정하면 됩니다.

❺ **글꼴 크기 빠른 조정:** 노트를 작성할 때 '⌘' 키를 누른 채 마우스 휠을 위 아래로 움직이거나 +, - 버튼을 눌러서 빠르게 글꼴 크기를 조정하고 싶을 때 사용합니다. 트랙패드 핀치 및 두 손가락으로 확대하는 동작인 줌 제스처로도 옵시디언 글꼴 크기를 조정할 수 있습니다.

다음으로는 'Interface'를 살펴보겠습니다. 인터페이스는 노트 화면을 설정하는 것입니다.

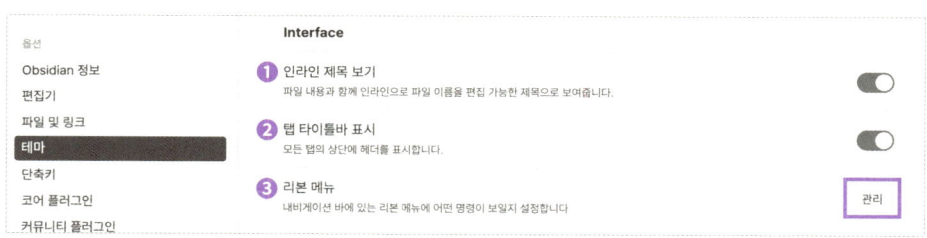

그림 2-36 테마 Interface

❶ **인라인 제목 보기:** 파일 내용과 함께 인라인으로 파일 제목을 보고 싶을 때 사용합니다. 다음 그림의 Ⓐ와 같이 타이틀바 이외에도 노트 내부에 파일의 제목이 한 번 더 명시됩니다. 이 제목을 클릭해도 편집이 가능합니다.

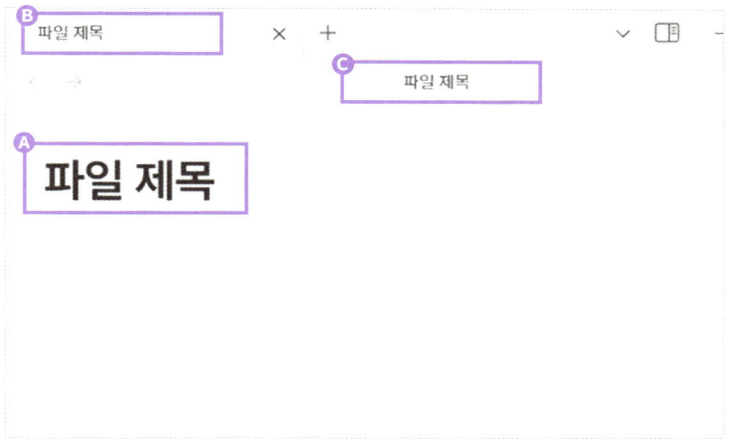

그림 2-37 **파일 제목 형식**

❷ **탭 타이틀바 표시:** 탭 하단에 파일 제목을 표시하고 싶을 때 사용합니다. 이 기능을 활성화하면 [그림 2-37]처럼 Ⓑ 탭 바로 밑에 Ⓒ 파일 제목을 보여줍니다. 타이틀바 역시 클릭해 편집이 가능합니다.

❸ **리본 메뉴:** 옵시디언 실행 시 첫 화면 왼쪽의 리본 메뉴에 어떤 명령이 보일지 설정하게 해줍니다. '리본 메뉴'의 오른쪽에 있는 [관리] 버튼을 누르면 다음 쪽의 [그림 2-38]과 같은 화면이 나타납니다.

'퀵 스위처 열기', '그래프 뷰 열기', '새 캔버스 만들기' 등 리본 메뉴에 들어갈 명령을 추가 및 삭제하거나 순서를 조정할 수 있습니다. 이후에 커뮤니티 플러그인을 설치하면 화면 상에서 리본 메뉴가 한 줄에 담기지 못하는 경우가 있는데, 이때 설정을 통해 필요한 명령만 보이게 하거나 사용하는 빈도에 따라 표시되는 순서를 조정하면 좋습니다.

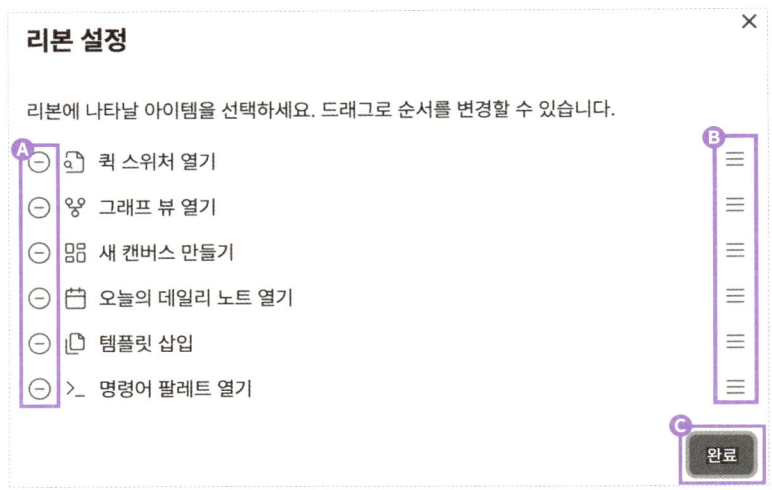

그림 2-38 리본 설정하기

Ⓐ로 명령을 삭제할 수 있고, 삭제한 명령을 나중에 다시 넣을 수도 있습니다. Ⓑ를 클릭해 드래그하여 명령의 순서를 조정할 수 있습니다. 설정을 마쳤다면 Ⓒ [완료] 버튼을 누릅니다.

다음으로는 '고급 옵션'을 살펴보겠습니다.

그림 2-39 고급 옵션

❶ **배율:** 옵시디언의 화면을 몇 배율로 볼 것인지 조정하게 해줍니다. 오른쪽의 바를 좌우로 움직이면서 자신에게 맞는 배율을 설정하시면 됩니다.

❷ **네이티브 메뉴:** 일반 데스크톱 프로그램처럼 우클릭을 통해 접근할 수 있는 표준적인 메뉴를 쓰고 싶을 때 사용합니다. 이것을 활성화하면 사용자는 더 직관적이고 익숙한 방식으로 프로그램의 기능을 사용할 수 있습니다.

❸ **창 프레임 스타일:** 옵시디언에서 각 창의 시각적 요소를 사용자가 조절할 수 있게 해줍니다. 오른쪽의 '숨김(기본)' 부분을 누르면 'Obsidian 프레임'과 '네이티브 프레임'이 나타나는데 설정에 따라 옵시디언 프레임 상단의 디자인이 조금씩 바뀌는 것을 확인할 수 있을 것입니다.

❹ **Custom app icon:** 사용자가 데스크톱 앱 아이콘을 변경할 수 있게 해줍니다. 오른쪽의 [Choose] 버튼을 누르고 다른 아이콘을 선택하면 기본으로 제공되는 Obsidian 아이콘 대신에 사용자가 선호하는 아이콘으로 변경할 수 있습니다.

❺ **하드웨어 가속:** 프로그램의 성능을 향상시키기 위해 컴퓨터의 그래픽 처리 장치GPU를 활용하고 싶을 때 사용합니다. 프로그램의 응답 속도와 효율성을 높일 수 있습니다.

마지막으로 테마 옵션에서는 CSS 스니펫이라는 게 있습니다. 옵시디언 사용자들이 자신의 옵시디언 환경을 맞춤화할 수 있게 해줍니다. 스니펫을 사용함으로써 사용자는 텍스트 스타일, 색상, 레이아웃 등 옵시디언 인터페이스의 다양한 시각적 요소들을 취향에 맞게 조정할 수 있습니다. 옵시디언에 능숙해져야 사용할 수 있는 것이니 지금은 스니펫이 있다는 것만 알아두시면 되겠습니다.

단축키

'단축키'에서는 먼저 기본적으로 세팅되어 있는 것부터 살펴보겠습니다. 옵시디언에는 많은 단축키가 있지만 모든 단축키를 알 필요는 없습니다. 여기서는 중요한 것 위주로 설명할 예정이니, 옵시디언에 어느 정도 익숙해진 후에 자신이 필요한 단축키를 설정해서 사용하시면 됩니다. 기능이 많아 여러 부분으로 나누어 설명합니다.

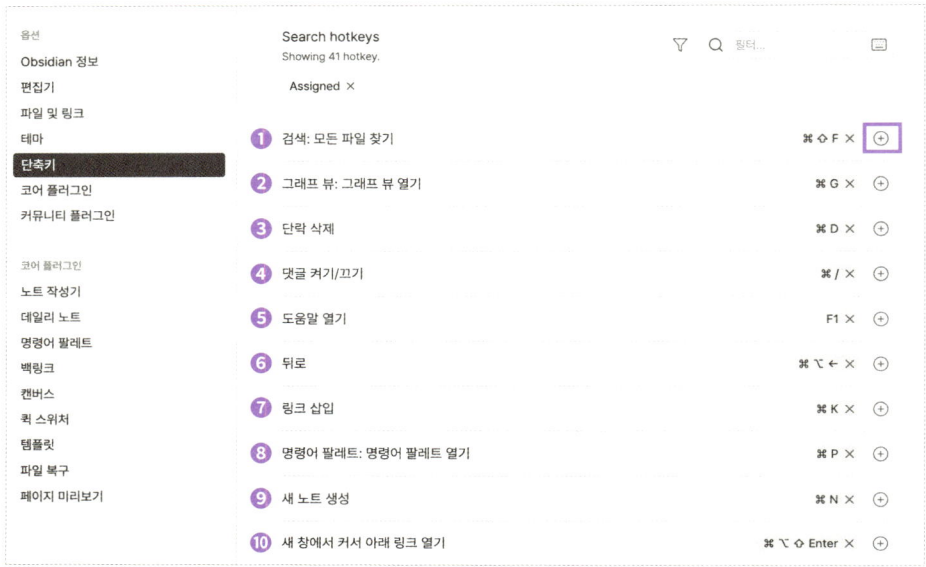

그림 2-40 **단축키 1**

'단축키' 화면을 보시면 각 기능에 따른 단축키를 오른쪽에서 확인할 수 있습니다. 앞에서도 말씀드렸다시피 ⌘는 커맨드commnad, cmd를, ⇧는 시프트Shift를 의미합니다. [그림 2-40]의 단축키는 제가 사용하는 맥을 기준으로 보여주지만, 윈도우에서는 'Ctrl'과 'Shift'로 표시될 것입니다. 기본으로 설정된 단축키를 변경하려면 단축키 오른쪽에 있는 [⊕]를 누릅니다. 손에 익은 단축키를 설정하면 빨리 옵시디언에 적응할 수 있을 것입니다.

이제부터 각 단축키가 어떤 액션을 취하는지 설명하겠습니다.

❶ **검색** ⌘ + ⇧ + F : 옵시디언 내의 모든 자료를 검색할 수 있는 단축키입니다.

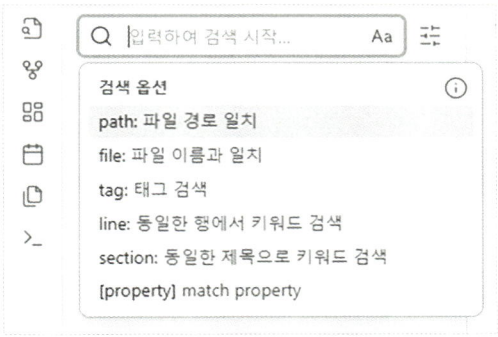

그림 2-41 검색 화면

❷ **그래프 뷰** ⌘+G : 그래프 뷰를 볼 수 있습니다. 옵시디언 속 모든 노트의 연결관계를 보여주기 때문에 나의 노트들을 한눈에 파악할 수 있습니다.

❸ **단락 삭제** ⌘+D : 현재 커서가 위치한 단락을 전체 삭제하게 해줍니다. 아웃라이너 기준으로는 하나의 불릿을 삭제합니다.

❹ **댓글 켜기/끄기** ⌘+/ : 노트를 쓰다가 이 단축키를 누르면 해당 부분에 댓글을 달 수 있습니다. 주석의 기능을 하는 댓글은 '%%' 기호로 둘러싸이며, 옅은 회색으로 표시됩니다. 읽기 모드에서는 보이지 않으며, 출력 시에도 표시되지 않습니다.

❺ **도움말 열기** F1 : 좌측 메뉴 하단의 도움말로 즉시 이동합니다.

❻ **뒤로** ⌘+⌥+← : 현재 노트 이전에 활성화되어 있던 노트로 이동합니다. ⌥는 옵션 option을 의미합니다. 윈도우에서는 'Alt'로 표기될 것입니다.

❼ **링크 삽입** ⌘+K : 본문에서 링크를 연결할 단어를 선택하고 이 단축키를 누르면 '[]'기호가 나타납니다. 이 안에 원하는 url을 넣으면 단어에 링크가 삽입됩니다. 이후 그 단어를 클릭하면 즉시 해당 사이트로 이동할 수 있습니다.

❽ **명령어 팔레트** ⌘+P : 앞에서 다룬 리본 메뉴의 '명령어 팔레트'를 불러올 수 있습니다.

❾ **새 노트 생성** ⌘+N : 노트를 추가할 수 있습니다. 새 노트를 만들 때 사용하고, 곧바로 템플릿 붙여넣기 단축키도 활용해서 메모 내용에 맞는 템플릿을 삽입하면 편리합니다.

⑩ **새 창에서 커서 아래 링크 열기** `⌘`+`⌥`+`⇧`+`Enter`: 현재 커서가 위치한 곳이 노트가 연결된 부분이라면, 이 단축키를 눌렀을 때 새로운 옵시디언 창을 열면서 연결된 노트가 열립니다. 이 단축키보다는 현재 탭에서 링크 노트로 이동하는 단축키인 `⇧`+`Enter`나, 새로운 탭에서 링크 노트로 이동하는 단축키인 `⌘`+`Enter`를 더 자주 활용합니다.

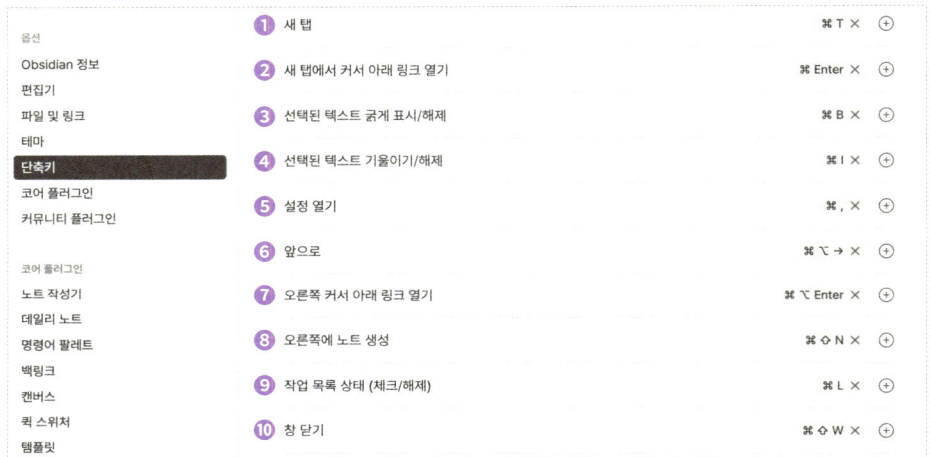

그림 2-42 단축키 2

① **새 탭** `⌘`+`T`: 인터넷 브라우저와 동일하게 새로운 탭을 열 수 있습니다.
② **새 탭에서 커서 아래 링크 열기** `⌘`+`Enter`: [그림 2-40]의 ⑩ **새 창에서 커서 아래 링크 열기** 부분에서 설명드린 내용입니다. 이 단축키를 눌렀을 때 현재 커서가 위치한 곳에 연결된 노트가 있다면 새로운 탭에서 해당 노트가 열립니다.
③ **선택된 텍스트 굵게 표시/해제** `⌘`+`B`: 선택한 텍스트를 굵게bold처리하는 명령어입니다. 마크다운 문법을 사용해 표현하려는 경우, '**선택된 텍스트**'처럼 양쪽에 별 모양을 2개씩 넣어 작성하면 같은 효과가 나타납니다.
④ **선택된 텍스트 기울이기/해제** `⌘`+`I`: 선택한 텍스트를 기울게italic처리하는 명령어입니

다. 마크다운 문법을 사용해 표현하려는 경우, '*선택된 텍스트*'처럼 양쪽에 별 모양을 1개씩 넣어 작성하면 같은 효과가 나타납니다.

❺ **설정 열기** `⌘`+`,` : 단축키 설정 창을 여는 단축키입니다.

❻ **앞으로** `⌘`+`⌥`+`→` : 69쪽에서 설명한 ❻**뒤로**와 반대됩니다. 이 노트 이후에 연 노트가 있다면 해당 노트로 이동합니다.

❼ **오른쪽 커서 아래 링크 열기** `⌘`+`⌥`+`Enter` : 노트가 연결된 부분 위에 커서가 있을 때 이 단축키를 누르면, 화면이 분할되고 우측 화면에 해당 노트가 새 탭으로 열립니다. 웨일 브라우저의 양쪽 보기와 비슷한 기능입니다. 두 개의 노트를 보면서 작업해야 할 때 사용합니다.

❽ **오른쪽에 노트 생성** `⌘`+`⇧`+`N` : 화면을 분할한 뒤 우측 화면에 새로운 노트를 만들어주는 단축키입니다. 새로운 노트를 만들어서 기존 노트와 함께 보고 싶을 때 사용합니다.

❾ **작업 목록 상태(체크/해제)** `⌘`+`L` : 할 일을 관리할 때 사용하는 체크 박스를 만들고 체크하는 기능입니다. 해당하는 라인의 맨 앞에 체크 박스를 만들어 줍니다.

❿ **창 닫기** `⌘`+`⇧`+`W` : 옵시디언이 종료됩니다.

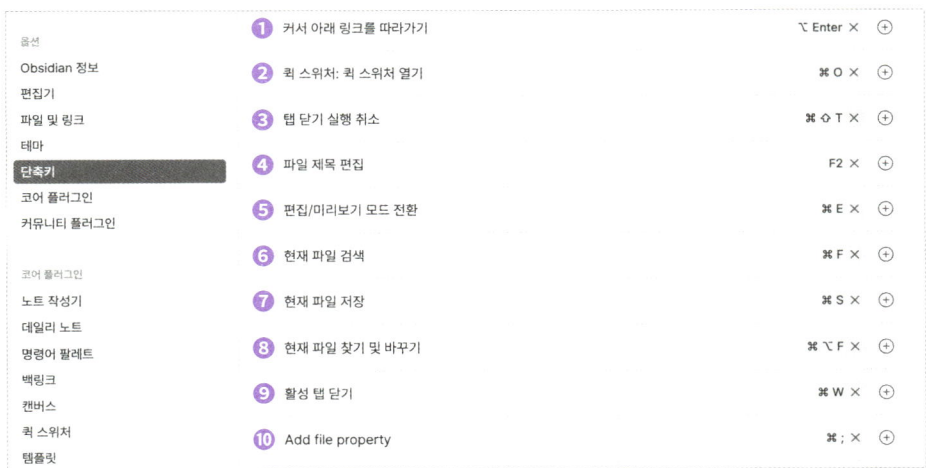

그림 2-43 **단축키 3**

❶ **커서 아래 링크를 따라가기** `⌥`+`Enter` : 현재 커서에 있는 링크로 이동합니다.
❷ **퀵 스위처** `⌘`+`O` : 최근 작업한 노트로 빠르게 이동할 수 있는 창이 뜹니다.
❸ **탭 닫기 실행 취소** `⌘`+`⇧`+`T` : 직전에 닫은 탭의 노트를 복구하여 보여줍니다.
❹ **파일 제목 편집** `F2` : 파일 제목(노트 제목)을 편집할 수 있습니다.
❺ **편집/미리보기 모드 전환** `⌘`+`E` : 편집/미리보기(읽기 모드)로 전환해줍니다.
❻ **현재 파일 검색** `⌘`+`F` : 현재 노트 안에서 단어를 검색할 수 있습니다.
❼ **현재 파일 저장** `⌘`+`S` : 기본적으로 자동 저장되지만 원할 때마다 저장할 수 있습니다.
❽ **현재 파일 찾기 및 바꾸기** `⌘`+`⌥`+`F` : 현재 노트 안에서 단어를 바꿀 수 있습니다.
❾ **활성 탭 닫기** `⌘`+`W` : 현재 열려 있는 탭(노트)을 닫습니다. 옵시디언 프로그램은 계속 사용할 수 있게 유지됩니다.
❿ **Add file property** `⌘`+`;` : 프론트매터, 메타데이터라고도 불리는 속성값을 추가할 수 있습니다. 향후에 Dataview 플러그인을 설치해 입력된 속성값에 해당하는 노트를 쿼리로 불러올 수 있습니다. Dataview 플러그인에 대해서는 136쪽에서 설명할 예정이니 참고 바랍니다.

그림 2-44 **단축키 4**

❶ **Go to last tab** `⌘`+`9` : 마지막에 열려 있는 탭(가장 오른쪽 탭)으로 가는 단축키입니다.
❷ **Go to next tab** `^`+`Tab` : 현재 탭에서 오른쪽 탭으로 이동합니다.
❸ **Go to previous tab** `^`+`Shift`+`Tab` : 현재 탭에서 왼쪽 탭으로 이동합니다.
❹ **Go to tab #1** `⌘`+`1` : 탭이 열린 순서의 첫 번째 탭으로 이동합니다.
❺ **Go to tab #2** `⌘`+`2` : 탭이 열린 순서의 두 번째 탭으로 이동합니다.

이후의 단축키는 숫자키를 눌러 순번에 따른 탭으로 이동하는 것인데, 옵시디언을 사용하면서 자주 사용하는 단축키가 아니니 설명을 생략하겠습니다. 옵시디언에 익숙해지면 여기서 설명하지 않은 단축키도 살펴보시기 바랍니다.

이제부터는 제가 직접 설정한 추가 단축키 중에 성격이 비슷한 유형끼리 묶어서 설명드리겠습니다.

그림 2-45 단축키 5

① **아랫줄 바꾸기** Move Line Down / ⌘ + ↓: 현재 라인을 아래로 내려줍니다. 작성한 내용의 순서를 바꿀 때 유용한 단축키입니다. 특히 아웃라이너 목록으로 작성했을 때 자주 활용합니다.

② **윗줄과 바꾸기** Move Line Up / ⌘ + ↑: 위 단축키와 반대로, 현재 라인을 위로 올려줍니다.

그림 2-46 단축키 6

① **템플릿 삽입** ⌥ + T: 제텔카스텐과 옵시디언 사용에 필수적인 템플릿을 삽입해줍니다.

⌘ + T 로 설정하면 신규 탭 생성 단축키와 겹치니 ⌥ + T 로 설정하는 것이 좋습니다.

❷ **현재 날짜 삽입** ⌥ + ; : 현재 날짜를 사용자가 설정한 형식으로 삽입합니다. 저는 연-월-일 YYYY-MM-DD 형식으로 설정해서 사용하고 있습니다.

❸ **현재 시간 삽입** ⌥ + : : 현재 시각을 사용자가 설정한 형식으로 삽입합니다. 저는 시-분 hh-mm 형식으로 설정해서 사용하고 있습니다.

그림 2-47 단축키 7

❶ **오른쪽 사이드바 열기/닫기** ⌘ + ⇧ + . : 오른쪽에 나타나는 사이드바를 열고 닫을 수 있습니다.

❷ **왼쪽 사이드바 열기/닫기** ⌘ + ⇧ + , : 왼쪽에 나타나는 사이드바를 열고 닫을 수 있습니다. ❶과 동일한 방식으로 사용합니다.

단축키를 설정하다 보면 내가 예전에 설정해둔 단축키와 중복되어 단축키를 설정할 수 없는 경우가 발생합니다.

그림 2-48 단축키 8

[그림 2-48]은 '개요: 개요 창 표시'의 단축키를 ⌘ + T로 설정하려 했는데 '새 탭'의 단축키와 겹쳐 설정할 수 없다는 메시지가 나타난 화면입니다. 단축키가 중복되면 빨간색으로 표시되고 상단에는 '중복된 명령어'를 의미하는 '1 command with conflicts'라는 메시지가 나타납니다. 이 메시지가 나타나면 다른 단축키를 설정해주면 됩니다.

지금까지 개인적으로 설정해서 활용하는 단축키에 대해서도 설명드렸습니다. 각자의 필요에 맞춰서 사용하기에 가장 유리한 단축키를 설정하시면 됩니다. 플러그인이나 유용한 기능을 소개할 때 단축키 설정이 필요하면 다시 소개하겠습니다.

옵시디언 오른쪽 사이드바

오른쪽 사이드바는 노트에 관련된 추가 정보를 쉽게 파악할 수 있는 메뉴입니다. [그림 2-49]의 ❶에서 오른쪽 사이드바 펼침을 선택하면 ❷처럼 사이드바가 펼쳐집니다. 네 가지 기능이 있는데, 차례로 알아보겠습니다. 먼저 백링크입니다.

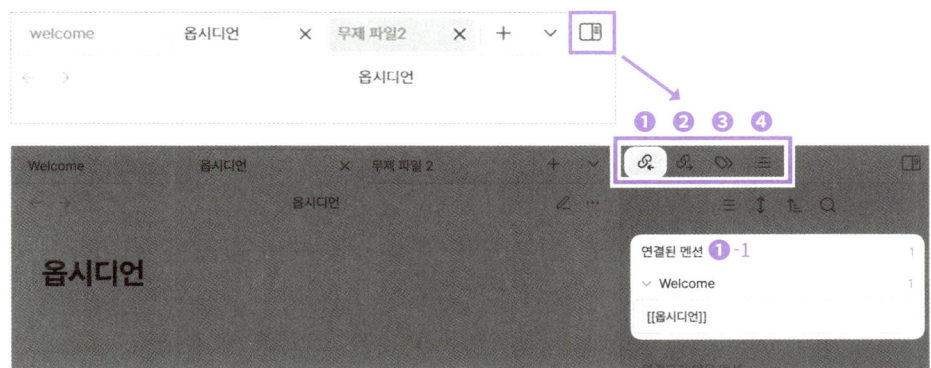

그림 2-49 **백링크**

❶ **백링크:** 백링크를 표시하는 기능입니다. 백링크란 현재 노트를 참조하는 노트의 목록입니다. 백링크 아이콘을 클릭하면 ❶-1처럼 현재 노트를 링크하는 노트들의 리스트가 나타납니다.

❶-1 **연결된 멘션:** [그림 2-49]의 화면은 'Welcome' 노트에서 현재 노트를 [[옵시디언]]으로 인용하고 있다는 것을 보여줍니다. 백링크에 대한 자세한 설명은 124쪽에 되어 있으니 참고하시기 바랍니다.

다음으로 나가는 링크를 보겠습니다.

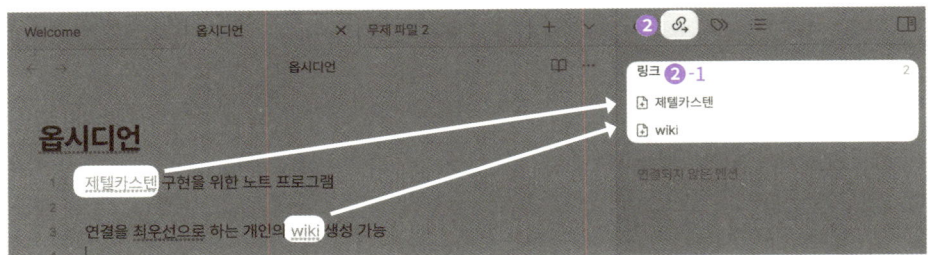

그림 2-50 **나가는 링크**

❷ **나가는 링크:** 나가는 링크를 보여주는 기능입니다. 나가는 링크란 현재 노트 본문에서 참조하는 노트 리스트입니다.

❷-1 **링크:** ❷ 나가는 링크 아이콘을 누르면 ❷-1처럼 현재 본문에 노트 링크가 돼 있는 부분과 동일한 노트가 링크 리스트에 뜹니다.

다음으로 태그를 보겠습니다.

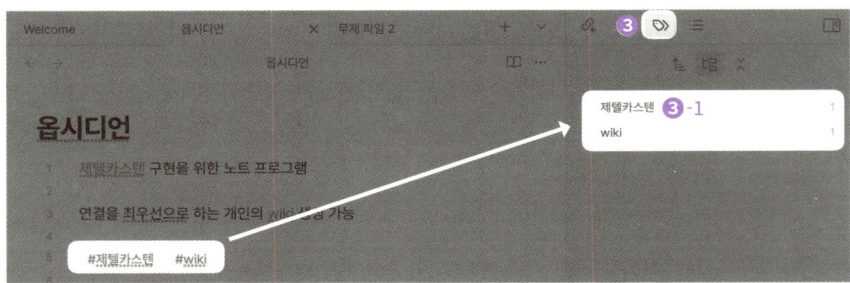

그림 2-51 **태그**

❸ **태그:** 태그를 보여주는 기능입니다. 현재 노트에 해당하는 태그만 보여주는 게 아니라 내가 옵시디언에 사용한 전체 태그 리스트를 볼 수 있습니다.

❸-1 **태그 리스트:** ❸ 태그 아이콘을 누르면 태그 리스트가 뜹니다. 오른쪽 끝의 숫자는 해당 태그가 사용된 횟수입니다.

마지막으로 개요를 알아보겠습니다.

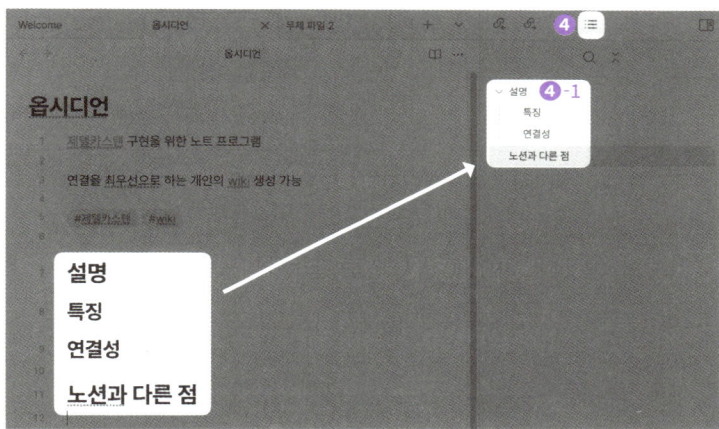

그림 2-52 사이드바 기능 4

❹ **개요 메뉴:** 노트 내에서 설정된 개요를 한눈에 파악할 수 있게 해주는 기능입니다. 노트 작성 시 헤더를 사용해야 노트 내 개요가 설정되며, 헤더 없이 본문만 작성했다면 개요를 확인할 수 없습니다. 헤더 사용에 대해서는 85쪽에서 설명하겠습니다.

❹-1 **노트 구조:** 개요 메뉴 아이콘을 누르면 더 레벨1(설명, 노션과 다른 점)과 헤더 레벨2(특징, 연결성)의 구조를 파악하기 쉽게 보여줍니다. [그림 2-52]에서 '설명', '노션과 다른 점'은 헤더 레벨 1, '특징'과 '연결성'은 헤더 레벨2인 것을 볼 수 있습니다.

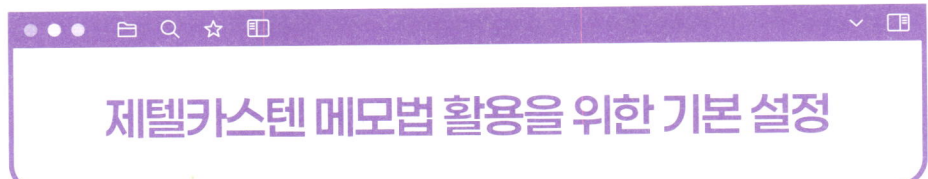

제텔카스텐 메모법 활용을 위한 기본 설정

🔖 옵시디언에 노트 폴더 만들기

제텔카스텐에는 세 개의 메모가 있습니다. 임시메모, 문헌메모, 영구메모입니다. 이 메모들을 효과적으로 관리하기 위한 가장 좋은 방법은 무엇일까요? 새로운 방법을 쓸 수도 있겠지만 옵시디언은 폴더를 기반으로 분류하여 활용하는 것이 좋습니다.

이제 폴더를 만들어보겠습니다.

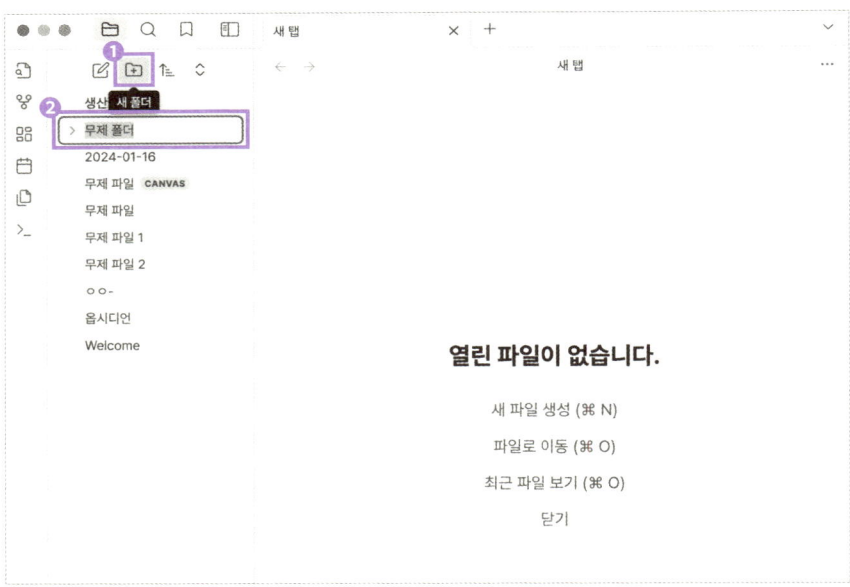

그림 2-53 **폴더 만들기 1**

[그림 2-53] 상단에 있는 메뉴 중 ❶ [새 폴더] 아이콘을 누르면 ❷ '무제 폴더'가 생성됩니다. ❷에 폴더 이름을 입력합니다. 폴더 이름을 지을 때는 앞에 01, 02, 03과 같이 번호를 매기는 것이 정리하기에 좋습니다. 이름을 바꾸고 싶을 때는 마우스를 우클릭해 바꿀 수 있습니다.

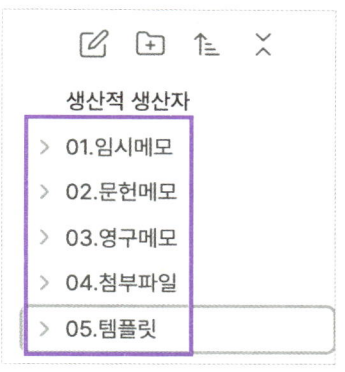

그림 2-54 폴더 만들기 2

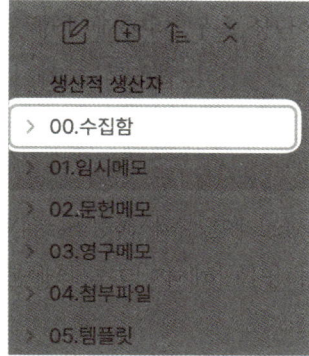

그림 2-55 수집함 폴더 만들기

임시메모, 문헌메모, 영구메모, 첨부파일, 템플릿 폴더를 차례대로 만들어보았습니다. 폴더의 순서나 용도는 각자의 필요에 맞게 정하면 됩니다.

　임시메모 폴더를 수집함처럼 사용하는 경우도 있지만, 만약 별도로 수집함 폴더를 만들어 사용하고 싶다면, [그림 2-55]처럼 '00.수집함' 폴더를 만들어 임시메모 앞에 추가하면 됩니다.

🔷 템플릿 폴더 경로 지정하기

템플릿 폴더를 만들어두면 이후에 제텔카스텐 메모를 진행할 때 각 노트별로 필요한 양식을 지정해두고 불러와서 빠르게 메모를 작성할 수 있습니다. 그런데 앞에서 만든 폴더는 제목이 '05.템플릿'일 뿐 아직은 일반 폴더입니다. '05.템플릿' 폴더를 템플릿 폴더 경로로 설정하는 과정을 꼭 진행하셔야 합니다. 이것은 옵시디언 설정에서 할 수 있습니다.

이제 템플릿을 설정해보겠습니다. 먼저 '설정 > 템플릿'에 들어갑니다.

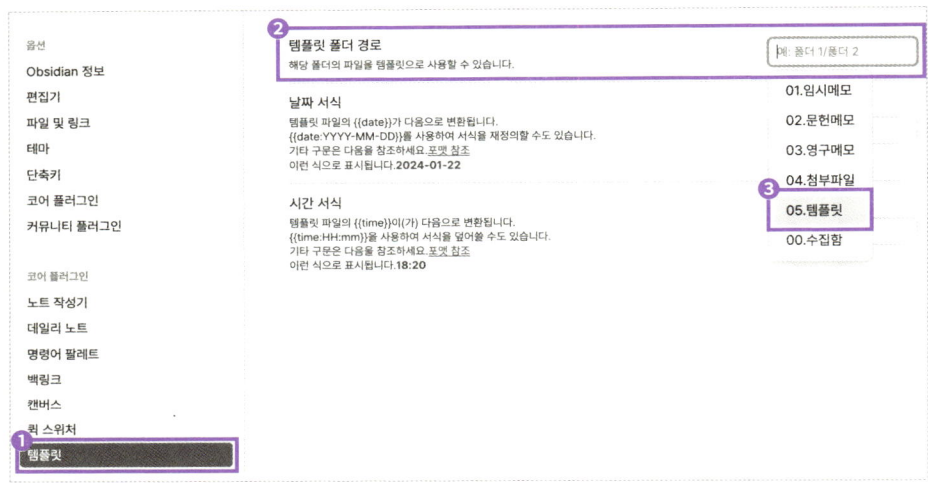

그림 2-56 **템플릿 폴더 경로 설정**

[그림 2-56]의 화면이 나타나면 템플릿으로 사용할 파일들을 모아둔 폴더를 지정하기 위해 ❶ '템플릿'을 누릅니다. ❷ '템플릿 폴더 경로' 오른쪽에 비어 있는 칸을 누르면 폴더 목록이 뜹니다. ❸ 템플릿 파일을 넣어둘 '05. 템플릿' 폴더를 선택하시면 됩니다. 개인의 선호에 따라 다른 이름으로 폴더 생성 후 지정하셔도 무방합니다.

💎 템플릿 노트 만들기

이제 템플릿으로 사용할 노트를 만들어보겠습니다. 이해를 돕기 위해 제가 사용하는 제텔카스텐 템플릿을 살펴보겠습니다. 21쪽의 큐알 코드를 통해 다운받을 수 있습니다. [그림 2-57]처럼 ❶ '프로퍼티'와 ❷ '노트 본문'으로 구성되어 있습니다.
❶ '프로퍼티'는 노트에 대한 속성값을 입력하는 부분입니다. 사용자가 원하는 대로 속성을 입력할 수 있습니다. 현재 제가 사용하는 제텔카스텐 템플릿에는 카테고리

category, 날짜date, 넘버, 인물_저자, 태그tags, 출처, 별명aliases을 입력하도록 설정되어 있습니다. 프로퍼티를 추가하는 방법은 111쪽을 참고하시기 바랍니다.

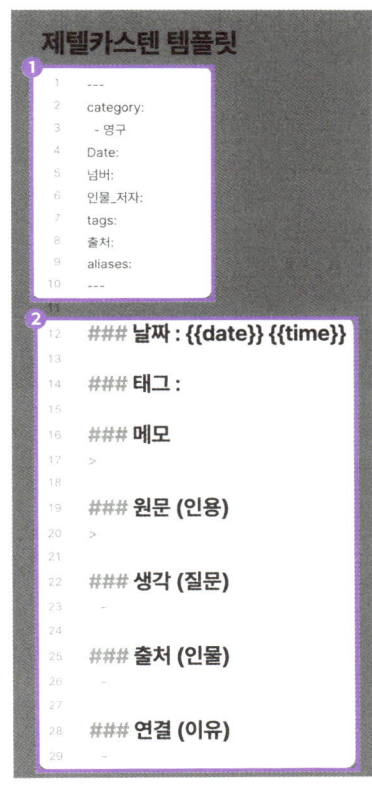

그림 2-57 제텔카스텐 템플릿

카테고리: 노트 종류를 구분하는 항목인데, 해당 메모는 영구메모가 될 것을 전제로 설정했습니다.
날짜: 메모를 기재한 날짜를 입력합니다.
넘버: 옵시디언에서는 루만이 사용했던 넘버링 시스템을 쓰지 않지만, 이후에 필요한 경우가 생길 수 있어 추가했습니다.
인물_저자: 메모 내용을 말한 사람에 대한 내용을 입력합니다.
태그: 메모와 관련 있는 태그를 입력합니다.
출처: 메모의 내용이 어디에서 왔는지를 입력하면 됩니다. 내 생각, 독서, 유튜브 영상, 논문, 신문 기사 등 정보 출처를 기재할 수 있습니다.
별명aliases**:** 이 노트를 다른 이름으로 부르고 싶을 때 미리 설정해놓는 기능입니다. 예를 들어 노트의 원래 제목은 '스타벅스'인데 다른 노트에서는 이 노트를 '별다방'이라는 제목으로 지정해 링크하는 것이 맥락에 맞다고 판단된다면 '별다방'이라는 제목으로 링크할 수 있습니다.

❷ '노트 본문'은 실제 노트에 입력할 부분을 미리 설정하는 부분입니다. 앞에 '#' 기호가 세 개 있는 것은 3레벨 헤더를 이용한다는 의미입니다. 헤더에 관련해서는 85

쪽에서 더 자세하게 설명하도록 하겠습니다.

날짜: {{date}}를 넣으면 노트를 입력할 때의 날짜가 지정된 양식에 맞춰 자동으로 입력됩니다. {{date}} 뒤에 {{time}}을 넣으면 노트를 입력할 때의 시간이 입력됩니다.

태그: 인스타그램 등 SNS에서 자주 보는 해시태그를 메모에 달 수 있습니다. 이 노트는 어떤 주제와 연결돼 있는지를 적어둘 때 사용합니다. 키워드는 주제별로 입력해야 하고, 태그에도 원자성이 적용되어야 하니 하나의 태그는 하나의 단어로 설정하시는 것을 추천드립니다. 하나의 노트에 여러 개의 태그를 넣을 수 있습니다.

메모: 영구메모가 들어가는 부분입니다. 영구메모의 원칙인 '자신의 언어로, 하나의 생각만 담아서, 글쓰기를 할 때 한 문단이라고 생각하고 진행하며, 상세히 서술해서 해당 메모만 봐도 이해할 수 있도록' 작성해야 합니다. 영구메모 부분 중에서 가장 중요한 부분입니다. 나중에 내가 이 메모 부분만 보더라도 이해할 수 있겠는지를 확인해야 합니다. 그리고 메모를 지속적으로 열어보면서 부족한 부분을 수정하고 보완해 완성도 있는 메모로 만들어나가는 과정이 필요합니다.

원문(인용): 원문(인용)이란 인용문이라고 생각하시면 쉽습니다. 원문의 텍스트를 그대로 입력합니다. 이를테면 책을 읽고 인상 깊은 구절이나 블로그에서 본 유용한 정보,의미 있는 신문 기사 내용 등을 넣을 수 있습니다. 이렇게 하면 원문을 확인하면서 내가 이해한 부분이나 맥락을 파악할 수 있습니다. 또 원문을 잘못 해석했는지 점검할 수 있고, 내가 만든 영구메모의 출처를 즉시 파악할 수 있어 좋습니다.

생각(질문): 메모와 관련해서 떠오르는 생각이나 코멘트를 달아둡니다. 이곳에 적어둔 메모는 나중에 영구메모가 될 수도 있습니다. 다시 노트를 확인하며 생각을 발전시켜 나갈 때도 좋습니다. 생각의 변화도 볼 수 있도록 메모한 뒤에 날짜를 적어두는 걸 추천합니다.

출처(인물): 이 노트의 내용을 어디에서 가져왔는지를 적습니다. 내 생각이나 아이디어 등 내부 자료가 출처일 수도 있고, 책 제목이나 논문 제목, 유튜브 링크, 인물 이름, 영화 제목 등 외부 자료가 출처가 될 수도 있습니다. ❶ '프로퍼티'에 적은 것은 나중에 Dataview 플러그인에서 쿼리로 출력하기 위한 것이고(136쪽에서 자세히 설명하고 있습니다), 노트 본문에 적는 출처는 노트를 연결해서 나중에 연결 관계를 파악하기 위한 것입니다.

연결(이유): '메모' 다음으로 중요합니다. 기존의 메모와 현재 메모를 연결하는 것인데, 이 부분에 노트 링크가 있어야 제텔카스텐이 제대로 작동합니다. 시간이 지난 뒤에도 연결한 이유를 파악할 수 있도록 연결하는 이유까지 적어두시기 바랍니다.

이제 템플릿 기능을 활용해 영구메모로 사용할 노트를 만들어보겠습니다.

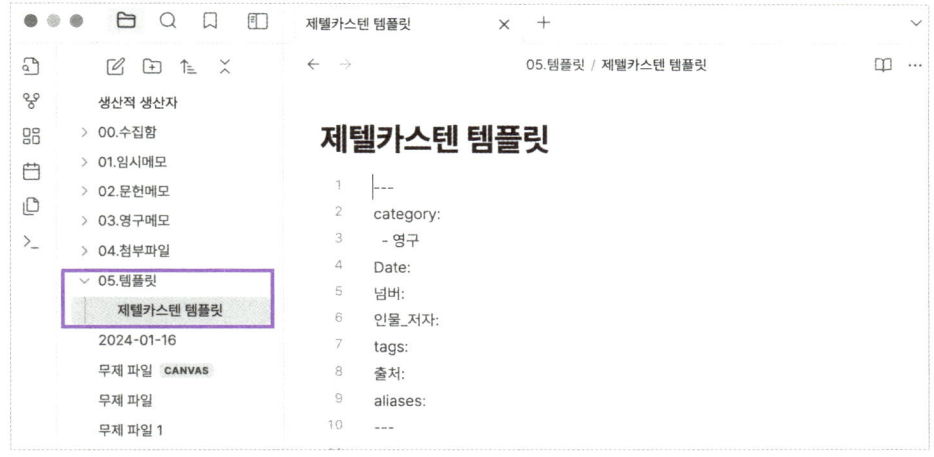

그림 2-58 **템플릿을 적용한 화면**

[그림 2-58] 화면처럼 '05. 템플릿' 폴더 아래에 새노트를 만듭니다. 제목은 '제텔카스텐 템플릿'이라고 적었는데, 각자 편한 대로 적으면 됩니다. 그리고 [그림 2-57]에서 설명한 '프로퍼티'와 '노트 본문'을 현재 노트에 똑같이 입력하면 됩니다. 이제 노트를 작성할 때 리본 메뉴에서 다섯 번째 아이콘인 '템플릿 삽입'을 클릭하면 템플릿을 선택할 수 있는 창이 뜹니다. 앞서 설정했던 단축키 ⌥+T를 눌러도 됩니다.

옵시디언을 구성하는 뼈대, 마크다운 문법

💎 마크다운 문법이란?

옵시디언은 마크다운 문법을 이용하는 프로그램입니다. 마크다운 문법은 옵시디언 에디터 안에서 꾸미기 도구를 이용하지 않고 문자만 입력해도 양식을 빠르게 넣도록 도와줍니다. 텍스트만으로 입력할 수 있기 때문에 파일이 가볍다는 장점이 있습니다. 옵시디언 노트는 마크다운 확장자인 md로 생성됩니다.

　마크다운 파일은 기본적인 텍스트로 이뤄져 있기 때문에 대부분의 에디터나 텍스트 편집기에서 편집할 수 있습니다. 예를 들어 윈도우 메모장이나 맥북 기본 텍스트 에디터로도 파일을 편집할 수 있습니다. 이렇게 옵시디언뿐만 아니라 여러 프로그램으로도 편집할 수 있다는 범용성은 내 정보에 대한 지속 가능성을 높여줍니다. 아래의 QR 코드를 스캔하면 각각 마크다운과 마크다운 문법의 개념을 설명한 사이트에 접속할 수 있습니다. 설명이 잘 되어 있고 내용이 풍부해 인용하니 참고하시기 바랍니다.

그림 2-59 **마크다운**
(출처: Kimyo님 블로그)

그림 2-60 **마크다운 문법 확인하기**
(출처: Kim Ji-Heon님 GitHub)

헤더 Header

옵시디언 노트는 제목 간 계층을 설정할 수 있게 해주는 헤더 기능을 지원합니다. 블로그를 써보셨다면 익숙하실 텐데, 문단 제목의 레벨을 설정해주는 겁니다. 한글이나 MS 워드의 '장-절-항-목'처럼 계층을 설정해 한눈에 문서 구조를 알아볼 수 있도록 설정하는 기능이니 잘 숙지해서 노트를 작성할 때 사용하는 것을 추천합니다. 옵시디언의 헤더 레벨은 1단계에서 6단계까지 있습니다.

그림 2-61 헤더를 소스 모드에서 입력했을 때와 읽기 모드로 확인했을 때의 모습

위의 왼쪽 그림은 옵시디언의 헤더 레벨을 소스 모드에서 입력했을 때의 모습이고, 오른쪽 그림은 읽기 모드로 확인했을 때의 모습입니다. 헤더 레벨은 '#'의 개수로 설정됩니다. '#'의 수가 적을수록 상위 헤더입니다. 필요한 개수만큼 '#'를 입력한 뒤에 한 칸을 띄고 헤더(제목)를 적어주시면 됩니다. 위 예시에서는 제목이 헤더1, 헤더2, 헤더3, 헤더4, 헤더5, 헤더6입니다. #의 수가 많을수록 제목의 크기가 작아지는 것을 볼 수 있습니다.

다음 그림은 옵시디언의 헤더를 개요에서 확인했을 때의 모습입니다.

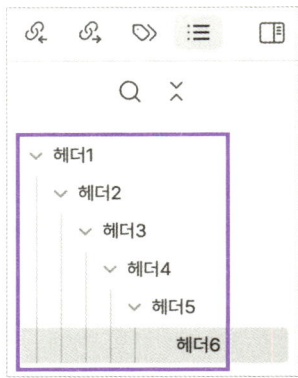

그림 2-62 헤더를 개요에서 확인한 모습

75–77쪽에서 살펴봤던 '오른쪽 사이드바'의 개요에서 계층이 설정된 걸 확인할 수 있습니다. 이렇게 하면 긴 글을 적을 때 글의 구조를 파악하는 데 용이합니다.

그리고 헤더에는 오른쪽 개요나 본문에서 접고 펴는 폴딩folding 기능이 있어, 필요한 부분만 펼쳐서 볼 수 있습니다. 아웃라이너outliner 프로그램에서 상위 계층을 펼쳤다가 다시 접는 것과 동일합니다. 이렇게 계층별로 접는 기능을 통해서 쉽게 내용의 구조를 확인하고 필요한 부분만 펼쳐서 볼 수 있습니다.

💎 인용 Block Quote

책이나 이메일에서 사용하는 인용구를 마크다운 문법으로 쉽게 활용할 수 있습니다. 꺾쇠 키인 '〉'를 누르고 인용에 해당하는 부분을 적으면 됩니다. 인용도 여러 계층을 지원하기 때문에 2중 인용 이상의 인용구가 있다면 '〉'를 여러 개 사용해서 표현할 수 있습니다.

[그림 2-63]의 왼쪽 그림은 인용을 소스 모드로 입력했을 때의 모습이고 오른쪽 그림은 읽기 모드로 확인했을 때의 모습입니다.

```
>인용
>>재인용
>>>3중 인용
```

```
인용
재인용
3중 인용
```

그림 2-63 인용을 소스 모드에서 입력했을 때와 읽기 모드로 확인했을 때의 모습

💎 불릿 포인트

불릿은 글머리 기호를 의미합니다. 문자 앞에 '-' 키를 누르고 스페이스를 누르면 불릿이 바로 나옵니다. 불릿도 계층 구조를 지원하기 때문에 헤더와 마찬가지로 하단에 다른 불릿을 포함할 수 있습니다. 계층적 구조를 통한 개념이나 구조를 파악하기 위해 불릿을 활용하시려면 아웃라이너 플러그인을 설치하시면 됩니다.

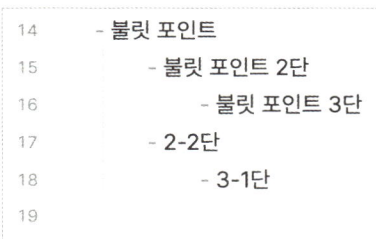
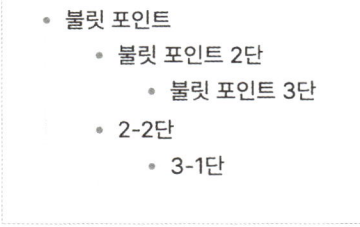

그림 2-64 불릿 포인트를 소스 모드에서 입력했을 때와 읽기 모드로 확인했을 때의 모습

위의 왼쪽 그림은 불릿 포인트를 소스 모드에서 입력했을 때의 모습이고 오른쪽 그림은 읽기 모드로 확인했을 때의 모습입니다.

💎 수평선

수평선은 페이지를 구분하기 위해서 활용합니다. HTML의 〈hr/〉에 해당하는데, 밑줄(_)이나 대시(-), 별표(*) 세 개를 연달아서 입력하고 엔터 키를 누르면 수평선

이 출력됩니다. 노트를 PDF 파일로 만들거나 인쇄할 때도 활용합니다.

```
20                      20
21      ---             21
22                      22
```

그림 2-65 수평선을 소스 모드에서 입력했을 때와 읽기 모드로 확인했을 때의 모습

위의 왼쪽 그림은 수평선을 소스 모드에서 입력했을 때의 모습이고 오른쪽 그림은 읽기 모드로 확인했을 때의 모습입니다.

💎 글자 강조

마크다운은 다른 스타일 설정 없이도 바로 본문에서 글자를 강조할 수 있습니다. 대표적으로 굵게, 기울임, 취소선, 하이라이트가 있습니다. 기본적인 워드 프로그램이나 글쓰기 에디터를 사용한 경험이 있다면 써보셨을 기능입니다. 기본 설정돼 있는 단축키로도 강조할 수 있습니다.

굵게	→ **굵게** (⌘+B)
기울임	→ *기울임* (⌘+I)
~~취소선~~	→ 취소선
==하이라이트==	→ 하이라이트

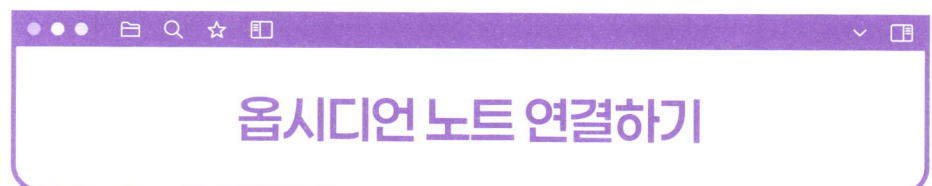

옵시디언 노트 연결하기

🔖 노트 연결

옵시디언 개발자는 개인의 위키Wiki를 만드는 것이 목적이었다고 합니다. 위키는 끊임 없는 개념과 문서의 연결로 이뤄진 온라인 지식백과입니다. 옵시디언도 노트 연결 기능을 통해 개인이 가진 지식을 위키로 만들어나갈 수 있습니다. 무엇보다 노트끼리의 연결을 가능하게 한다는 특징이 연결형 메모법인 제텔카스텐과 맞는 프로그램입니다. 먼저 옵시디언에서 노트를 연결하는 방법을 살펴보겠습니다.

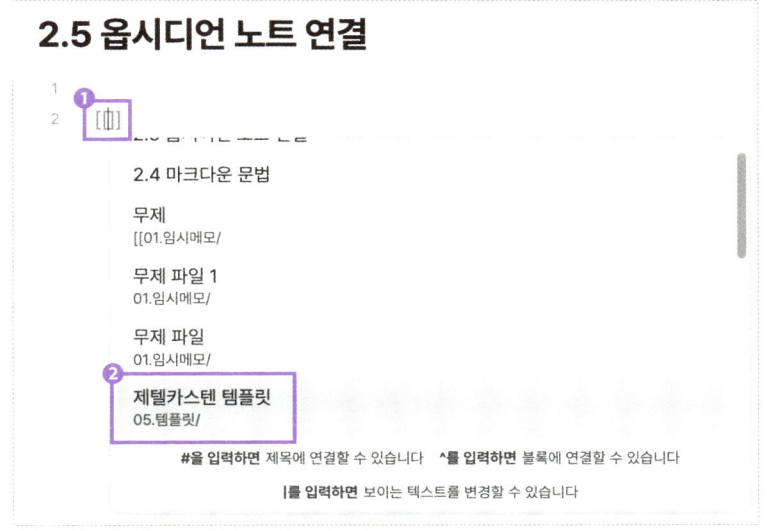

그림 2-66 **노트를 연결하기 위해 더블브라켓을 사용했을 때의 모습**

[그림 2-66]처럼, 옵시디언에서 노트를 연결하려면 더블 브라켓([[ ]])을 활용하시면 됩니다. 노트를 작성하면서 ❶ '[['을 입력하면 현재 보관소 안에서 연결할 수 있는 모든 노트가 뜹니다. 그리고 '[[' 다음에 연결할 노트에 포함된 단어를 입력하면 그 단어가 포함된 모든 노트가 검색됩니다. 예를 들어 '생산성을 높이기 위한 엑셀 효율화 작업'을 설명한 노트를 만들 때 다른 노트와 연결하기 위해 '[['를 친 뒤 '생산성'이라고 입력하면 그동안 내가 만들었던 노트 중 '생산성'이라는 단어가 들어 있는 모든 노트를 검색해 보여준다는 의미입니다. 하나의 노트가 수많은 노트와 연결될 수 있으니 더블 브라켓 기능을 잘 활용하는 것이 방법입니다. '[['만 눌렀는데도 ']]'까지 자동으로 삽입되는 것은 옵시디언 '설정 〉 편집기' 메뉴에서 '괄호를 자동으로 페어링'을 활성화했기 때문입니다.

❷ 노트 리스트에 보이는 노트들 중 연결할 노트를 클릭하면 연결이 됩니다. 여기서는 '제텔카스텐 템플릿' 노트를 선택해보겠습니다.

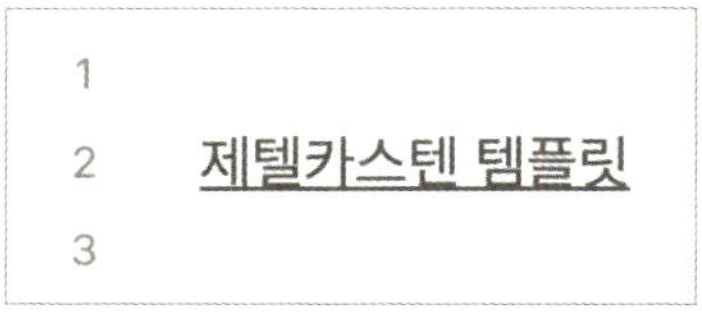

```
1
2    제텔카스텐 템플릿
3
```

그림 2-67 '제텔카스텐 템플릿' 노트가 연결된 모습

노트가 연결되면 소스 모드에서는 [[제텔카스텐 템플릿]]이라는 형태로 노트 본문에 나타나고, 읽기 모드에서는 위처럼 밑줄이 그어진 '제텔카스텐 템플릿'이 나타납니다. 이 링크를 클릭하면 '제텔카스텐 템플릿' 노트로 이동합니다. 이렇게 옵시디언은 노트를 작성하고 다른 노트와 연결하기 위해 기존 노트를 탐색하는 과정에서 지식이 어떻게 엮여 있는지를 파악할 수 있게 해줍니다.

🔮 노트 연결 활용(헤더)

노트 전체가 아니라 노트의 특정 부분만 필요할 때 어떻게 노트 링크 기능을 활용할 수 있는지 알아보겠습니다.

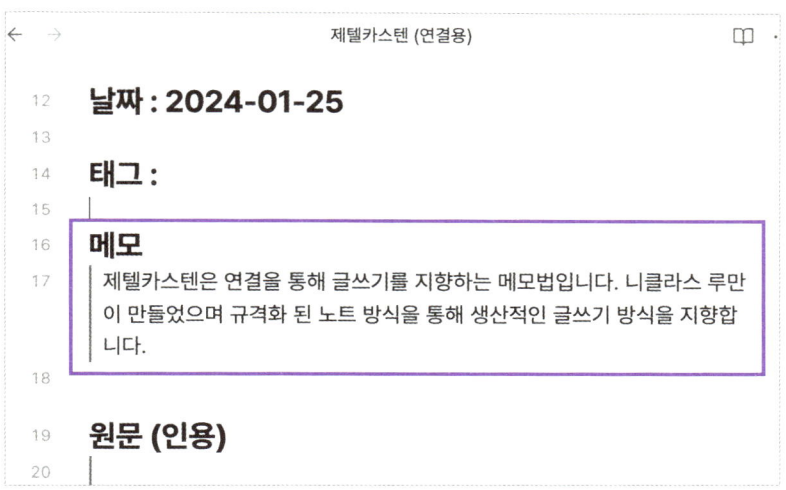

그림 2-68 '#'을 추가해서 연결하기 1

위 화면은 '제텔카스텐(연결용)'이라는 제목의 옵시디언 노트 화면입니다. 다른 노트에서 해당 노트의 제목 같은 특정 부분을 끌어오려면 기존의 노트 연결 마지막 부분에 '#'을 추가하시면 됩니다. 이렇게 하면 노트에 설정해놓은 제목(헤더)의 일부분만 끌어와서 연결할 수 있습니다. 이렇게 연결된 노트는 클릭하면 바로 해당 노트 헤더 부분으로 이동됩니다.

[그림 2-68]의 화면에서 네모 박스 안에 있는 '메모'의 내용만 다른 노트에 연결하는 방법을 설명해보겠습니다.

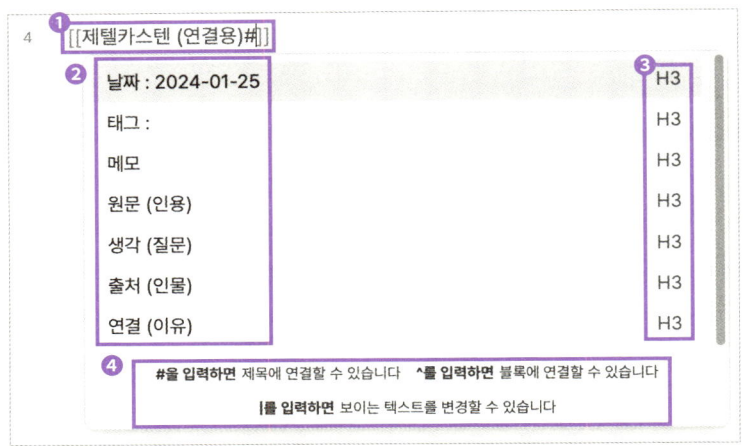

그림 2-69 '#'을 추가해서 연결하기 2

위 그림을 보겠습니다. ❶의 노트 본문에서 '[['을 입력하면 노트 리스트가 나옵니다. 그중 '제텔카스텐 (연결용)' 노트를 선택한 뒤 '#'을 입력하면 헤딩으로 설정한 제목들이 ❷처럼 나옵니다. ❸에서는 H1에서 H6까지 계층별로 왼쪽 제목의 레벨을 확인할 수 있는데, [그림 2-69]는 모두 헤더 레벨 3으로 설정돼 있는 것을 볼 수 있습니다. ❷에서 '메모'를 선택해보겠습니다.

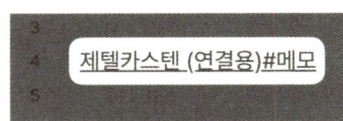

그림 2-70 '#'을 추가해서 연결했을 때의 화면

'제텔카스텐(연결용)'까지가 노트 제목이고, '#메모'라고 표기된 부분이 제텔카스텐(연결용) 노트 내부의 특정 제목을 가리킨다고 보면 됩니다. 다른 제목(헤더)을 고르고 싶다면 '#' 다음 부분을 지우고 나타나는 다른 제목 목록 중에서 하나를 선택하면 됩니다.

만약 '메모' 헤더의 전체 내용을 현재 노트에서 즉시 보려면 '[[' 앞에 느낌표를 입력해주면 됩니다.

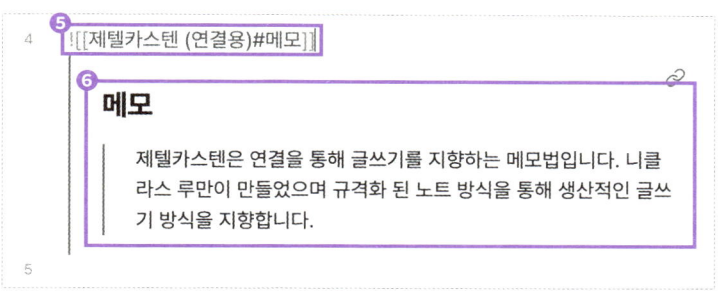

그림 2-71 '!'를 넣어 전체 내용을 현재 노트에서 확인하기

❺처럼 '[[' 앞에 느낌표를 입력하면 ❻과 같이 연결, 혹은 참조하는 부분을 모두 출력해줍니다. 노트 연결이나 첨부파일에 모두 해당하는 기능입니다.

노트와 다른 노트가 아니라, 노트와 다른 노트의 특정 부분을 연결하고 싶을 때가 있습니다. 그럴 때는 노트 제목이 끝나는 지점인 ']]' 앞에 ^를 입력하면 됩니다. 블록 기능이라고 하는데, 매우 유용한 기능이어서 다음쪽에 더 자세히 설명해두었습니다. 제목(헤더)은 옵시디언 노트 안에서 노트의 구조를 쉽게 파악하고, 필요한 특정 부분을 수월하게 참조할 수 있도록 만들어줍니다. 제목 레벨을 잘 활용하면 보다 정밀하게 연결된 지식의 네트워크를 만들어 나가는 데 도움이 됩니다. 다음은 헤더가 설정되지 않은 부분을 찾아가는 블록 연결에 대해서 알아보도록 하겠습니다.

💎 노트 연결 활용(블록)

옵시디언 노트에서 블록 링크 연결은 노트에 제목(헤더) 설정이 없거나 단어를 검색해서 연결이 필요할 때 사용할 수 있습니다. 노트의 특정 부분이 즉시 화면에 나타나도록 하여 특정 부분을 강조하고 싶을 때 활용합니다. 사용 방식은 방금 언급한 제목(헤더) 연결 방식과 비슷한데, '#' 자리에 '^'을 넣으면 됩니다. 캐럿이라고도 하는, 웃는 표시인 '^^'을 입력할 때 사용하는 기호를 하나만 쓰면 됩니다.

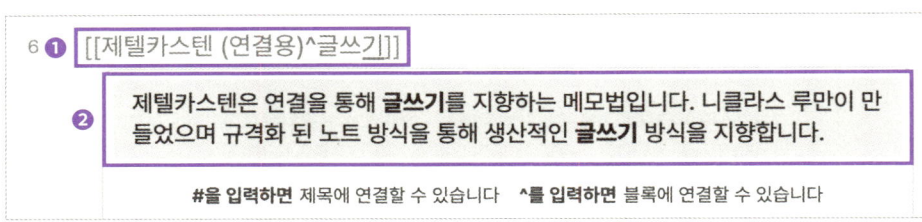

그림 2-72 '^'를 입력해 블록 살펴보기

❶ '[[제텔카스텐(연결용)^글쓰기]]'라고 입력하면 '제텔카스텐(연결용)' 노트 안에서 '글쓰기'라는 단어를 포함하는 블록을 모두 보여줍니다. 이 노트는 글쓰기라는 단어를 포함한 블록이 하나만 있어서 ❷처럼 하나의 블록만 출력됩니다. 내용이 많은 노트의 경우엔 여러 개의 선택지가 나올 수 있습니다.

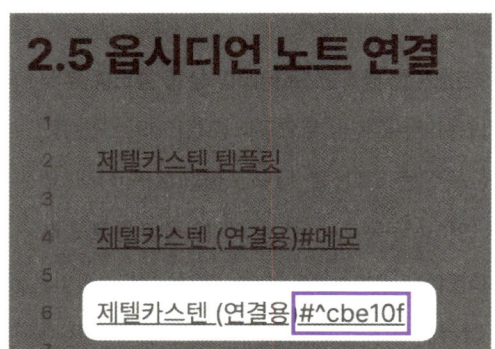

그림 2-73 '^'를 입력했을 때의 좌푯값

제목(#) 연결과 달리 캐럿(^) 연결을 완료하면 [그림 2-73]의 'cbe10f' 같은 특이한 좌푯값이 뜹니다. 이는 옵시디언 안에서 특정 캐럿을 인용하기 위한 주소가 인용하는 노트에 삽입되면서 나타나는 현상입니다. 노트 링크를 클릭하면 해당 블록으로 바로 이동합니다. 반면 인용하는 노트의 본문에서 고유값이 사라지면 링크를 눌러도 블록으로 이동하지 않습니다.

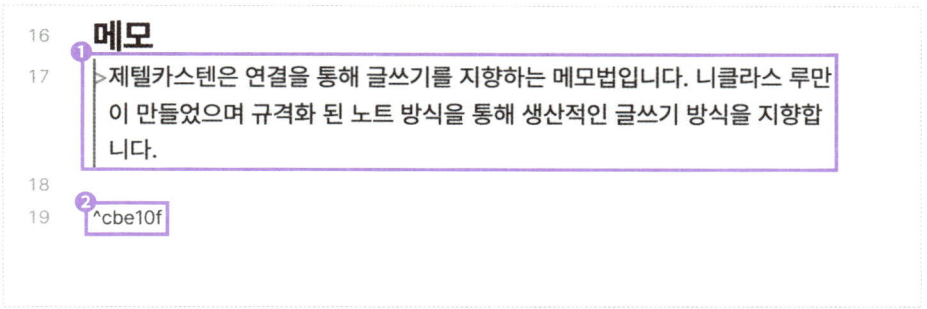

그림 2-74 블록 좌푯값

위의 그림은 노트 링크를 눌러서 해당 블록으로 이동했을 때의 화면입니다. ❶처럼 제목(헤더)보다 글자 크기가 작은 블록이 하이라이트되어 있는 화면이 보입니다. 참조하고 있는 노트의 블록으로 이동하면 블록이 노란색으로 하이라이트되어 나타납니다. ❷의 '^cbe10f'는 연결한 블록의 좌푯값입니다. 이걸 지우면 블록을 찾아오지 못하고 노트까지만 연결됩니다.

    이렇게 하면 제목을 설정하지 않고도 특정 단어를 포함하는 부분을 끌어올 수 있습니다. 저는 긴 문헌메모에서 특정 부분을 인용할 때 제목(헤더)을 설정하는 대신 캐럿을 활용한 검색을 자주 활용합니다.

    옵시디언은 상호참조하는 지식과 정보의 네트워크를 만들어 가는 개인지식관리용 소프트웨어입니다. 나의 지식이 녹아 있는 노트의 특정 부분을 이렇게 인용할 수 있는 훌륭한 기능이 있는 프로그램이니 샵(#)이나 캐럿(^) 기호를 잘 활용해서 원하는 부분을 정밀하게 인용하는 데 사용하면 좋습니다.

🔮 Aliases(별명으로 설정)

옵시디언을 사용하다 보면, 현재 노트에서 기존 노트를 원래 제목 말고 다른 이름으로 표현하고 싶을 때가 있습니다. 그럴 때 활용할 수 있는 기능이 Aliases입니다. Aliases는 별명이라는 의미로도 쓰이고 'AKA^{Also Known As}'라는 뜻으로 쓰이기도 합니다.

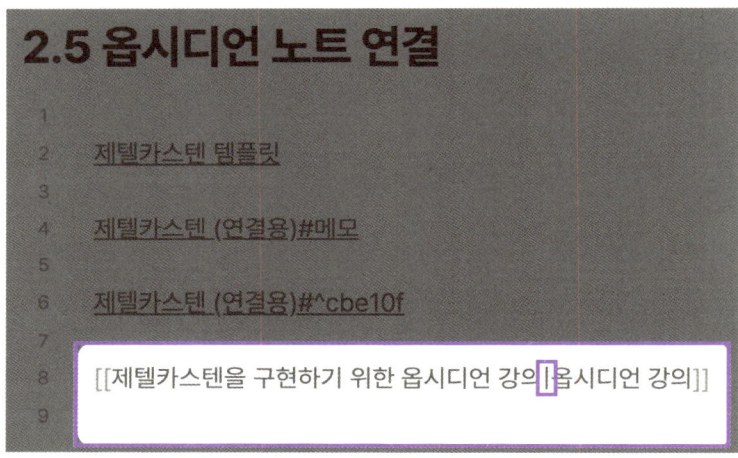

그림 2-75 노트 연결 및 별명 설정 화면

예를 들어, 제목이 '제텔카스텐을 구현하기 위한 옵시디언 강의'인 노트를 연결할 때 본문에는 원래 제목 대신 '옵시디언 강의'로 보이게 하고 싶다면, [그림 2-75]처럼 원래 제목(제텔카스텐을 구현하기 위한 옵시디언 강의)과 바꾸고 싶은 제목(옵시디언 강의) 사이에 '|'를 입력하면 됩니다.

그러면 본문에서는 [그림 2-76]처럼 '옵시디언 강의'로 표시되고 이것을 클릭하면 '제텔카스텐을 구현하기 위한 옵시디언 강의' 노트로 넘어갑니다.

참고로 앞 81쪽에서 설명한 것처럼 프로퍼티의 aliases를 통해서 별명을 설정할 수 있습니다. 프로퍼티를 호출하려면 대시(-)를 3번 누르고 엔터 키를 치면 됩니다.

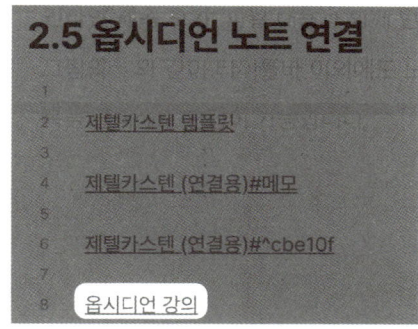

그림 2-76 **노트 연결 별명 출력 화면**

'제텔카스텐을 구현하기 위한 옵시디언 강의' 노트에서 프로퍼티의 aliases 항목에 '강의'라고 설정했다면 [[강의]]라고만 입력해도 '제텔카스텐을 구현하기 위한 옵시디언 강의' 노트가 연결됩니다.

이런 식으로 별명을 설정해서 다양한 이름으로 노트를 참조할 수 있습니다. 외국어로 된 학술 논문으로 노트를 생성할 때 한글 제목을 붙인 뒤 다른 노트에서는 외국어나 약어로 기재하는 등, 같은 노트를 상황에 맞는 이름으로 링크할 수 있어 유용합니다.

굵게 하기 / 기울이기 / 중앙 정렬하기

마크다운 문법의 장점은 글쓰기에 집중하게 해준다는 겁니다. 다른 양식을 지정하는 메뉴에 갈 필요 없이 타이핑하면서 바로 서식을 넣는 기능을 지원합니다.

단어를 굵게bold 지정하려면 별표(*) 2개를 강조할 단어 좌우에 배치해주면 됩니다. '**옵시디언**'으로 입력하면 '**옵시디언**'으로 나타난다는 의미입니다. 굵게 처리할 단어를 드래그한 후 **를 입력하거나, 단축키 ⌘ + B 를 눌러 적용할 수도 있습니다.

단어를 기울게italic 지정하려면 별표(*) 1개를 기울일 단어 좌우에 배치해주면 됩니다. "*옵시디언*"으로 입력하면 '옵시디언'으로 출력된다는 의미입니다. 기울일 단어를 드래그한 후 *를 입력하거나, 단축키 ⌘ + I 를 눌러 적용할 수도 있습니다.

다음으로 텍스트를 중앙 정렬할 수 있습니다. 단어를 중앙 정렬하려면 달러($) 2개를 중앙 정렬할 단어 좌우에 배치해주면 됩니다. 단순히 '옵시디언'만 입력하면 기본 설정에 따라 왼쪽 정렬되지만, '$$옵시디언$$'이라고 입력하면 노트 중앙에 옵시디언이라는 글자가 나옵니다.

💎 인라인 코드 / 코드 블록

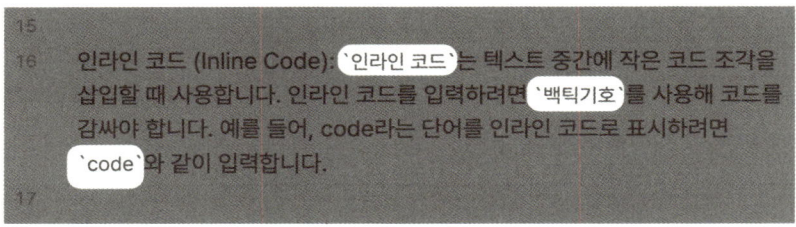

그림 2-77 인라인 코드를 입력했을 때와 그것이 구현된 모습

[그림 2-77]은 인라인 코드Inline Code를 입력했을 때의 모습입니다. 인라인 코드는 텍스트 중간에 작은 코드 조각을 삽입해 강조할 때 사용합니다. 인라인 코드를 입력하려면 단어 좌우에 백틱(`) 기호를 단어 좌우에 배치해주면 됩니다. [그림 2-77]을 살펴보면 소스 모드에서 위 그림처럼 `인라인 코드`, `백틱기호`, `code`라고 입력한 부분이 읽기 모드에서 아래 그림처럼 나타나는 것을 확인하실 수 있습니다.

다음으로 코드 블록을 살펴보겠습니다.

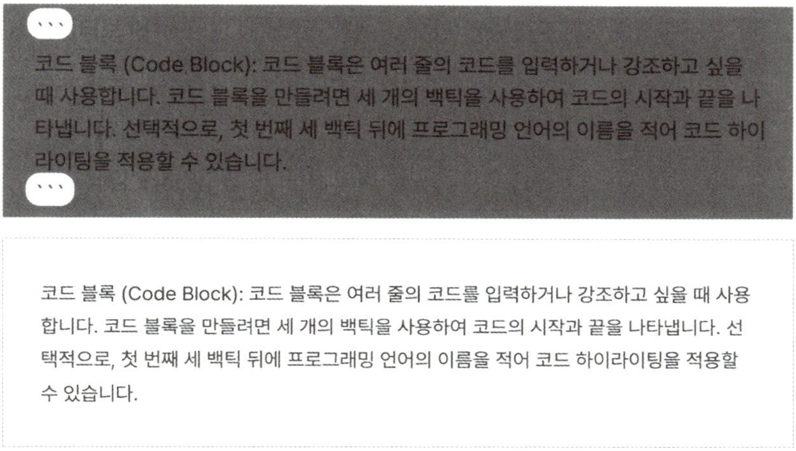

> 코드 블록 (Code Block): 코드 블록은 여러 줄의 코드를 입력하거나 강조하고 싶을 때 사용합니다. 코드 블록을 만들려면 세 개의 백틱을 사용하여 코드의 시작과 끝을 나타냅니다. 선택적으로, 첫 번째 세 백틱 뒤에 프로그래밍 언어의 이름을 적어 코드 하이라이팅을 적용할 수 있습니다.

코드 블록 (Code Block): 코드 블록은 여러 줄의 코드를 입력하거나 강조하고 싶을 때 사용합니다. 코드 블록을 만들려면 세 개의 백틱을 사용하여 코드의 시작과 끝을 나타냅니다. 선택적으로, 첫 번째 세 백틱 뒤에 프로그래밍 언어의 이름을 적어 코드 하이라이팅을 적용할 수 있습니다.

그림 2-78 코드 블록을 입력했을 때와 그것이 구현된 모습

코드 블록Code Block은 여러 줄의 코드를 입력하거나 강조하고 싶을 때 사용합니다. 코드 블록을 만들려면 세 개의 백틱(```)을 문단 위 아래에 배치하여 코드의 시작과 끝을 나타냅니다. [그림 2-78]의 첫 번째 화면처럼 문단 위아래에 백틱을 넣으면 두 번째 화면처럼 나타납니다.

3장

지식의 폭을 넓혀주는 옵시디언 기능들

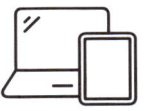

옵시디언 메뉴 기능 살펴보기

💎 노트 추가 메뉴 설명

옵시디언에서 노트는 가장 기본적인 단위입니다. 노트에서 사용할 수 있는 다양한 메뉴의 개념을 잘 이해하고 필요한 곳에 제대로 사용한다면 옵시디언의 활용성을 높일 수 있습니다. 노트 메인 화면을 살펴보겠습니다.

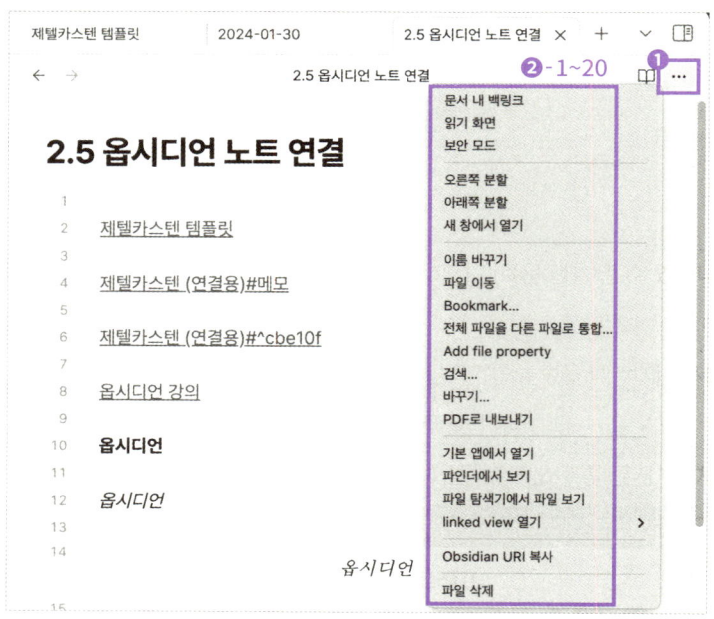

그림 3-1 옵시디언의 노트 설명

[그림 3-1]의 오른쪽 상단에 있는 ❶ [⋯]를 누르면 ❷ 1~20에 노트와 관련된 관련된 메뉴가 나타납니다. 여기에서는 이 메뉴들 중에서 자주 쓰는 메뉴를 살펴보겠습니다.

❷-1 **문서 내 백링크:** 이 메뉴를 활성화하면 노트 하단에 현재 노트를 참조하는 노트 리스트인 '백링크'를 확인할 수 있습니다. 현재 노트를 참조하고 있는 노트의 리스트가 나오기 때문에 노트끼리의 연결관계를 파악하는 데 유리합니다.

그림 3-2 문서 내 백링크 표시화면

위의 화면을 살펴보겠습니다. Ⓐ는 현재 내가 보고 있는 노트를 참조하는 다른 노트의 제목입니다. Ⓑ는 참조하는 다른 노트의 어떤 부분에서 현재 노트를 링크하는지를 보여줍니다. '[[2.5 옵시디언 노트 연결]]로 넘어가서 내용을 배우도록 하겠습니다'라는 안내에서 현재 노트를 참조하고 있다는 것을 알 수 있습니다. 백링크는 현재 노트를 참조하는 부분의 수만큼 나오기 때문에, 만약 현재 노트를 참조하는 다른 노트가 스무 개라면 백링크도 스무 개가 나옵니다. Ⓒ를 보면 네 개의 아이콘이 있습니다. 첫 번째 아이콘을 눌러 B를 표시하거나 감출 수 있습니다. 두 번째 아이콘으로는 B에서 링크된 부분에 해당하는 한 줄만 보여줄 것인지, 이어지는 내용 전체를 보여줄 것인지 설정할 수 있습니다. 세 번째는 정렬, 네 번째는 검색기능입니다.

❷-2 **읽기 화면**: 읽기 화면을 누르면 읽기 모드로 들어갑니다. 옵시디언의 마크다운 문법이 실제로 출력됐을 때의 모습을 확인할 수 있습니다. 최종 결과물이 어떨지 확인할 때 필요합니다. 이 부분은 앞장에서 자세히 설명했으니 넘어가겠습니다.

❷-3 **오른쪽 분할**: 오른쪽 분할을 누르면 노트를 좌우에 띄워두고 사용할 수 있습니다. 웨일 브라우저의 스페이스 열기와 비슷한 이 기능은, 좌우에 노트를 띄워놓고 비교하거나 참조하면서 노트를 작성할 수 있게 해줍니다. 이렇게 하면 보다 많은 정보를 한번에 볼 수 있어서 효율적으로 작업할 수 있습니다. 또한 두 개의 노트 모두 잘못된 사항이 적혀 있는데 한쪽만 수정한다면 나중에 노트끼리 서로 다른 이야기를 하고 있어 혼란이 생기고, 두 노트 중 어느 것이 맞는지 확인해야 하는 일이 생기니 두 노트를 함께 수정할 수 있는 이 기능을 적극적으로 추천합니다.

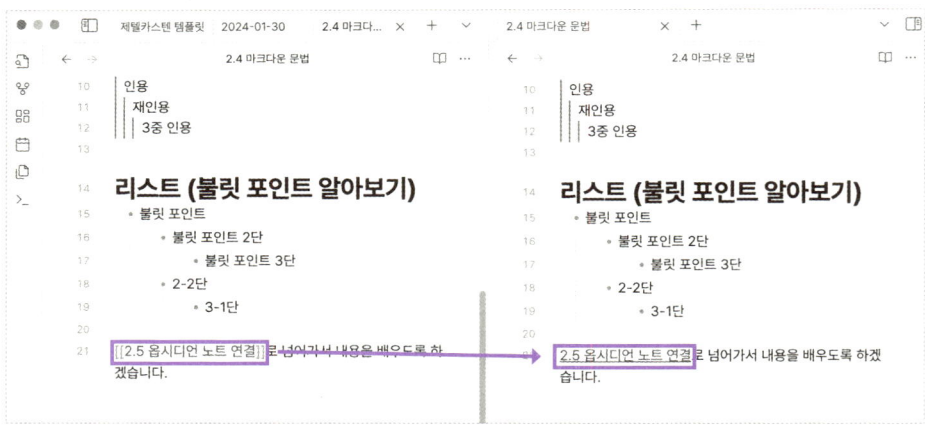

그림 3-3 오른쪽 분할이 적용된 화면 (왼쪽: 소스모드, 오른쪽: 읽기 모드)

같은 노트를 좌우에 띄우고 활용할 때 왼쪽 노트는 소스 모드로, 오른쪽 노트는 읽기 모드로 설정하면 왼쪽 화면에서 노트를 편집한 결과를 바로 오른쪽 화면에서 보면서 진행할 수 있습니다. ⌘+E를 누르지 않고도 마크다운의 결과물을 확인하며 노트를 편집할 수 있다는 장점이 있습니다.

❷-4 **아래쪽 분할**: 아래쪽 분할을 누르면 다음의 화면처럼 노트를 위와 아래에 띄워놓고 사용할 수 있습니다.

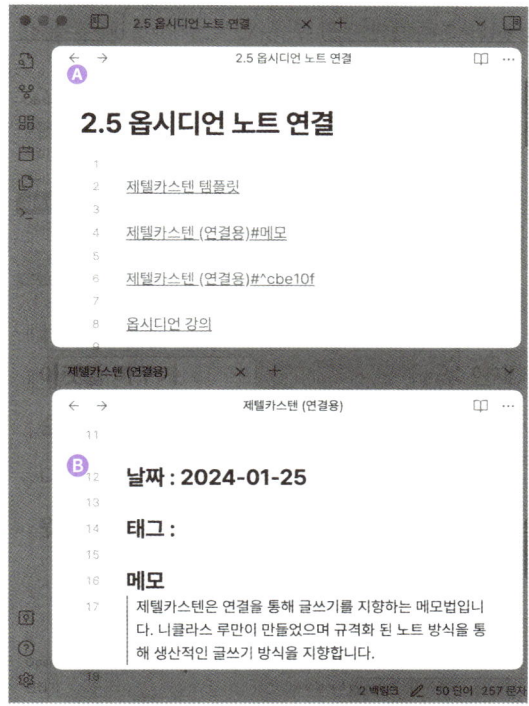

그림 3-4 아래쪽 분할이 적용된 노트

'오른쪽 분할'에서 보여드린 것처럼 꼭 같은 노트를 띄우지 않고 위 화면의 Ⓐ와 Ⓑ처럼 다른 노트를 띄우고 내용을 확인하면서 노트를 작성할 수 있습니다. 필요에 맞게 좌/우 혹은 위/아래로 분할해서 노트를 확인하며 나만의 제텔카스텐을 풍성하게 만들어 나갈 수 있습니다.

❷-5 **새창에서 열기**: 현재 창이 아닌 새로운 창에서 노트를 보여줍니다. 듀얼 모니터가 있다면 별도 창으로 떼어내 전체 화면으로 확대해 작업할 수 있습니다.

그림 3-5 **새로운 창에서 노트를 볼 때 화면**

❷-6 **이름 바꾸기**: 노트 이름을 변경할 때 사용합니다. 처음 노트를 만들 때 작성한 제목이라도 노트를 작성하고 내용을 보완하면서 바뀔 수 있으니 참고하면 좋습니다.

그림 3-6 **노트 이름 변경 화면**

또한 다른 곳에서도 이름을 변경할 수 있어서 참고로 설명해두려 합니다. 2가지 방법이 있습니다.

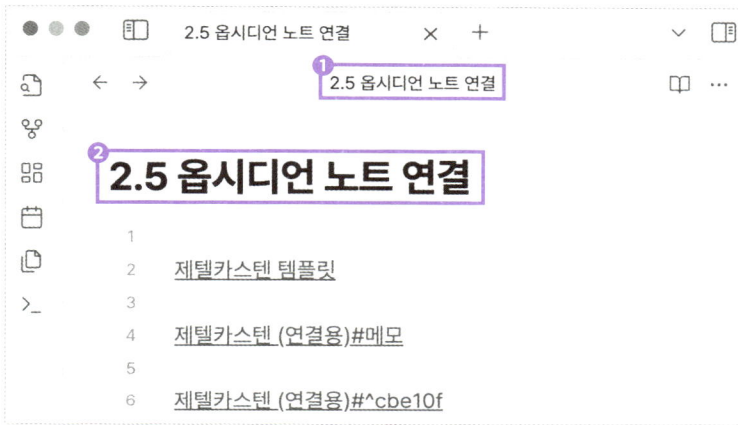

그림 3-7 **노트 이름을 바꾸는 또 다른 방법**

❶ 노트 이름이나 ❷ 노트 제목을 클릭해서 바꿀 수 있습니다. 그런데 주의 사항이 있습니다. 이름을 변경할 때는 '설정'에서 '파일 및 링크'의 '내부 링크를 항상 업데이트'를 활성화했는지를 먼저 확인해야 합니다.

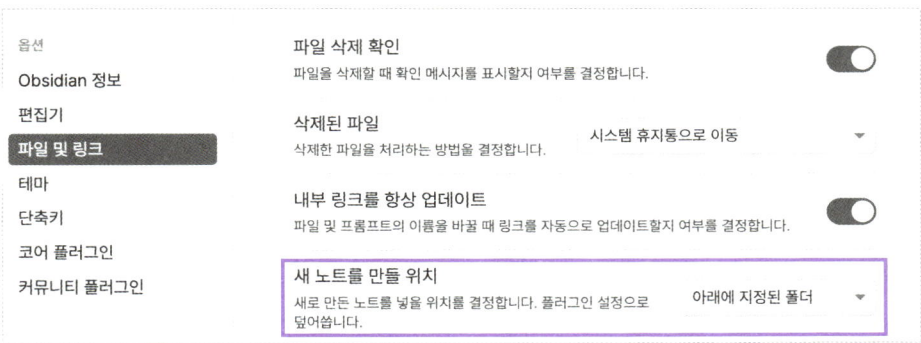

그림 3-8 **노트 이름을 바꿀 때 주의해야 할 점**

60쪽의 옵시디언 설정에서 설명해 드렸지만, 이 기능을 활성화해두지 않고 제목을 바꾸면 기존에 연결해두었던 노트의 제목이 자동으로 바뀌지 않아 기존 노트로 향하는 연결이 사라지게 됩니다.

예를 들어 A라는 제목의 노트와 B라는 제목의 노트가 있고 B 노트를 편집하면서 '이 부분은 [[A]]를 참조하라'라는 문장을 넣어두었다고 가정해보겠습니다. 그런데 '내부 링크를 항상 업데이트' 기능을 활성화하지 않은 상태에서 A 노트의 제목을 AA로 바꾼다면 B 노트 본문의 '이 부분은 [[A]]를 참조하라'라는 문장은 '이 부분은 [[AA]]를 참조하라'라고 바뀌지 않는다는 의미입니다. 이러면 [[A]]를 눌러도 해당 문서로 연결되지 않는다는 문제가 생깁니다. 또 A 노트 제목을 AA로 바꾸고 새로운 A 노트를 만들었을 때 B 노트에서 [[A]]를 누르면 기존의 [[AA]] 노트가 아닌 새롭게 만든 [[A]] 노트로 연결됩니다. 꼭 '내부 링크를 항상 업데이트' 기능이 활성화되어 있는지를 확인하고 제목을 바꾸는 것을 추천합니다.

❷-7 **파일 이동**: 다른 폴더로 파일을 이동할 수도 있습니다. 이 메뉴를 클릭하면 지금까지 내가 생성한 폴더 목록이 나타납니다.

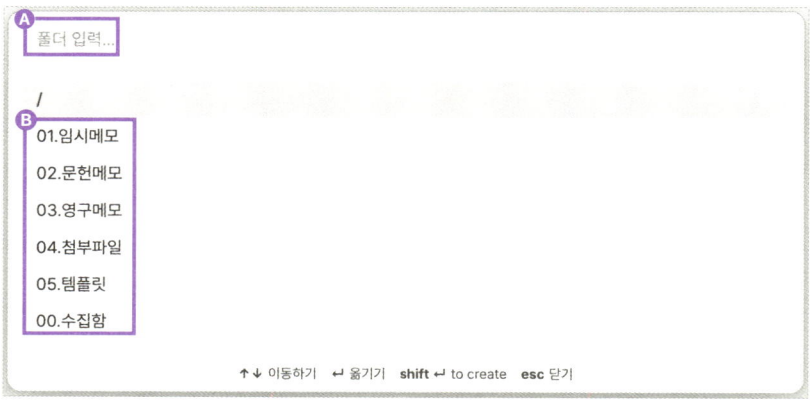

그림 3-9 **파일 이동을 위해 폴더 찾기**

Ⓐ의 폴더 목록에서 선택할 수 있습니다. 생성해 놓은 폴더들이 너무 많다면 Ⓑ에 폴더 이름을 입력해서 검색할 수도 있습니다.

물론 이렇게 파일 이동 메뉴로 들어가지 않고 파일 탐색기를 클릭한 뒤 화면에서 노트를 선택하고 드래그해서 어느 폴더로도 이동할 수 있습니다. 현재 노트가 어디에 있는지 바로 찾을 수 있다면 드래그가 더 유용할 수도 있습니다.

❷-8 **북마크**Bookmark: 이 메뉴를 클릭하면 자주 찾을 노트를 북마크하는 화면이 나타납니다.

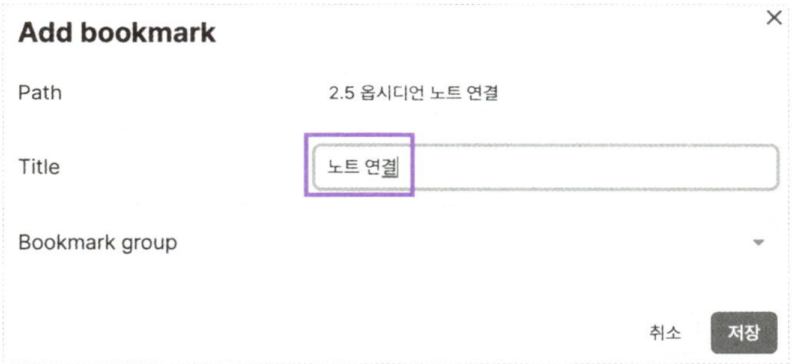

그림 3-10 북마크 연결하기

기존 노트 이름을 그대로 사용해도 되고 위 화면처럼 '노트 연결' 등 다른 이름을 사용해도 됩니다. 필요한 경우 그룹을 설정해 북마크 리스트를 관리할 수도 있습니다.

북마크 리스트는 옵시디언 노트 왼쪽 상단의 사이드바에서 확인할 수 있습니다. 다음 쪽의 [그림 3-11]을 보며 설명하겠습니다. 리본 모양의 Ⓐ를 선택하면 북마크 리스트가 나옵니다. 방금 설정한 제목인 '노트 연결'이 Ⓑ에 나타나는 것을 확인할 수 있습니다. Ⓒ의 세 아이콘은 각각 새로운 노트 추가, 새로운 폴더 추가, 그리고 북마크 리스트 펼치기 및 접기 기능입니다.

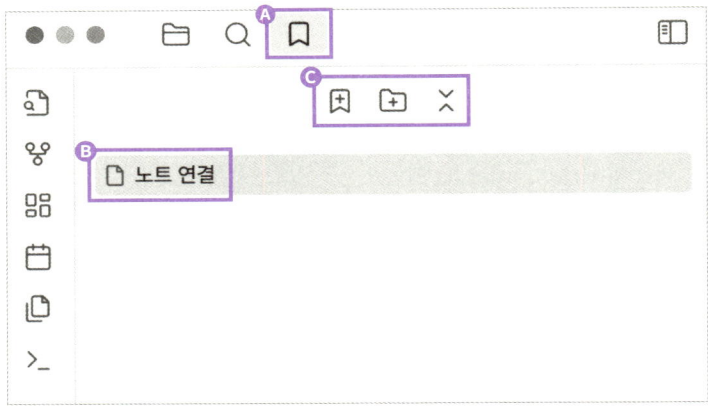

그림 3-11 **북마크 리스트 보기**

북마크 리스트를 참고하면 내가 자주 찾는 노트에 빠르게 접근할 수 있습니다. 사용하다 보면 자주 찾게 되는 노트를 북마크에 등록해놓으면 검색하거나 연결을 찾는 과정 없이 빠르게 원하는 노트에 접근할 수 있습니다.

❷-9 **전체 파일을 다른 파일로 통합:** 현재 노트를 다른 노트 파일에 병합하는 기능입니다. 예를 들면 책을 쓰기 위해 각각의 장이나 절에 해당하는 노트들을 여러 개 만들어 나가다가 어느 정도 완성이 되었을 때 이 기능을 사용해 노트를 통합하면 매우 편리합니다.

　이해를 돕기 위해 [그림 3-12]로 예를 들어 설명해보겠습니다. 만약 Ⓐ에 보이는 노트들 중 '2.4 마크다운 문법'과 '제텔카스텐을 구현하기 위한 옵시디언 강의'를 통합하고 싶다면 이 둘을 통합하는 2가지 방법이 있습니다.

　우선 Ⓐ에서 '2.4 마크다운 문법'과 '제텔카스텐을 구현하기 위한 옵시디언 강의'를 각각 마우스로 클릭한 뒤 엔터를 치면 됩니다. 먼저 클릭한 노트가 상단에 위치하게 됩니다.

또 다른 방법은, '2.4 마크다운 문법'을 클릭한 뒤 B에 '제텔'을 입력하는 겁니다.

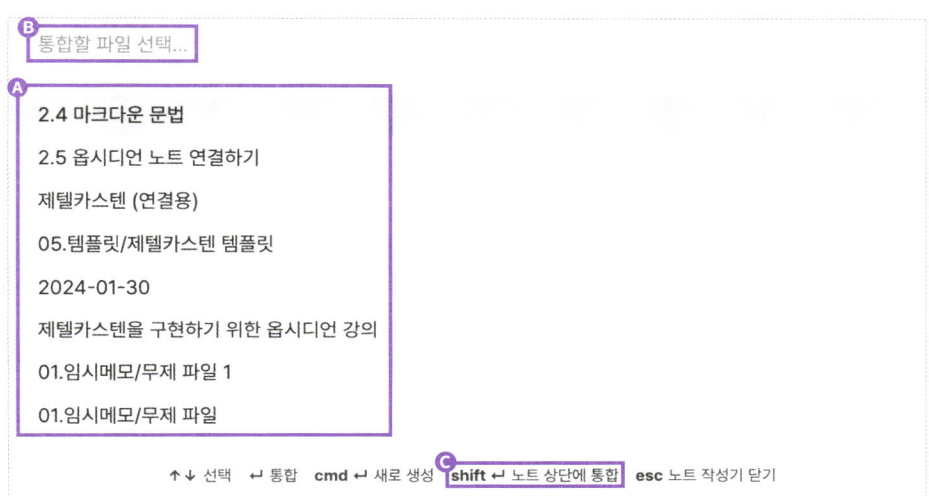

그림 3-12 **노트 통합하기**

그러면 제목에 '제텔'이라는 말이 들어간 노트들이 뜨는데, 그중 '제텔카스텐을 구현하기 위한 옵시디언 강의'를 선택한 뒤 엔터를 치면 됩니다.

참고로, 기본적으로 선택한 노트의 하단에 현재 노트 내용이 추가되는 구조인데, ⓒ의 안내처럼 shift 와 엔터를 동시에 누르면 현재 노트의 내용이 선택한 노트의 상단에 붙습니다.

❷-10 **프로퍼티 추가하기** Add file property: 프로퍼티를 추가할 수 있는 메뉴입니다. 노트의 속성값을 입력해 나중에 쿼리로 노트를 불러올 수 있게 해줍니다. 엑셀에서 데이터에 해당하는 정보를 항목별로 입력하고 나서 피벗 테이블로 불러오는 것과 비슷합니다. 다양한 파일을 날짜별, 파일 크기별, 태그별, 저자별, 출처별 등으로 정렬할 수 있습니다.

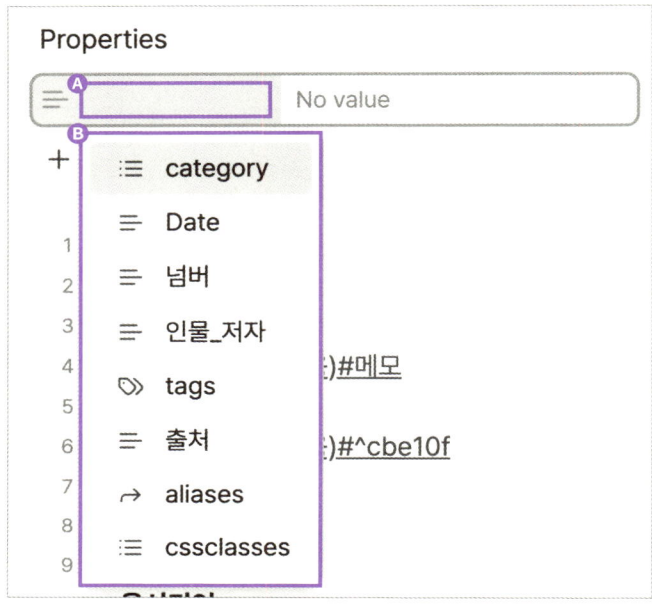

그림 3-13 **프로퍼티 추가하기 목록**

Ⓐ에서는 자신이 관리하고 싶은 항목을 추가할 수 있습니다. 예를 들어 여기에 책의 출간연도를 추가한다면, 노트들을 출간연도를 기준으로 오름차순이나 내림차순으로 정렬할 일이 있거나 특정연도에 출간된 책을 알고 싶을 때 도움이 됩니다. 물론 책에 대한 노트에 출간연도가 입력되어 있어야 합니다. 한 번이라도 채워넣은 속성값이 있다면 Ⓑ의 리스트로 나타납니다. Ⓑ에서 선택할 수 있다면 Ⓐ에 추가하지 않으셔도 됩니다. 나중엔 주로 쓰는 속성값을 리스트에서 선택하고 속성의 항목을 채워넣는 방식으로 활용하게 됩니다. 프로퍼티를 넣는 것도 에너지를 쓰는 일입니다. 꼭 필요한 항목만 관리하는 게 좋습니다.

❷-11 **검색:** 검색 메뉴를 누르면 해당 노트 안에서 단어를 검색할 수 있습니다. ⌘ + F 와 동일한 기능입니다.

그림 3-14 검색 기능을 활용했을 때의 모습

예를 들어 Ⓐ에 '제텔'을 입력하고 Ⓑ[다음]을 누르면 Ⓒ에서처럼 노트 본문 중 '제텔'이라는 단어가 들어간 부분이 네모 박스로 표시됩니다.

Ⓓ[전체 검색]이 자신의 화면에 보이지 않아서 당황하신 분도 계실 것 같습니다. Ⓓ는 소스 모드와 라이브 미리 보기 모드일 때만 나타납니다. 읽기 모드일 때는 [전체 검색] 버튼이 없습니다. [전체 검색] 버튼을 누르면 노트 내부에서 '제텔'이라는 단어를 포함하는 부분들이 모두 네모 박스로 표시됩니다. 노트에 사용된 특정 단어를 한번에 파악하고 싶을 때 사용하시면 됩니다. 기본적으로 다양한 워드 프로세서나 인터넷 브라우저에서 지원하는 검색 기능과 유사하니 쉽게 사용할 수 있을 것입니다.

앞의 북마크 기능과 마찬가지로 내가 특정 단어를 얼마나 자주 활용하고 사용하는지를 파악할 수 있는 좋은 기능입니다. 특히 노트를 작성하다 보면 나도 모르게 같은 단어를 반복해서 사용할 때가 있는데, 이 기능을 사용해서 중복되는 단어를 포착하고 다른 표현으로 교체함으로써 노트의 단조로움을 덜어낼 수 있습니다.

❷-12 **바꾸기**: 노트 안의 일부 단어를 대체하고 싶을 때 이용합니다. 자주 등장하는 오타를 교정하거나 용어를 통일하기 위해 사용하는 경우가 많습니다.

그림 3-15 옵시디언 검색 및 바꾸기 기능 활용

예를 들어 위 그림의 입력창에서 Ⓐ에는 '제텔카스텐'을 입력하고 Ⓑ에는 'ZettelKasten'을 입력한 뒤 [모두 바꾸기] 버튼을 누르면 위의 화면처럼 노트의 모든 '제텔카스텐'이 'ZettelKasten'으로 바뀝니다. 단축키로 사용하실 분은 ⌘ + ⌥ + F 를 활용하시면 됩니다.

❷-13 **PDF로 내보내기**: 현재 노트를 PDF로 출력하는 기능입니다. 파일 이름에 노트 제목 포함 여부 선택, 페이지 크기 선택, 가로/세로 용지 방향 지정, 여백 지정, 배율 조절 기능이 있습니다.

그림 3-16 PDF로 내보내기 위한 설정 목록

출력할 때 메뉴를 보고 하나씩 필요에 맞게 선택하시면 됩니다. 필요에 맞게 노트를 옵시디언에서 PDF로 출력해 서지관리 프로그램에 넣을 수도 있고, 공유할 수도 있습니다.

❷-14 **기본 앱에서 열기**: md 파일을 열 때 어떤 프로그램에서 열지를 설정하는 메뉴입니다. md는 옵시디언의 확장자명입니다. 기본적으로 옵시디언으로 열리도록 설정되어 있지만, 사용자가 편리하도록 기본 앱을 설정할 수 있습니다. 파인더(맥)나 탐색기(윈도우)에서 설정할 수 있는데, 앞서 말했듯 옵시디언은 어떤 편집기에서든 이용할 수 있다는 장점이 있기 때문에 메모장이나 워드 및 PDF 등 내가 쓰기 편한 것으로 선택하면 됩니다.

저는 기본 앱으로 메모장과 유사한 텍스트 에디터를 설정해놓았기 때문에, '기본 앱에서 열기'를 선택하면 다음 쪽의 [그림 3-17] 화면이 뜹니다. 기본 앱이 설정되어 있지 않다면 '기본 앱에서 열기'를 눌러도 화면에 아무런 변화도 없을 것입니다.

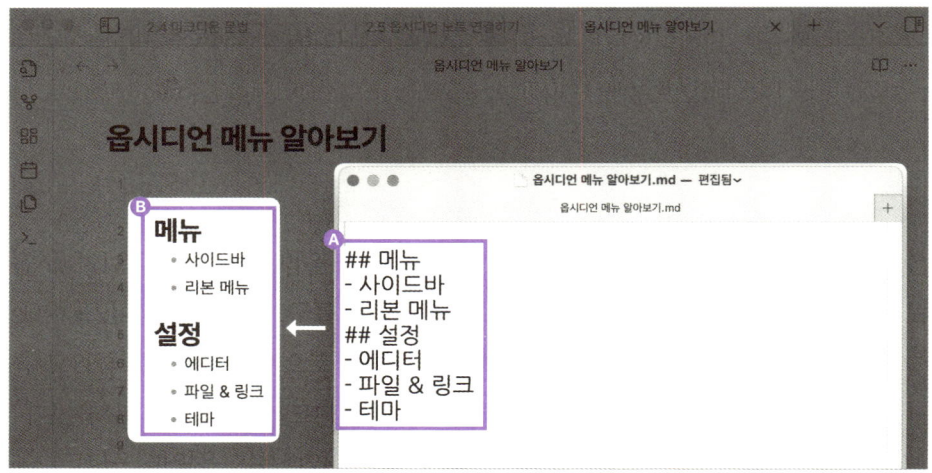

그림 3-17 텍스트 에디터에서 노트를 열었을 때의 모습

기본 앱에서도 헤더를 사용할 수 있습니다. 위 화면의 Ⓐ처럼 기본 앱에서 텍스트 앞에 '#'을 붙여 헤더를 설정해주면 됩니다. 기본 앱에서는 양식화되지 않은 텍스트로 뜨지만, 옵시디언에서 해당 노트를 열면 Ⓑ처럼 보이게 됩니다. 그리고 기본 앱에서 노트를 편집하고 저장하면 옵시디언에서도 곧바로 노트 내용이 바뀌는 것을 확인하실 수 있습니다.

❷-15 **파인더에서 보기**: 현재 노트를 파인더(맥)에서 파일로 볼 수 있습니다. 윈도우에서는 메뉴명이 '폴더에서 보기'로 표시됩니다. [그림 3-18]에서 보듯이 확장자가 'md'로 된 파일이 옵시디언 노트입니다. 파인더에서 파일을 이동하거나 파일 이름을 바꾸면 옵시디언 노트도 이동하고 이름이 바뀝니다. 연결된 노트 링크에 영향을 주므로 꼭 필요한 경우가 아니라면 파인더에서는 파일을 변경하지 않기를 권합니다.

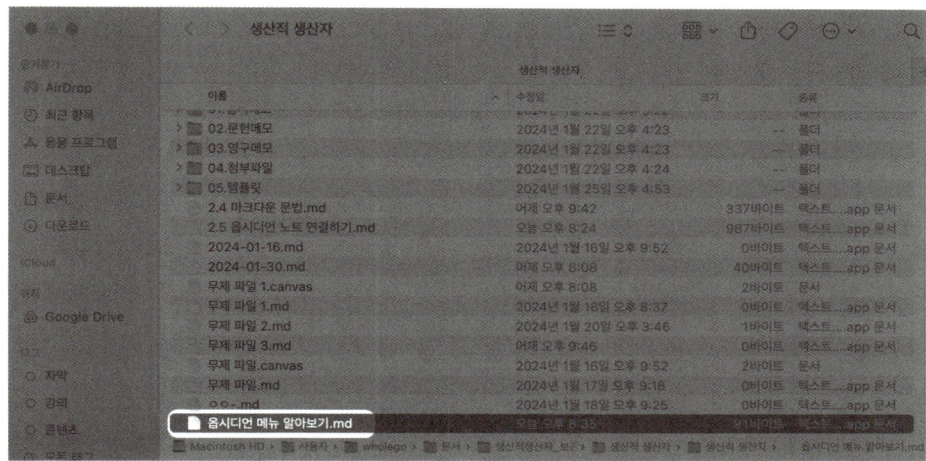

그림 3-18 노트를 파인더에서 봤을 때의 모습

❷-16 **파일 탐색기에서 파일 보기**: 이 메뉴를 클릭하면 옵시디언 폴더 상에서 현재 노트의 위치를 보여줍니다. 현재 노트를 노란색으로 표시해주기 때문에 쉽게 위치를 파악할 수 있습니다.

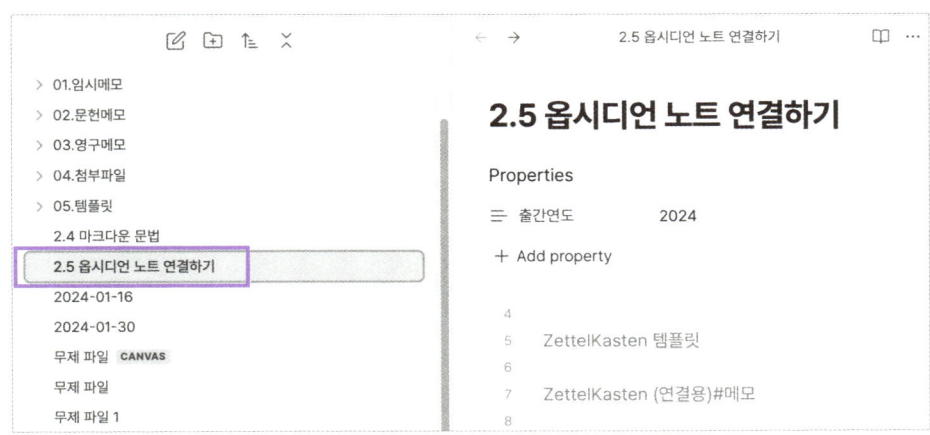

그림 3-19 파일 탐색기에 나타난 노트의 위치

❷-17 **linked view 열기**: 이 기능은 오른쪽 사이드바에 있는 메뉴들을 노트에서 직접 선택할 수 있게 해줍니다. 메뉴인 로컬 그래프, 백링크, 나가는 링크, 개요를 새 탭으로 열어 확인할 수 있게 해줍니다.

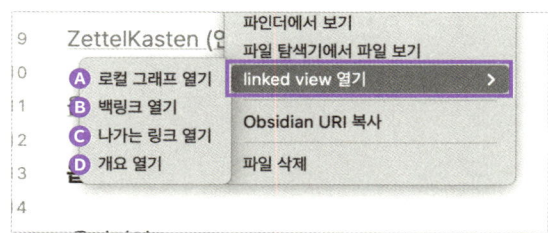

그림 3-20 **linked view 열기**

Ⓐ '로컬 그래프 열기'는 현재 노트와 연결된 다른 노트들을 시각적으로 구현해 한눈에 볼 수 있게 해줍니다. 전체 노트를 보는 그래프 뷰보다 이 기능을 자주 쓰게 됩니다. Ⓑ '백링크 열기'는 현재 노트를 참조하는 노트 리스트를 보여줍니다. 맨 위에 있었던 '문서 내 백링크'가 노트 내부 하단에 바로 백링크를 보여줬다면, 이 기능은 하단에 새로운 탭을 열어서 백링크를 보여줍니다. Ⓒ '나가는 링크 열기'는 현재 노트가 참조하는 (연결된) 노트를 보여줍니다. Outgoing Links라고 부르기도 합니다. Ⓓ '개요 열기'는 노트의 개요를 보여줍니다. 물론 헤더를 사용했을 경우이고, 헤더 레벨에 따라서 계층 구조가 다르게 나타납니다.

❷-18 **Obsidian URI 복사**: 옵시디언에서 노트의 링크를 복사할 수 있습니다. 복사한 뒤 옵시디언을 종료하고 인터넷 브라우저 주소창에 복사한 URI를 넣고 엔터 키를 치면 다음 [그림 3-21] 화면이 나타납니다. 참고로 URL이 아니라 URI입니다. URI는 인터넷으로 접속되는 링크가 아니라 옵시디언 프로그램 내부로 향하는 링크입니다.

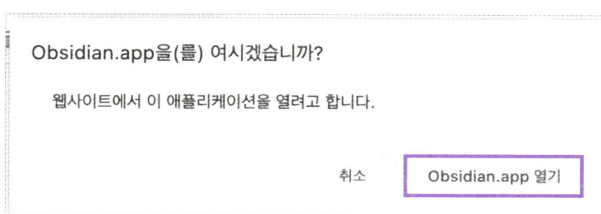

그림 3-21 **Obsidian url 복사**

[Obsidian.app 열기] 버튼을 누르고 실행하면 옵시디언 앱 실행과 함께 'obsidian://open?vault'로 시작하는 옵시디언 내부 링크에 해당하는 노트가 열립니다. 컴퓨터 내에서 고유한 부분이라 다른 컴퓨터에서는 보관소나 폴더 구조가 다를 수 있어 작동하지 않는 경우도 있습니다. 기본적으로 인터넷 연결이 아닌 로컬 연결로 연결돼 있는 걸 보실 수 있습니다. 타인에게 공유가 필요한 경우 Quickshare나 Share Note 같은 커뮤니티 플러그인을 사용할 수 있습니다.

이렇게 옵시디언 노트 메뉴에 대해서 알아봤습니다. 옵시디언을 사용하다 보면 자주 사용하는 메뉴가 있고 그렇지 않은 메뉴가 있을 것입니다. 또 앞에서 소개한 방법과 다른 방법으로 사용할 수도 있습니다. 어떤 기능이 있는지 하나씩 확인해보고 다양한 노트 관련 기능을 활용해보기 바랍니다.

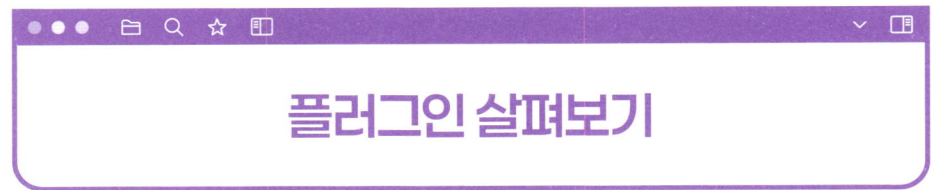

플러그인 살펴보기

옵시디언은 코어 플러그인과 커뮤니티 플러그인이라는 두 종류의 플러그인을 제공합니다. 코어 플러그인은 옵시디언 프로그램에 기본적으로 포함되어 있으며, 사용자가 노트 작성과 관리를 보다 효율적으로 할 수 있도록 다양한 기능을 제공합니다. 커뮤니티 플러그인은 사용자들이 직접 만들고 공유한 것으로, 특정한 사용 사례나 추가 기능을 제공하여 옵시디언의 기능을 확장합니다. 사용자는 자신의 필요에 맞게 플러그인을 선택하여 활용할 수 있습니다. 플러그인은 편집기나 테마보다 특별히 중요해서 별도의 절로 설명합니다. 먼저 코어 플러그인을 알아보겠습니다.

🔷 코어 플러그인

옵시디언 메인 화면에서 '설정 〉 코어 플러그인'을 선택하면 다음 화면이 나옵니다.

그림 3-22 **코어 플러그인 화면**

❶에서는 플러그인 이름을 검색할 수 있습니다. ❷ '플러그인 목록'에는 옵시디언이 기본적으로 제공하는 플러그인들이 있는데, 하나하나 살펴보겠습니다.

- **개요**: 활성 노트의 제목을 목록으로 나열할 때 사용합니다. 이를 통해 노트 내의 특정 섹션으로 빠르게 이동할 수 있습니다. 또한 개요에서 제목을 클릭하고 드래그하여 노트 내의 섹션을 재배열할 수 있습니다. 개요 플러그인은 노트의 구조를 한눈에 파악하고, 원하는 섹션으로 쉽게 이동하게 해주어 노트 작성 및 편집 과정을 보다 효율적으로 만듭니다.
- **검색**: 사이드바에서 검색 기능을 활용할지 여부를 선택할 때 사용합니다. 옵시디언에서 지원하는 검색 기능을 활용하시기 위해서 기본값인 활성화를 선택하면 됩니다. 비활성화하면 왼쪽 사이드바에서 검색 버튼이 없어지고 전체 노트 대상 검색 단축키인 ⌘ + ⇧ + F 를 눌러도 작동하지 않습니다.
- **그래프 뷰**: 작성한 노트 간 연결을 시각적으로 표현할 때 사용합니다. 이 기능을 통해 노트들 사이의 관계와 네트워크 구조를 한눈에 볼 수 있습니다. 그래프 뷰에 나타나는 노트를 클릭하여 해당 노트로 이동할 수 있으며, 다양한 필터링 기능과 정렬 옵션을 사용하여 정보를 탐색할 수 있습니다. 또한 그래프의 시각적 표현을 사용자의 선호에 맞게 조정할 수 있어 정보의 연결성을 보다 효과적으로 파악할 수 있습니다.
- **나가는 링크**: 활성 노트에서 다른 노트로의 링크를 쉽게 확인하고 싶을 때 사용합니다. 이 플러그인은 노트 내의 모든 링크를 보여주고, 아직 이어지지 않은 연결을 찾아 노트끼리의 연결을 생성할 수 있도록 도와줍니다. 이로써 노트 간의 연결성을 더욱 강화하고, 지식의 네트워크를 체계적으로 확장할 수 있습니다. 정보 연결의 시각적 표시를 높여주어, 노트 작성 및 관리 과정에서 큰 도움이 됩니다.
- **노트 작성기**: 이 플러그인을 통해 두 노트를 병합하거나, 노트의 일부를 추출하여 새로운 노트를 만들 수 있습니다. 노트를 병합할 때는 선택한 방식에 따라 소스노트

의 내용을 목적 노트의 시작 부분이나 끝 부분에 넣거나 새 노트에 추가할 수 있습니다. 여기서 소스노트는 추가할 내용이 담긴 노트이고 목적노트는 추가할 내용이 담길 노트입니다.

추출 기능을 사용하면 선택한 텍스트를 기존 노트에서 분리하여 새 노트에 추가할 수 있으며, 이 과정에서 추출된 텍스트를 링크나 임베드 파일로 대체할 수도 있습니다. 노트 작성기에서는 템플릿 파일을 설정해서 노트 병합 또는 추출 시 사용되는 콘텐츠의 형식을 사용자가 미리 정의할 수 있게 해줍니다.

예를 들어, 두 노트를 병합할 때 특정 형식이나 구조를 유지하고 싶다면 이를 템플릿 파일로 설정해 일관된 형식과 스타일을 유지할 수 있다는 의미입니다. 이 기능은 특히 여러 노트를 하나로 통합하거나 노트의 일부를 새로운 노트로 만들 때 유용합니다.

- **단어 개수**: 활성 노트의 단어와 문자 수를 표시할 때 사용합니다. 이 플러그인은 화면의 하단 오른쪽 상태 표시줄에서 단어 수를 확인할 수 있게 해줍니다. 노트를 장chapter으로 간주해서 메모하고 나중에 통합해서 논문이나 책을 쓰려는데 특정 노트의 분량이 다른 노트에 비해 지나치게 많거나 적으면 장마다의 균형이 깨질 수 있으니 노트를 작성하며 분량을 계산하는 데 사용하면 좋습니다. 특히 주목할 점은 이 플러그인이 중국어, 일본어, 한국어도 지원한다는 것입니다.
- **데일리 노트**: 매일매일의 노트를 손쉽게 생성하고 관리할 때 사용합니다. 이 플러그인을 활성화하면 날짜가 노트에 자동으로 삽입됩니다. 예를 들어 2024년 8월 1일에 노트를 생성하면 해당 노트의 제목에 자동으로 '2024-08-01'이라는 날짜가 붙습니다. 이는 일기, 일정 관리, 태스크 추적 등 다양한 용도로 활용될 수 있습니다. 단축키를 설정해두고 쓰면 빠르고 편하게 데일리 노트에 접근할 수 있습니다.
- **동기화**: 여러 기기에서 노트를 동기화하고 업데이트할 수 있게 하고 싶을 때 사용합니다. 이 플러그인은 클라우드 기반으로 작동하여 사용자의 노트를 안전하게 백업하고 여러 기기를 실시간으로 동기화합니다. 이 플러그인을 활성화하면 어떤 기

기에서든 최신 상태의 노트에 접근할 수 있으며, 데이터 손실의 위험 없이 작업을 이어갈 수 있습니다.

옵시디언의 기본 특징은 디바이스 내부에 노트를 저장하고 안전하게 보관하는 것입니다. 하지만 여러 기기에서 동일한 노트를 봐야 할 때 동기화는 꼭 필요한 옵션입니다. 특히 태블릿이나 모바일에서도 동일한 데이터를 유지하고 싶을 때 필요한 기능입니다. 동기화 플러그인은 유료이며 한 달에 10달러를 지불하면 이용할 수 있습니다.

- **랜덤 노트**: 무작위로 선택된 노트를 보고 싶을 때 사용합니다. 랜덤 노트 플러그인을 활용하면 작성한 노트에 대해 랜덤으로 주기적 반복 학습을 수행할 수 있습니다. 예를 들어, 일주일에 한 번씩 이전에 작성한 노트를 복습하거나 주기적으로 상기시킬 수 있습니다. 지식의 유지와 학습 효율성을 높이는 데 도움이 됩니다.

랜덤 노트 플러그인은 정보를 임의로 선택하게 해서 다양한 주제와 지식을 사전 탐색 없이 복습할 수 있는 기회를 제공해줍니다. 이를 통해 사용자는 노트를 더욱 효과적으로 활용할 수 있으며, 정보를 오랫동안 기억하고 활용할 수 있게 됩니다.

- **마크다운 형식 가져오기**: 다른 마크다운 형식의 문서나 노트를 옵시디언으로 가져오고 싶을 때 사용합니다. 가져온 마크다운 문서는 원본 형식을 그대로 유지하며 문서의 스타일, 링크, 이미지 등도 옵시디언에 그대로 반영됩니다.

가져온 마크다운 문서의 제목은 사용자가 설정할 수 있으며 링크도 자동으로 변환되어 문서 간의 연결성을 유지합니다. 또한 가져온 노트에 태그를 추가하여 분류 및 검색을 용이하게 할 수 있습니다. 이를 통해 마크다운 형식으로 만들어진 다른 파일의 내용을 옵시디언으로 쉽게 이전하고 활용할 수 있습니다.

- **명령어 팔레트**: 사용자가 다양한 작업과 명령을 빠르게 실행하고 싶을 때 사용합니다. 왼쪽에 있는 리본 메뉴에서도 한번 설명드렸던 기능입니다. 명령어 팔레트에서 원하는 작업 또는 명령을 검색할 수 있습니다. 예를 들어, 노트 검색, 태그 추가, 테마 변경 등 다양한 명령을 빠르게 찾아 실행할 수 있습니다.

- **백링크**: 노트 간의 연결 관계를 효과적으로 관리하고 시각화하고 싶을 때 사용합니다. 백링크란 다른 노트에서 해당 노트로 연결되는 링크를 의미하는데 이 플러그인을 활성화하면 활성 노트에 대한 모든 백링크를 볼 수 있습니다.

  백링크 플러그인은 '연결된 언급linked mentions'과 '연결되지 않은 언급unlinked mentions'이라는 두 가지 주요 섹션으로 나뉩니다. '연결된 언급'은 활성 노트로 내부 링크를 포함하는 노트의 백링크입니다. 반면 '연결되지 않은 언급'은 활성 노트의 이름이 언급되었지만 링크되지 않은 경우를 표시합니다.

  사용자는 백링크의 결과를 접거나 확장하고, 언급이 포함된 전체 문단을 표시하거나 줄여서 볼 수 있습니다. 또한, 언급을 정렬하는 방식을 변경하거나, 언급을 필터링하는 검색 필터를 사용할 수 있습니다.

  노트의 백링크를 보려면 노트 메뉴에서 'linked view'를 열거나 오른쪽 사이드바의 백링크 탭을 클릭하면 됩니다. 백링크를 특정 노트에 직접 표시하거나, 활성 노트와 연결된 백링크 탭을 별도로 열 수도 있습니다.

- **슬라이드**: 노트를 활용하여 프레젠테이션을 만들고 싶을 때 사용합니다. 노트를 작성하면서 프레젠테이션 슬라이드로 변환하여 효율적으로 프레젠테이션을 생성할 수 있습니다. 슬라이드 이동, 프레젠테이션 시작 및 종료 등의 작업은 간단한 단축키와 명령어를 통해 쉽게 수행할 수 있습니다.

- **슬래시 명령**: 에디터 내에서 명령어를 입력하는 즉시 그대로 실행하고 싶을 때 사용합니다. 슬래시 명령 플러그인을 선택하면 [그림 3-23]과 같은 화면이 나오는데, 여기에서 ❶ 줄의 처음이나 공백 다음에 슬래시(/)를 입력하면 ❷와 같이 커맨드 팔레트를 노트 안에서 바로 볼 수 있습니다.

  슬래시 명령은 비슷한 것을 찾아주는 기능인 '퍼지 매칭fuzzy matching'을 지원하여 명령어의 정확한 이름을 알지 못해도 검색할 수 있습니다. 예를 들어 "scf"만 입력해도 "Save current file" 명령어를 찾을 수 있다는 의미입니다. 다만 한글 버전에서는 해당하는 한글 메뉴 이름을 쳐야 작동합니다. 이는 자주 쓰는 기능은 아니므로 그런 것이 있다는 것 정도만 알고 지나가면 되겠습니다.

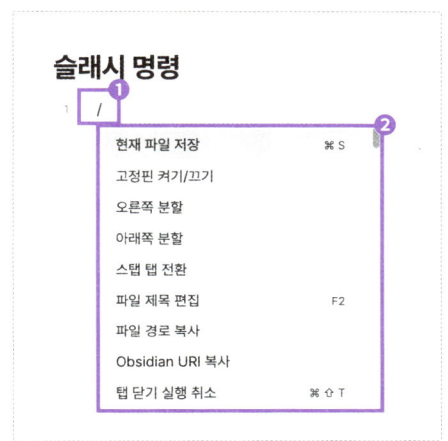

그림 3-23 슬래시 명령 화면

- **오디오 레코더**: 노트에 오디오 녹음을 직접 저장하고 싶을 때 사용합니다. 강의나 회의 시 중요한 내용을 녹음하고 저장할 수 있습니다. 왼쪽에 있는 마이크 모양 아이콘을 누르면 녹음이 시작되고, 한 번 더 누르면 종료됩니다. 녹음 파일은 노트 끝에 자동으로 저장되며, 나중에도 녹음 파일은 보관소에 남게 됩니다.

그림 3-24 오디오 레코더 아이콘

- **유니크 노트 생성자**: 노트에 고유한 식별자를 생성하고 관리할 때 사용합니다. 이 플러그인을 사용하면 각 노트에 대해 고유한 ID를 생성하고 이를 활용하여 노트를 식별할 수 있습니다. 노트 제목이 같으면 착각할 수 있으니 주로 날짜와 시간을 노트 제목에 삽입해서 서로 다른 고유한 노트라는 점을 바로 알아차릴 수 있게 만들어줍니다. 제텔카스텐 기법을 위한 고유한 넘버링에 활용할 수 있는데, 넘버링이란 구분자identifier를 날짜와 함께 기입해서 노트가 다른 노트와 구별할 수 있는 구분자를 갖도록 해주는 기능이라고 보면 됩니다.

'고유한 ID 생성'은 '유니크 노트 생성자'를 활용하여 노트마다 고유한 ID를 생성할 수 있습니다. 이 ID는 노트의 고유성을 유지하고 노트 간의 연결을 관리하는 데 도움을 줍니다. '노트 검색 및 연결'은 생성된 고유한 ID를 사용하여 노트를 검색하고 다른 노트와 연결할 수 있습니다. 이를 통해 관련된 정보와 아이디어를 효율적으로 관리할 수 있습니다. 마지막으로 '자동 업데이트'는 노트가 생성될 때마다 '유니크 노트 생성자'가 자동으로 고유한 ID를 할당하므로 사용자가 직접 식별자를 작성할 필요가 없습니다.

- **작업 공간**: 다양한 작업에 맞게 애플리케이션 레이아웃을 관리하고 전환하고 싶을 때 사용합니다. 작업 공간을 활성화하면 현재 열려 있는 파일과 탭, 각 사이드바의 너비와 모든 정보를 포함한 작업 공간을 저장할 수 있습니다. 그러면 특정 작업에 맞게 설정된 레이아웃을 나중에 다시 불러올 수 있습니다. 예를 들어 일지 작성, 독서 또는 제텔카스텐 같은 다양한 작업에 맞게 레이아웃을 여러 가지 저장해 두었다가 작업 성격에 따라 다른 설정이 필요하다면 그에 맞는 레이아웃을 때 불러와서 사용하면 됩니다. 레이아웃은 작업의 특성에 맞게 다양한 형태로 작업 공간을 설정해두고 불러와서 쓸 수 있는 기능입니다. 예를 들어 회사 업무용, 글쓰기용 등 필요에 맞게 옵시디언의 메뉴나 창 배치를 다르게 해야 할 때 저장해두고 불러올 수 있는 기능입니다.

- **출판**: 클라우드 기반 호스팅 서비스로 사용자의 노트를 위키, 지식 베이스, 문서

또는 디지털 가든과 같은 형태로 게시하고 싶을 때 사용합니다. 이 기능을 활성화하면 웹에 노트를 공유할 수 있습니다. 공유하려는 노트를 선택하고 '출판'을 누르면 해당 노트가 publish.obsidian.md/your-site와 같은 주소에서 호스팅됩니다. 이 플러그인은 무엇보다 홈페이지를 노트 단위로 만들어서 발행할 수 있다는 것이 장점입니다. 내가 만든 노트를 위키피디아 등에 발행하는 것을 즐기는 분들도 요즘 늘어나고 있는데, 옵시디언은 작성한 노트를 쉽게 게시해준다는 면에서 충분히 활용할 만한 플러그인입니다.

- **캔버스**: 시각적 노트 작성을 위한 혁신적인 도구로, 아이디어를 배치하고 연결할 수 있는 무한한 공간을 갖고 싶을 때 사용합니다. 기존의 선형적 노트 작성 방식과 달리, 크기, 위치, 연결선 등의 시각적 요소를 사용하여 생각을 더 동적으로 조직화할 수 있게 해주어 정보의 통합 및 개념 간의 관계를 좀 더 빠르게 이해하도록 도와줍니다. 커뮤니티 플러그인 중 가장 인기가 많은 Excalidraw와 비슷한 역할을 하는 시각화 플러그인입니다.

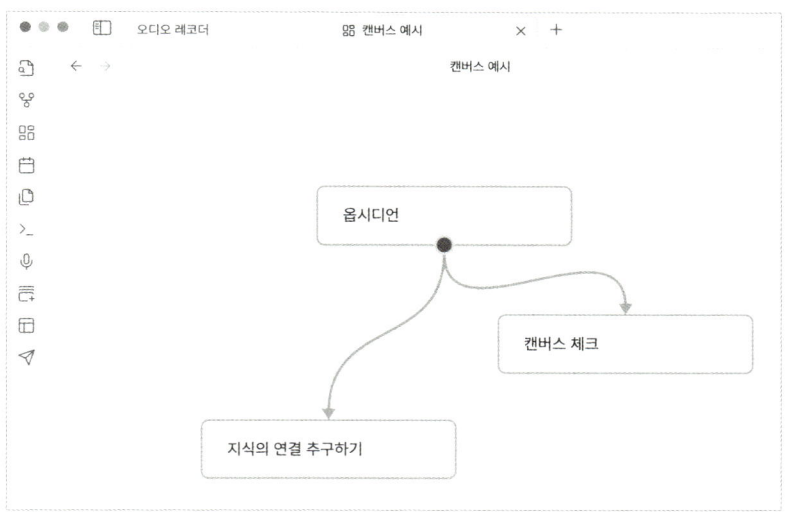

그림 3-25 **캔버스 모습**

- **퀵 스위처**: 앞에서 설명한 대로 기존에 생성된 노트로 빠르게 이동하거나 새로운 노트제목을 바로 생성할 때 사용합니다. 활성화하면 '이동/생성하려는 파일 이름 입력'이라는 안내 메시지가 뜨고 그곳에 파일 이름을 입력하면 옵시디언 내의 모든 노트를 검색해서 빠르게 이동하거나 입력한 제목의 노트를 생성할 수 있습니다.
- **태그 창**: 오른쪽 사이드바에 보이는 태그 메뉴를 보이게 하거나 없앨 때 사용합니다. 내가 노트에 설정한 모든 태그 리스트를 볼 수 있는데 옵시디언을 설치할 때 활성화되도록 설정되어 있습니다. 옵시디언은 태그에도 계층을 설정할 수 있는데 태그 간 계층 구조도 살펴볼 수 있습니다.
- **템플릿:** 노트를 만들 때 자주 사용할 템플릿에 대한 설정을 하고 싶을 때 사용합니다. 템플릿의 기본 경로, 날짜 서식, 시간 서식을 설정할 수 있습니다. 템플릿은 79쪽 '템플릿 폴더 및 경로 지정하기'에 나왔던 부분을 참고하면 좋습니다. 템플릿 양식이 있는 폴더를 설정하면 되고 날짜 포맷은 자신의 필요에 맞게 설정하면 됩니다. 기본 설정으로 사용해도 무방합니다.
- **파일 복구**: 옵시디언의 노트 변경 내역을 추적하면서 주기적으로 저장해놓는 스냅샷이 필요할 때 사용합니다. 이전에 작업한 노트 버전의 내용을 불러와서 필요한 부분을 활용할 수 있습니다.

그림 3-26 스냅샷의 기능을 설정할 수 있는 모습

❶의 스냅샷 간격은 노트에 대한 저장 주기를 설정합니다. [그림 3-26]에서는 5로 설정해두었는데 이는 5분마다 자동으로 저장한다는 의미입니다. ❷의 기록 기간은 스냅샷을 보관하는 최대 기간으로, 7로 설정해둔 것은 노트를 7일 동안 보관한다는 의미입니다. 보관 기간을 늘릴 수 있지만 용량 부담이 있어서 7일이 기본으로 설정되어 있습니다. 필요에 맞게 설정하시면 됩니다. ❸은 스냅샷을 실제로 보면서 복구하거나 차이를 확인하게 해줍니다. [열람] 버튼을 누르면 노트를 검색해서 선택할 수 있고, 기록 기간의 스냅샷을 확인할 수 있습니다. ❹는 모든 스냅샷을 삭제하는 기능입니다. [클리어] 버튼을 누르면 모든 스냅샷이 삭제됩니다.

- **파일 탐색기**: 보관소의 노트와 파일을 모두 확인할 수 있는 왼쪽 상단의 파일 탐색기가 필요할 때 사용합니다. 기본적으로 파일 탐색기가 나타나도록 설정되어 있지만 해당 플러그인을 비활성화하면 파일 탐색기 아이콘과 노트 리스트가 사라집니다. 노트를 탐색하는 데 꼭 필요한 부분이니 활성화하는 것을 추천합니다.
- **페이지 미리보기**: 옵시디언이 만들어낸 많은 연결을 일일이 열어보지 않고 연결된 부분만 빠르게 훑어보고 싶을 때 사용합니다. 연결되는 부분의 링크에서 '⌘' 키를 누르면 연결된 부분을 열지 않고도 미리 볼 수 있습니다.
- **Bookmarks**: 인터넷 브라우저의 즐겨찾기와 비슷한 개념으로 왼쪽 사이드바를 설명할 때 다루었습니다. 생산성을 높이기 위해서 자주 찾는 노트에 빠르게 접근하거나 검색을 하고 싶을 때 사용합니다. 북마크는 노트와 다른 이름을 설정해서 리스트에 출력되게 할 수도 있습니다.
- **Properties View**: 이 기능은 노트의 최상단에 설정된 프로퍼티를 기본적으로 전체를 출력할지 여부를 선택하고 싶을 때 사용합니다. 프로퍼티가 너무 길다면 노트 본문을 작업하는 데 방해가 될 수 있기 때문입니다. 활성화하고 필요할 때마다 프로퍼티를 닫을 수도 있습니다.

이렇게 코어 플러그인에 대한 설명이 끝났습니다. 코어 플러그인은 지속적으로 추가되고 있으며 시각적인 메뉴에서 바로 확인할 수 있는 플러그인도 있으나 꼭 코어 플러그인에서 세팅해서 써야 하는 메뉴도 있습니다. 실제로 코어 플러그인을 하나씩 실행해 보면서 어떻게 사용할지 아이디어를 그려 나가시는 게 좋습니다.

커뮤니티 플러그인

커뮤니티 플러그인은 사용자가 직접 설치할 수 있는 플러그인으로, 크롬의 확장 프로그램들과 비슷하다고 볼 수 있습니다. 필요한 플러그인을 설치해서 필요에 맞게 커스터마이징할 수 있는 게 옵시디언의 큰 장점 중 하나입니다.

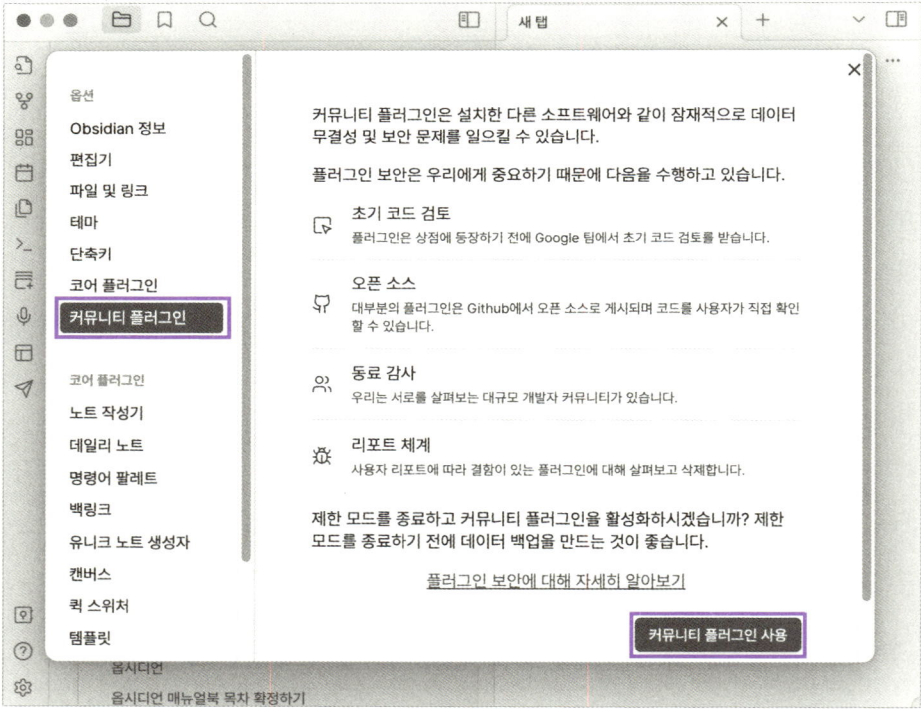

그림 3-27 **커뮤니티 플러그인 화면**

화면에서 '설정 > 커뮤니티 플러그인'을 선택하면 [그림 3-27]과 같이 커뮤니티 플러그인에 대한 안내를 볼 수 있습니다. 여기에서 하단의 [커뮤니티 플러그인 사용] 버튼을 누르면 됩니다. 이 화면은 처음에만 나오고 한 번 사용 버튼을 누르면 다음부터는 표시되지 않습니다. [커뮤니티 플러그인 사용] 버튼을 클릭하면 다음과 같이 커뮤니티 플러그인 기본 메뉴가 나옵니다.

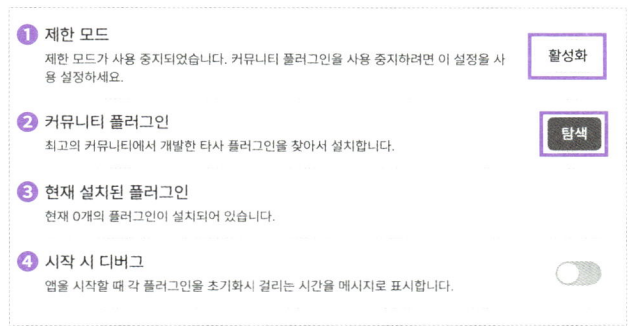

그림 3-28 커뮤니티 플러그인 기본 메뉴

❶ '제한 모드' 오른쪽의 [활성화] 버튼을 누르면 [커뮤니티 플러그인 사용] 버튼을 누르기 전인 [그림 3-27]의 상태로 돌아갑니다.

❷ '커뮤니티 플러그인' 오른쪽의 [탐색] 버튼을 누르면 커뮤니티 플러그인 리스트를 볼 수 있습니다. 옵시디언이 다른 노트 프로그램과 차별화되는 지점입니다. 커뮤니티가 엄청나게 활성화되어 있고 옵시디언 유저 중에는 개발자가 많기 때문에 다양한 기능을 경험할 수 있습니다. 이에 대해서는 바로 뒤에 더 자세히 설명해두었습니다.

❸ '현재 설치된 플러그인'은 내 옵시디언에 설치된 커뮤니티 플러그인을 의미합니다. 지금은 아무것도 설치하지 않아 '현재 0개의 플러그인이 설치되어 있습니다'라는 문구가 있는데, 플러그인을 설치할 때마다 숫자가 바뀝니다.

❹ '시작 시 디버그'는 앱을 시작할 때 플러그인을 초기화하는 데 필요한 시간을 메

시지로 보여주는 기능입니다. 컴퓨터에 여러 개의 하드 디스크를 설치하면 부팅 시간이 많이 필요한 것처럼 여러 개의 커뮤니티 플러그인을 설치하면 옵시디언을 실행할 때 시간이 많이 필요합니다. 그때 걸리는 시간을 메시지로 보여주는 기능인데, 큰 장점이 있는 기능은 아니라 저는 비활성화해두었습니다.

커뮤니티 플러그인 리스트

앞쪽 [그림 3-28]의 '커뮤니티 플러그인'에서 [탐색] 버튼을 누르면 아래 화면처럼 커뮤니티 플러그인 리스트가 나옵니다. 현재는 1300개 이상의 플러그인이 있으며, 원하는 플러그인을 찾아 클릭하면 쉽게 설치할 수 있습니다.

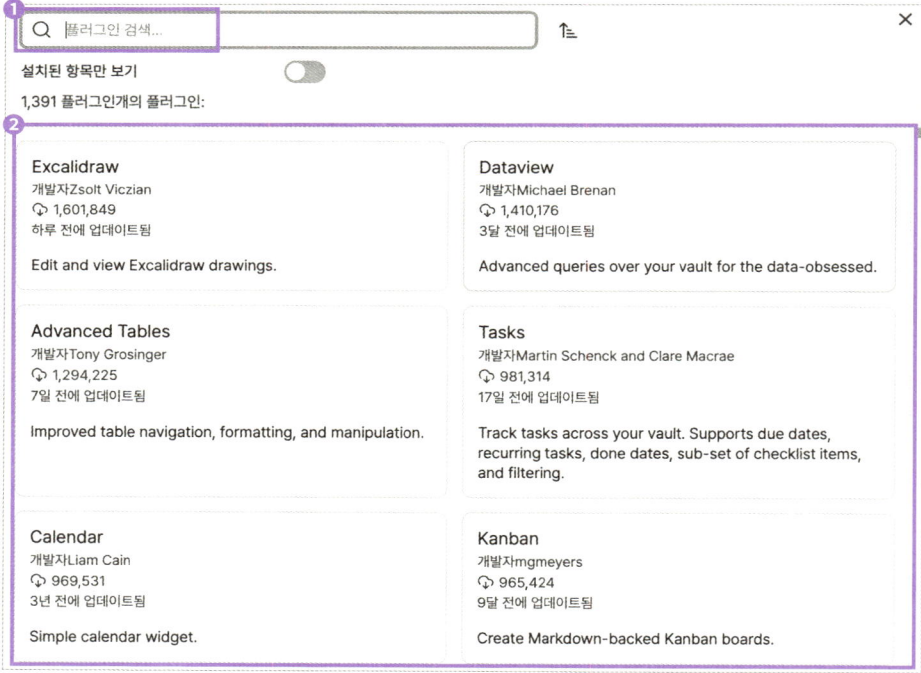

그림 3-29 **커뮤니티 플러그인 리스트**

❶에서 플러그인을 검색할 수 있습니다. ❷에서는 커뮤니티 플러그인을 많이 다운로드된 순서대로 보여줍니다. 옵시디언 안에서 시각적인 노트를 만들 수 있는 'Excalidraw'와 프로퍼티에 설정된 데이터를 쿼리로 불러오는 'Dataview'가 다운로드 1, 2위를 차지하고 있습니다.

플러그인을 선택할 때 중요한 점은 너무 많은 일을 옵시디언 안에서 하려고 하면 안 된다는 점입니다. 옵시디언은 기본적으로 제텔카스텐을 구현하기 위한 프로그램입니다. 연결을 지향한다는 점이 가장 중요한 포인트입니다. 플러그인은 옵시디언 안에서 조금 더 많은 기능을 커버할 수 있도록 도와주지만, 그렇다고 모든 것을 옵시디언으로만 해결하는 것보다는 특정 성능이 뛰어난 다른 프로그램을 함께 사용하는 것이 더 좋습니다.

예를 들어 표를 그리거나 수식 계산을 해야 한다면 엑셀이나 구글 스프레드 시트를 활용하면 됩니다. 할 일 관리를 제대로 하고 싶다면 틱틱Ticktick을 활용하면 되고, 아웃라이너 기능을 제대로 활용하고 싶다고 하면 워크플로위나 로그시크Logseq 같은 아웃라이너 전용 프로그램을 쓰는 게 나을 수 있습니다.

옵시디언에서 사용하는 플러그인은 어느 정도의 성능을 낼 수 있겠지만 전용 프로그램보다는 기능이나 사용성이 좋지 않을 가능성이 높습니다. 이런 것을 감안하여 옵시디언에서는 기본 기능 정도를 사용하는 데 만족하고, 원래 목적인 정보의 저장과 연결에 집중하는 것을 추천합니다.

그리고 플러그인 업데이트가 최근에도 계속 이어지고 있는지를 살펴봐야 합니다. 한번 개발해놓고 이후에 업데이트가 되지 않았다면 그 사이 옵시디언 프로그램이 계속 업데이트되어 해당 플러그인이 지원되지 않을 가능성이 높습니다. 간단한 기능의 플러그인이라면 모르지만 사용 방식이나 구조가 복잡한 플러그인이라면 최근 업데이트 여부도 같이 확인하는 게 필요합니다.

추천 커뮤니티 플러그인 1. Dataview

제가 사용하면서 필요하다고 느낀 커뮤니티 플러그인을 설명하겠습니다. 먼저 Dataview를 살펴보겠습니다. 이것은 노트의 속성값인 프로퍼티에 입력된 데이터를 기반으로 노트 리스트를 불러올 수 있는 플러그인입니다. SQL과 같은 데이터 베이스를 관리하는 것처럼 필요한 노트를 불러오는 방식으로 활용할 수 있습니다.

커뮤니티 플러그인을 설치하는 방법은 간단합니다. 132쪽 [그림 3-29]에서 옵시디언 사용자들이 가장 많이 설치한 플러그인 리스트가 보이는데, 여기에서 'Dataview'를 선택하면 다음과 같은 화면이 나옵니다.

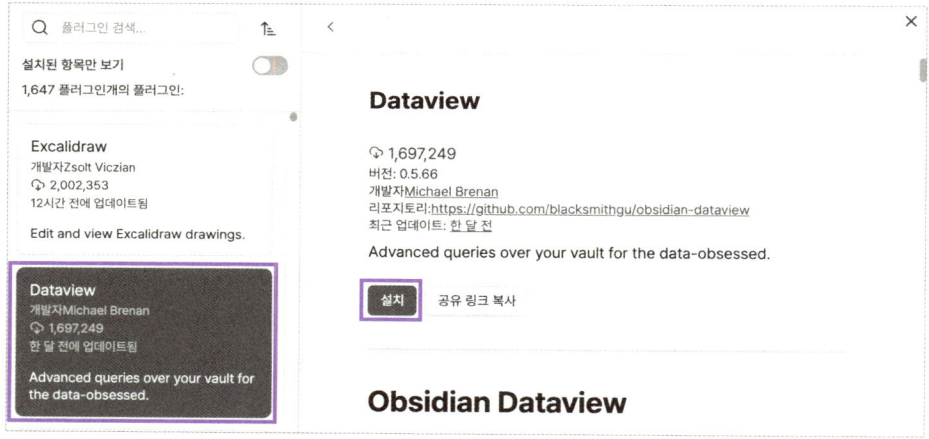

그림 3-30 **Dataview 설치하기**

여기에서 [설치] 버튼을 누르면 설치가 진행됩니다. 설치가 끝나면 [활성화] 버튼을 누릅니다.

그런데 Dataview를 설치하고 사용하기 전에 먼저 각 옵시디언 노트에 '프로퍼티'를 입력하는 것이 필수입니다. 프로퍼티는 일반적으로 YAML 형식의 프론트매터 front-matter에 정의되며, 사용자는 이 프로퍼티를 통해 노트를 분류하고 관리할 수 있습니다. 프로퍼티를 입력하는 방법은 111쪽 '노트 추가 메뉴 설명'에서 프로퍼티 설명 부분을 참고하시기 바랍니다. 기존 노트에 추가로 입력한 프로퍼티 항목 중에서 선택해 입력해야 나중에 유의미한 쿼리를 작성해서 노트를 불러올 수 있습니다.

    Dataview 쿼리는 백틱(```) 세 개를 사용하여 시작하며 테이블table 또는 리스트list 명령어를 통해 데이터를 조회할 수 있습니다. 쿼리 절을 이루는 요소에는 '정렬 기능', '소스 지정', '필터링 조건', '정렬 방법' 등이 있습니다. '정렬 기능'에서 테이블 명령어는 다양한 속성값을 포함한 표 형태로 결과를 출력하는 반면 리스트 명령어는 단순히 노트 리스트만을 제공합니다. 다음으로 '소스 지정'은 태그 또는 폴더를 통해 조회할 데이터의 범위를 지정할 수 있고, '필터링 조건'은 where절을 사용하여 특정 속성에 따라 결과를 필터링할 수 있습니다. 마지막으로 '정렬 방법'은 오름차순asc나 내림차순desc으로 결과를 정렬할 수 있습니다.

    Dataview를 시작하거나 종료하려면 백틱 세 개와 Dataview를 넣은 다음 줄부터 노트 파일에 대한 조건값을 입력해서 필요에 맞게 리스트나 테이블을 출력할 수 있습니다. 리스트나 테이블을 선택하고 이후에는 어떤 폴더나 조건값을 소스로 해서 출력할지 여부를 설정하시면 됩니다.

```dataview
list or table 이후 출력할 정보 설정
where 이후 조건값 설정
sort 이후 정렬 조건 세팅
```

리스트는 노트의 리스트만 출력해주는 기능입니다. 노트 리스트만 필요할 때는 리스트만 활용하고 리스트와 함께 다양한 속성값을 출력하고 싶을 때는 테이블을 활용하면 됩니다. 테이블은 다양한 정보를 나타내고 싶을 때 Dataview 쿼리를 표로 만들어서 출력할 수 있습니다. 테이블로 만들면 프로퍼티에서 설정한 다양한 속성값을 불러와서 원하는 순서대로 출력할 수 있습니다. where(조회 소스 지정) 태그(#)

또는 폴더(from "폴더명")를 소스로 설정해서 필터링할 수 있습니다. 필터링 조건 설정 (where)으로 필터링하고 contains를 활용하면 속성값으로 입력해놓은 노트 중에서 입력 값으로 포함하고 있는 노트를 끌어올 수 있습니다. 정렬 방법(asc, desc): 노트에 입력돼 있는 프로퍼티에서 선택해서 오름차순 또는 내림차순으로 정렬할 수 있습니다.

Dataview에서 파일 속성이란 옵시디언 노트 파일과 관련된 속성 정보입니다. 이를 기준으로 정렬할 때 활용할 수 있습니다.

- **file.path**: 노트 파일의 경로
- **file.basename**: 노트 파일의 기본 이름
- **file.extension**: 노트 파일의 확장자
- **file.atime**: 노트 파일의 최근 접근 시간(access time)
- **file.ctime**: 노트 파일의 생성 시간(creation time)
- **file.mtime**: 노트 파일의 최근 수정 시간(modification time)
- **file.size**: 노트 파일 크기

Dataview를 활용하는 법에 대해 설명을 해보겠습니다. 21쪽의 QR 코드를 통해 실습에 사용할 노트 데이터를 받으실 수 있습니다. 보내드린 '실습메모.zip' 파일의 압축을 푼 뒤 나의 보관소 폴더에 '실습메모' 폴더를 넣습니다.

'Dataview 실습' 노트를 생성하고 아래 그림과 같이 입력합니다.

```dataview
table tags, date, file.size
from "실습메모"
sort file.size desc
```

라이브 미리보기 모드로 보면 다음 쪽에 나오는 그림과 같이 데이터가 테이블로 정리되어 출력됩니다.

Dataview 실습

File (9)	tags	date	file.size
세컨드 브레인 부스트 (목차별 노트)	• 생산성 • 메모 • 기록 • para	7월 17, 2024	4499
조테로	• 디지털도구 • 논문 • 서지관리	5월 11, 2024	2010
디지털 가든	-	7월 13, 2024	1253
엘리자베스 길버트	• 창의성 • 창작	-	774
숀케 아렌스	-	-	436
생산성에 대해서 글적기 테스트	-	-	303
샤먼 - 귀신전	-	7월 13, 2024	230
비트겐슈타인	• 경구 • 분석철학	7월 18, 2024	207
아트리움	-	-	148

그림 3-31 라이브 미리보기 모드에서 본 Dataview 출력 결과

다음 쪽에는 Dataview 플러그인을 활용할 수 있는 다른 예시들을 몇 가지 기재해 두었습니다. 나중에 메모들이 쌓이면 예시에 적힌 쿼리절을 자신의 프로퍼티에 맞게 변형해 Dataview를 이용한 노트 관리 실습을 해보시길 추천드립니다.

예제 1) 종류 항목의 값이 'MOC'인 노트를 파일 사이즈 기준으로 내림차순 정렬로 출력하기

```
```dataview
table file.size
where 종류 = "MOC"
sort file.size desc
```
```

예제 2) 파일명, tags, 출처를 표로 출력하되, '3.Permanent_Notes'에서 출력하기

```
```dataview
Table tags, 출처
From "03.영구메모"
```
```

예제 3) 파일명을 사이즈와 함께 출력, status 항목의 값이 'draft' 인 노트만 출력, 파일 사이즈가 큰 것부터 내림차순으로 정렬하기

```
```dataview
table file.size
where status = "draft"
sort file.size desc
```
```

예제 4) 여러 태그를 동시 출력하기 위한 contains 활용하기 (tags 항목에 '글쓰기' 혹은 '기록'이 있는 노트만 출력)

```
```dataview
Table 출처, 날짜
where contains(tags, "글쓰기") or contains(tags, "기록")
sort 날짜 asc
```
```

추천 플러그인 2. Calendar

다음으로 Calendar를 보겠습니다. 이 플러그인의 주요 기능은 다음과 같습니다.

먼저 달력 인터페이스를 제공합니다. 달력 인터페이스에서 사용자는 현재의 달의 전체적인 일정이나 계획 등을 한눈에 볼 수 있습니다. 우리가 종이 달력이나 핸드폰에 있는 달력 프로그램에 나의 일정 등을 적어두는 것 같은 기능을 지원합니다.

다음으로는 일간 노트를 생성할 수 있습니다. 특정 날짜를 선택하면 해당 날짜의 일간 노트를 새롭게 생성할 수 있습니다. 만약 해당 날짜에 이미 일간 노트가 만들어져 있다면 Calendar 플러그인은 기존에 만들어 놓은 일간 노트를 열어줍니다.

마지막으로 사용자 정의를 할 수 있습니다. 사용자는 Calendar 플러그인의 설정을 조정해 일간 노트의 저장 위치, 파일명 형식 등을 필요에 맞게 사용할 수 있습니다.

Calender를 실제로 설치해서 사용하는 과정을 살펴보겠습니다.

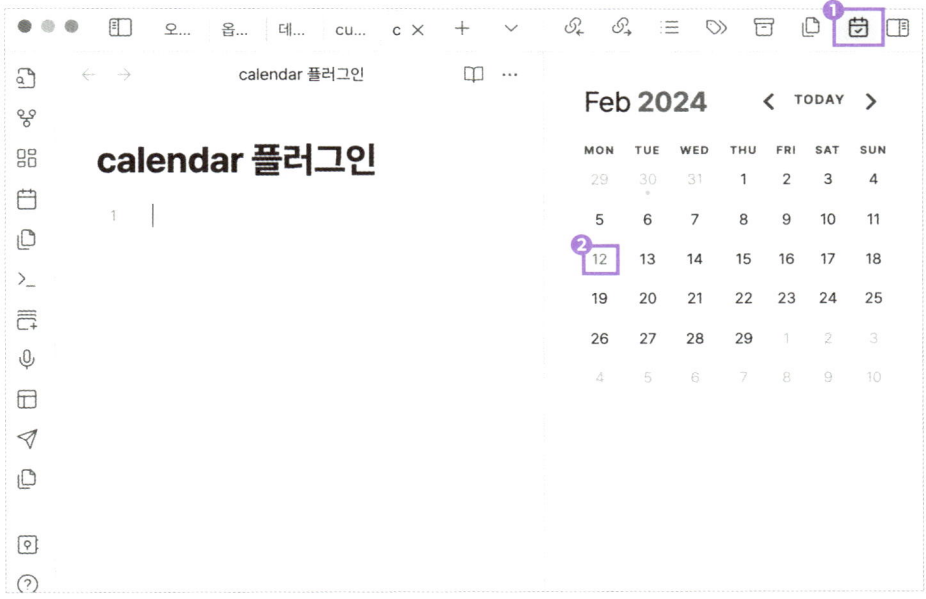

그림 3-32 캘린더 플러그인 설치 화면

캘린더를 설치하면 오른쪽 사이드바에서 ❶과 같은 달력 아이콘을 볼 수 있습니다. 달력 아이콘을 클릭하면 오른쪽 화면처럼 날짜가 표시된 달력이 나옵니다. 그리고 ❷에서 특정 날짜를 클릭하면 해당 날짜의 일간 노트가 열립니다. 아직 일간 노트가 생성되지 않았다면 노트를 생성할 것인지 묻는 메시지 창이 뜹니다.

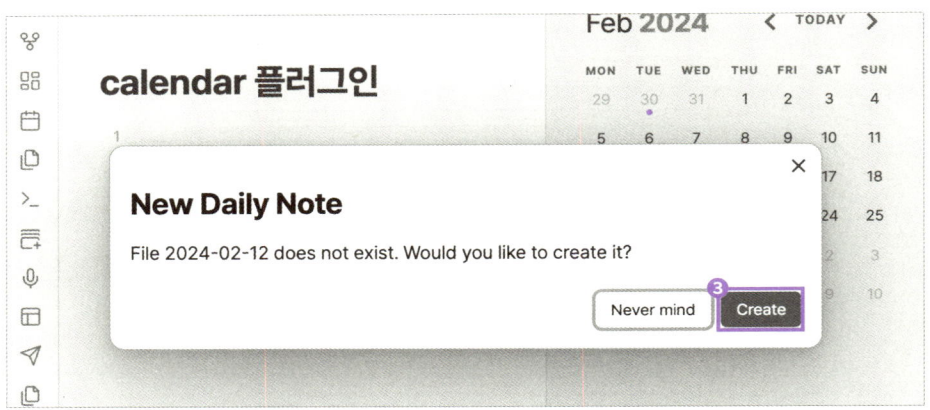

그림 3-33 **일간 노트 생성 화면**

❸ [Create] 버튼을 누르면 해당 날짜의 일간 노트가 생성됩니다. 만약 일간 노트 템플릿을 설정해놨다면, 템플릿 양식이 채워진 일간 노트가 생성될 것입니다. 위의 화면에는 아무 내용도 없지만, 일간 노트를 채워가면 우측 아래에 있는 백링크, 단어, 캐릭터 왼쪽에 '0'으로 표기되어 있는 숫자가 변경될 것입니다.

날짜 밑에 뜨는 점은 해당하는 날의 일일 노트에 얼마나 많은 단어가 적혀 있는지 알려줍니다. 사용자가 지정해둔 단어 수를 채울 때마다 동그라미가 한 개씩 추가됩니다. 해당 플러그인의 설정에서 단어 수를 설정할 수 있습니다.

Calender는 옵시디언 사용자가 자신의 시간과 일정을 효과적으로 관리하도록 도와주는 도구입니다. 직관적인 달력 인터페이스와 일간 노트 생성 기능을 통해 사용자는 생산성을 향상시키고 조직화된 방식으로 일과를 계획할 수 있습니다.

추천 플러그인 3. Custom Frames

다음으로 Custom Frames 플러그인을 살펴보겠습니다. 이 플러그인은 외부 사이트를 옵시디언 안에서 바로 이용할 수 있게 임베드하는 기능을 갖고 있습니다. 이 플러그인의 가장 큰 장점은 우리가 자주 사용하는 검색 사이트, 챗GPT, 어학 사전, 논문 검색 사이트 등을 화면 전환 없이 옵시디언 프로그램 안에서, 빠르고 능률적으로 이용할 수 있다는 것입니다.

커스텀 프레임 플러그인을 통해 구글 검색창을 추가해보겠습니다. 먼저 앞서 다른 플러그인과 마찬가지로 커뮤니티 플러그인에서 'Custom Frames'를 찾아 설치 및 활성화를 진행합니다.

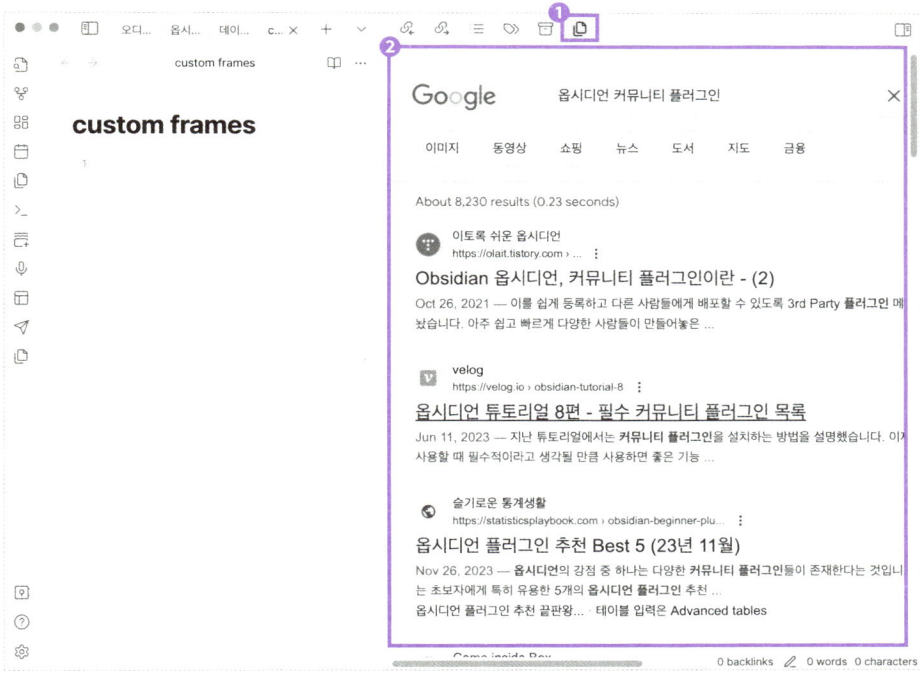

그림 3-34 구글 검색창을 추가했을 때의 Custom Frames 화면

❶처럼 Custom Frames 아이콘을 오른쪽 사이드바에 추가해 놓을 수 있습니다. ❷ 부분이 Custom Frames 플러그인으로 구글 검색화면을 띄운 화면입니다. 구글 사이트를 추가해서 '옵시디언 커뮤니티 플러그인'을 검색했더니 구글에서 검색했을 때의 모습이 그대로 옵시디언에 나타나는 것을 확인할 수 있습니다. 이외에도 구글 캘린더, 검색 포털, 챗GPT 같은 보조 사이트를 띄워놓고 노트 작성에 도움을 받을 수 있있습니다. 저는 챗GPT와 메모 프로그램인 구글 킵Google Keep을 추가해서 이용하고 있습니다.

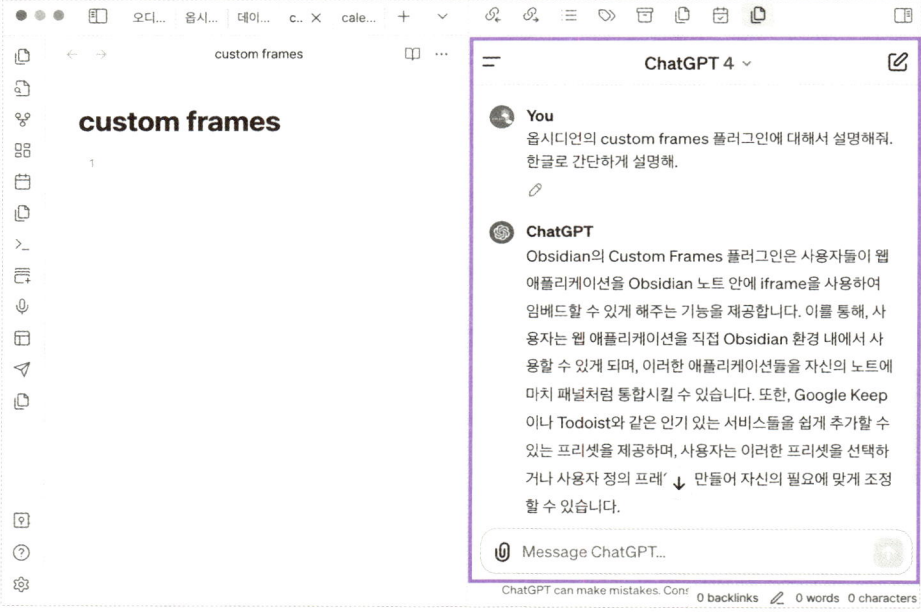

그림 3-35 **챗GPT를 추가했을 때의 Custom Frames 화면**

생산성 분야에서 최근 주목 받는 거대 언어 모델 대화형 인공지능 서비스인 챗GPT도 이렇게 Custom Frames 플러그인으로 띄워놓고 사용할 수 있습니다. 이제는 필수라고 볼 수 있는 정보 확인 및 지식관리 서비스들을 이렇게 하나씩 띄워놓고, 업무에 도움되는 방식으로 진행할 수 있는 것입니다. 챗GPT 이외에도 구글 바드(제미나이), Claude.ai 등의 서비스들이 있습니다. 이 프로그램을 사용하시려면 6장에서 소개하는 Smart Connection 플러그인을 설치하면 됩니다.

추천 플러그인 4. Readwise

다음으로 Readwise 플러그인을 살펴보겠습니다. 이 플러그인은 옵시디언과 Readwise 사이트를 연결해 주는 것으로, Readwise 홈페이지에서 하이라이트한 인터넷 기사나 PDF 파일을 가져올 수 있는 프로그램입니다. Readwise 서비스는 구독 비용을 지불해야 하지만, 다양한 소스에서 수집한 하이라이트와 메모를 통합하는 데 좋습니다. 해당 플러그인이 꾸준히 업데이트되고 있으며 무엇보다 나의 번거롭고 귀찮은 일을 덜어준다는 점에서 설치할 만합니다.

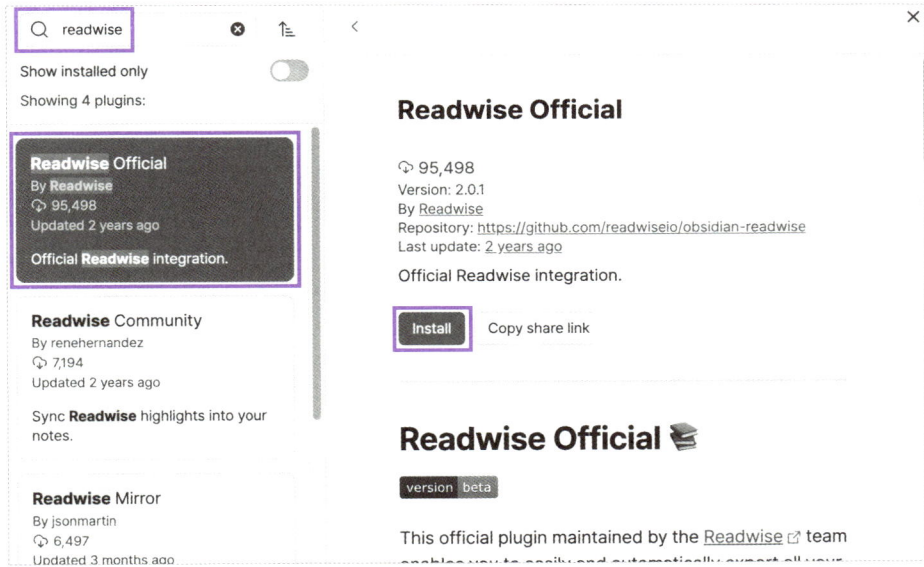

그림 3-36 **Readwise**를 검색했을 때의 화면

만약 Readwise 서비스를 사용해 본 적이 없으시다면, 플러그인을 설치하기 이전에 Readwise.io 사이트에서 가입 절차를 완료해야 합니다. 준비가 완료됐다면 옵시디언의 커뮤니티 플러그인에서 'Readwise Official'을 검색해서 플러그인을 설치합니다. 플러그인을 설치하고 난 뒤 커뮤니티 플러그인에서 Readwise 옵션에 들어가면, Readwise 계정을 연결할 수 있습니다.

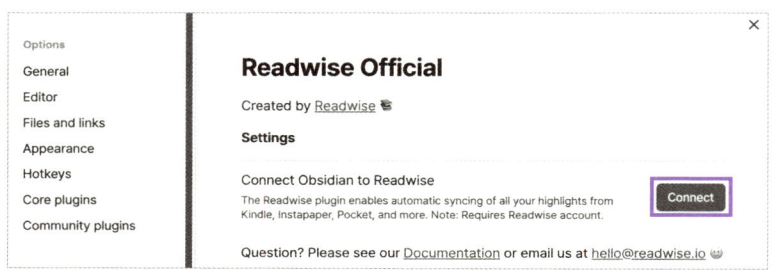

그림 3-37 Readwise 설정 화면

'Connect to Obsidian to Readwise' 옆의 [Connect] 버튼을 누르면 누르면 브라우저로 연결되고 로그인되어 있는 Readwise 계정과 옵시디언이 연결됩니다. 그리고 동기화 설정을 사용자의 취향에 맞게 설정할 수 있으니 활용하시면 됩니다.

[그림 3-37]은 온라인 기사를 하이라이트, 메모한 것이 옵시디언에 동기화된 Readwise 노트입니다. 기본 설정으로 진행하면 소스 문서의 제목과 메타 데이터를 ❶과 같이 끌어옵니다. 작성자, url 정보까지 끌어오는 걸 보실 수 있습니다. ❷는 기사에서 하이라이트한 부분입니다.

❸은 ❷의 하이라이트에 대해서 직접 메모한 부분을 보여줍니다. 'Note:' 이후 부분이 내가 적은 메모입니다. 하이라이트한 뒤에 그에 대한 요약이나 나의 생각을 적어놓는 게 이후에 다시 하이라이트를 볼 때도 도움이 됩니다. 하이라이트와 그에 대한 메모가 모두 나오는데, 메모가 없는 경우엔 하이라이트만 나옵니다. 하이라이트와 메모는 Readwise 사이트 상에서 한 것으로, Readwise에서 웹문서(기사)를 수집

하고 나서 원하는 부분을 선택하면 하이라이트 혹은 메모하는 메뉴가 뜹니다.

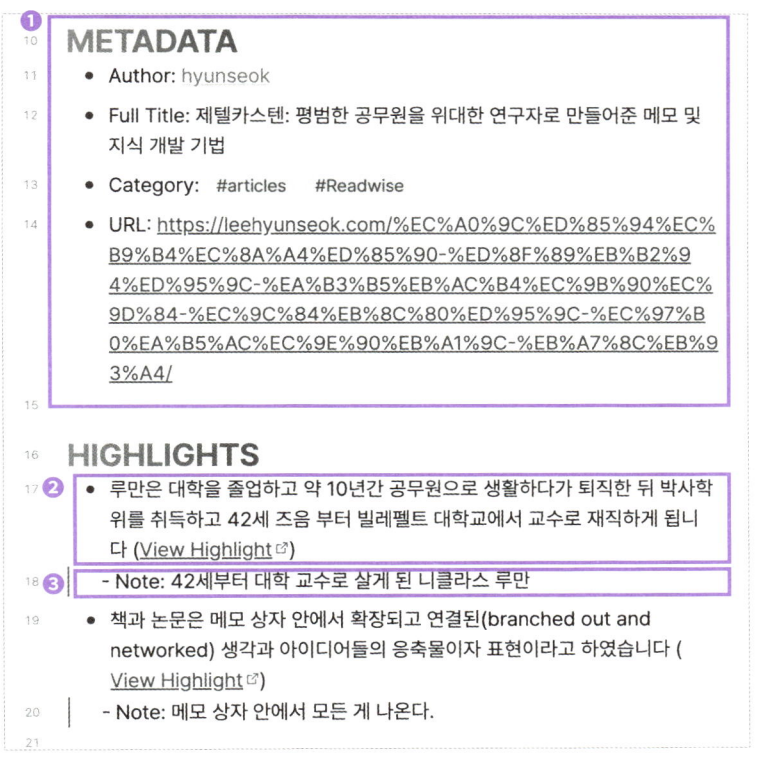

그림 3-38 옵시디언과 동기화된 Readwise 노트 화면

다만 말씀드렸듯이 Readwise는 유료 서비스입니다. 기능을 숙지하지 못했는데 결제해서 사용하기가 부담된다면 이 플러그인의 대체재인 Omnivore를 추천합니다. Omnivore도 Readwise와 유사한 하이라이트 및 메모 플러그인이고, 동일하게 옵시디언 통합 동기화를 지원합니다. Omnivore 홈페이지인 Omnivore.app에 접속해 가입한 뒤 옵시디언에 Omnivore를 설치하고 동일하게 계정을 연결하면 동기화되어 하이라이트한 부분을 옵시디언에서 확인할 수 있습니다. Omnivore의 장점

은 날짜별로 폴더를 구분해서 노트를 볼 수 있다는 점입니다. 다만 완성도 면에서는 Readwise 플러그인을 따라가지 못한다는 점이 아쉬운 점입니다.

    Readwise는 추천인을 입력하고 가입하면 2개월 동안 무료로 이용할 수 있습니다. 그리고 이후에 추천인을 한 명씩 모을 때마다 추가로 30일씩 이용할 수 있습니다. 추천인을 모으면서 지속적으로 이용할 수 있는 플러그인이고 메모에 필요한 기능들은 Readwise가 더 많으니, 개인의 상황에 맞게 선택해서 사용하시면 됩니다.

    아래의 QR 코드를 스캔하면 제가 Readwise 사용법을 영상으로 만들어 올려놓은 유튜브 계정으로 연결됩니다. 살펴보시고 따라하면서 사용법을 숙지하시고 궁금한 점이 있으면 댓글을 달아주시기 바랍니다.

그림 3-39 **Readwise 사용법 살펴보기**

옵시디언 그래프 뷰

🔹 그래프 뷰 Graph View

그래프 뷰는 다른 노트 프로그램과 구분되는 옵시디언만의 핵심적인 기능입니다. 사용자가 생성한 모든 노트와 그 사이의 연결을 별자리처럼 표현하여 각 노트를 점으로, 노트들 간의 링크를 선으로 나타냅니다. 이를 통해 복잡한 정보의 네트워크를 한눈에 파악하고 지식의 구조를 명확하게 이해할 수 있습니다.

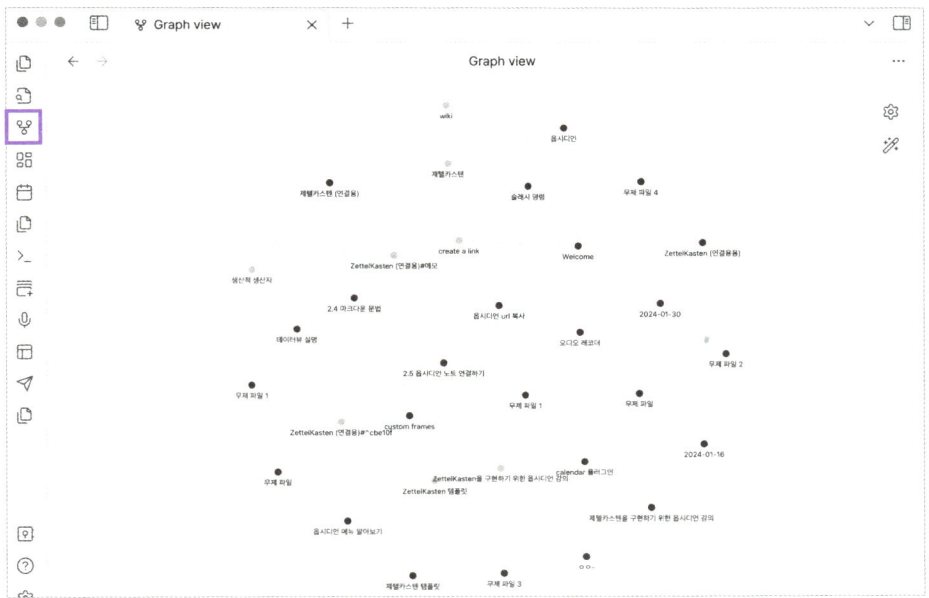

그림 3-40 **그래프 뷰**

그래프 뷰는 사용자가 지식의 캔버스 위에서 노트들을 연결하는 과정을 직관적으로 보여줍니다. 노트 간 관계를 마치 그림을 보듯이 쉽게 이해할 수 있어 연결된 노트들과 개념들 사이의 관계를 명확히 파악하는 데 큰 도움이 됩니다. 새로운 노트를 추가할 때 기존 지식 네트워크와의 연결 가능성을 시각적으로 고민하며, 더 풍부하고 다층적인 이해를 구축할 수 있습니다. 제 옵시디언에서 만든 노트들로 이루어진 그래프 뷰를 통해서 그 사례를 살펴보겠습니다.

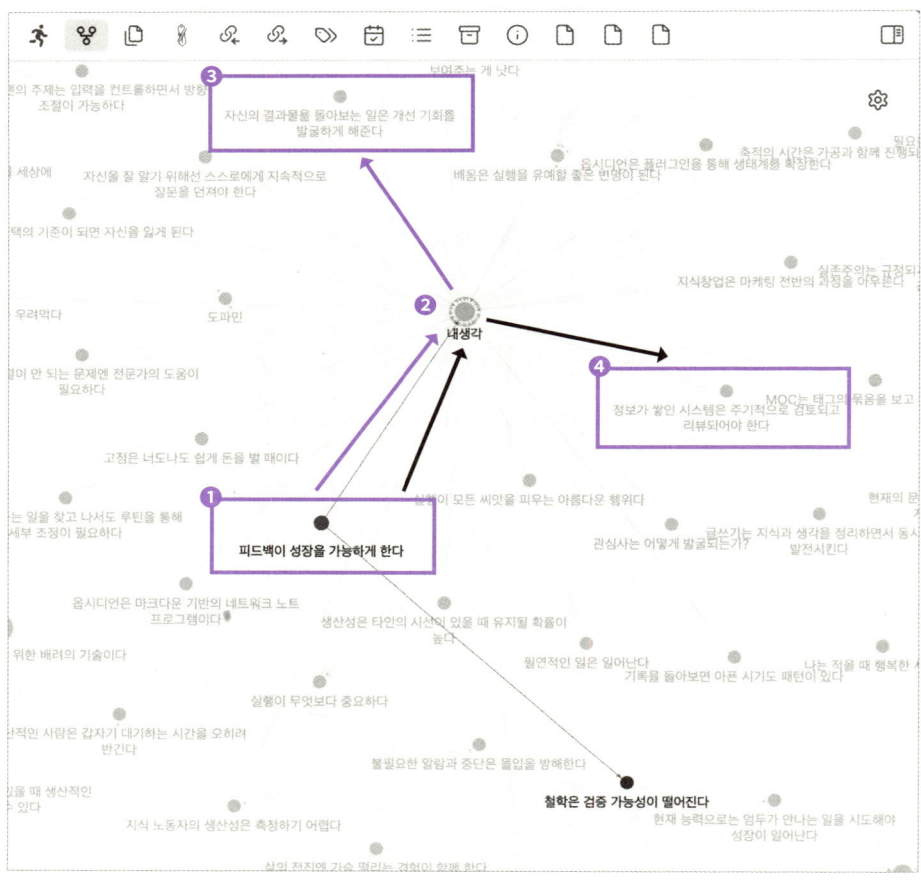

그림 3-41 **그래프 뷰 기능 활용을 통한 추가 연결 발굴 사례**

[그림 3-41]은 그래프 뷰에서 제가 생각지도 못한 노트의 연결을 발견한 사례를 구현한 것을 캡처한 화면입니다. ❶ '피드백이 성장을 가능하게 한다'는 메모의 그래프 뷰를 살펴보면 해당 메모와 직접적으로 연결되지 않았지만, 주위에 놓여 있는 메모들을 볼 수 있습니다. ❷ '내생각'이라는 노트와 2단계로 한 다리 건너서 떨어져 있는 노트들을 살펴보면 직접 연결할 만한 내용들이 눈에 들어옵니다. 그림 상단에서 보라색 화살표로 연결된 ❸ '자신의 결과물을 돌아보는 일은 개선 기회를 발굴하게 해준다' 노트는 '피드백'이라는 키워드로 충분히 연결할 수 있는 노트입니다. 그리고 검은색 화살표를 보시면 ❹ '정보가 쌓인 시스템은 주기적으로 검토되고 리뷰되어야 한다'는 지식관리 시스템에 대한 영구메모가 있습니다. 저는 이 노트 제목 중에서 '주기적으로 검토'와 '리뷰'라는 용어가 ❶ '피드백이 성장을 가능하게 한다'라는 노트 제목 중에 '피드백'과 연결될 수 있다고 생각했고, 이 과정을 통해서 시스템 자체가 발전(성장)할 수 있다는 생각이 들어 연결했습니다.

그래프 뷰는 이렇게 기존에 연결해 놓은 노트끼리의 관계를 보면서 추가적인 연결을 발굴할 수 있게 돕습니다. 더 나아가 새로운 통찰과 아이디어를 발견할 수 있는 창의적 공간을 제공합니다. 그래프 뷰를 보면서 사용자는 자신의 지식 네트워크 내에서 자신도 몰랐던 중요한 패턴이나 구조를 발견할 수 있습니다. 예를 들어 특정 주제에 대한 노트들이 예상보다 더 넓게 분포되어 있다거나 서로 다른 프로젝트 간에 예상치 못한 연결이 있는 경우를 화면에서 확인할 수 있습니다. 이런 발견은 지식의 구조를 재조정하거나 새로운 연결을 만드는 데 영감을 줄 수 있습니다. 이 독특한 시각화 도구를 통해 사용자는 자신만의 지식 지도를 만들어가며, 복잡한 정보와 아이디어를 효과적으로 탐색하고 깊이 있게 연결시킬 수 있습니다. 심심할 때 그래프 뷰를 켜고 지식의 바다에서 유영하며 예상치 못한 연결을 발굴하는 경험을 해보시기 바랍니다.

로컬 그래프 Local Graph

옵시디언의 로컬 그래프는 사용자에게 특정 노트와 그 노트가 직접 연결된 다른 노트들 사이의 관계를 보여줍니다. 로컬 그래프를 여는 방법은 118쪽에 설명되어 있습니다. 간단하게 경로만 말씀드리면, '노트 우측 상단 [⋯] 〉 linked view 〉 로컬 그래프 열기'로 들어가면 됩니다.

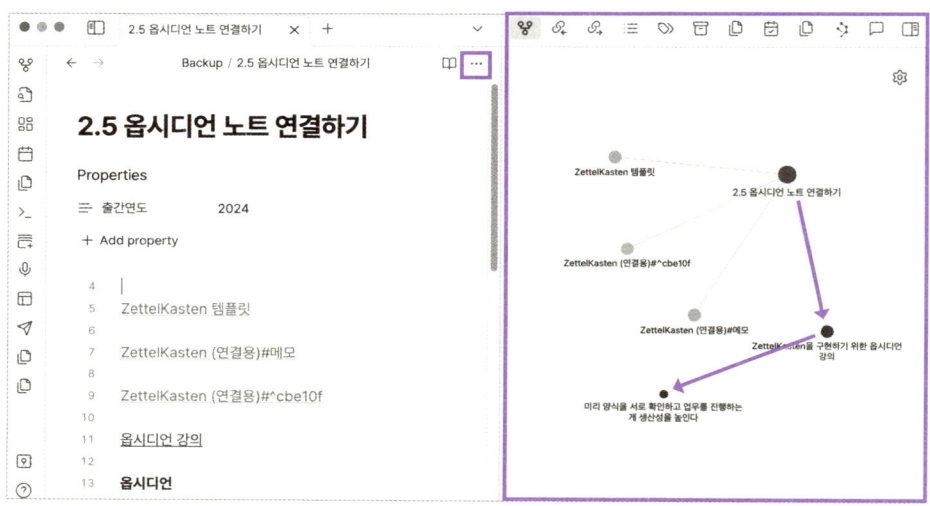

그림 3-42 로컬 그래프 화면

로컬 그래프는 전체 지식 네트워크를 한눈에 보여주는 그래프 뷰와는 달리, 특정 주제나 노트에 초점을 맞추어 더 세밀하고 깊이 있는 탐색을 할 수 있게 해줍니다. 사용자는 선택한 노트와 직접적으로 연결된 노트뿐만 아니라, 그 노트들과 더 먼 거리에 있는 노트와의 연결도 탐색할 수 있게 됩니다.

　로컬 그래프는 마치 웹 서핑을 하듯이, 사용자가 노트 사이를 자유롭게 넘나들 수 있는 경로를 제공합니다. 이를 통해 사용자는 자신이 작업 중인 주제나 아이디어와 관련된 다른 노트들을 쉽게 발견하고 그 관계를 탐색할 수 있습니다. 특히 로컬 그래프에서 '필터' 메뉴의 '깊이depth' 설정을 조정함으로써 사용자는 직접 연결된 노트뿐만 아니라 그 다음 단계의 연결된 노트들까지도 볼 수 있게 되어 자신의 지식 네트워크를 더욱 광범위하게 탐색할 수 있습니다.

최대 5단계를 거쳐 연결된 노트까지 볼 수 있습니다. 예를 들어 [그림 3-42] 오른쪽에 로컬 그래프가 있는데, '2.5 옵시디언 노트 연결하기' 노트와 '미리 양식을 서로 확인하고 업무를 진행하는 게 생산성을 높인다' 노트는 서로 직접적으로 연결되어 있지 않으나 'ZettelKasten을 구현하기 위한 옵시디언 강의' 노트와 '미리 양식을 서로 확인하고 업무를 진행하는 게 생산성을 높인다' 노트가 연결되어 있기 때문에 그래프에 나타나는 것이라고 이해하시면 좋습니다.

이러한 기능은 특히 예상치 못한 연결을 발견하고, 자신의 지식과 아이디어 사이의 숨겨진 연결고리를 찾아내는 데 매우 유효합니다. 사용자는 로컬 그래프를 통해 자신의 지식 구조 안에서 새로운 패턴이나 관계를 발견할 수 있으며, 이는 지식의 깊이와 너비를 모두 확장하는 데 큰 도움이 됩니다. 로컬 그래프를 통한 이러한 탐색은 학습, 연구, 창작 등 다양한 지적 활동의 통합을 유발하고 사용자가 자신이 가진 지식을 새로운 관점에서 바라볼 수 있게 해준다는 점에서 유용합니다.

💎 그래프 뷰를 통한 노트 연결 관계 파악

옵시디언의 그래프 뷰는 제텔카스텐 방식을 디지털 환경에서 실현하는 데 중추적인 역할을 합니다. 이 방식은 지식을 단순한 개별 정보의 집합으로 보지 않고 서로 연결된 생동감 있는 하나의 네트워크로 이해합니다. 그래프 뷰 내에서 각각의 노트는 독립된 지식의 단위로 존재하며 이 노트들 사이에 형성된 연결은 전체 지식 네트워크의 구조를 만들어냅니다.

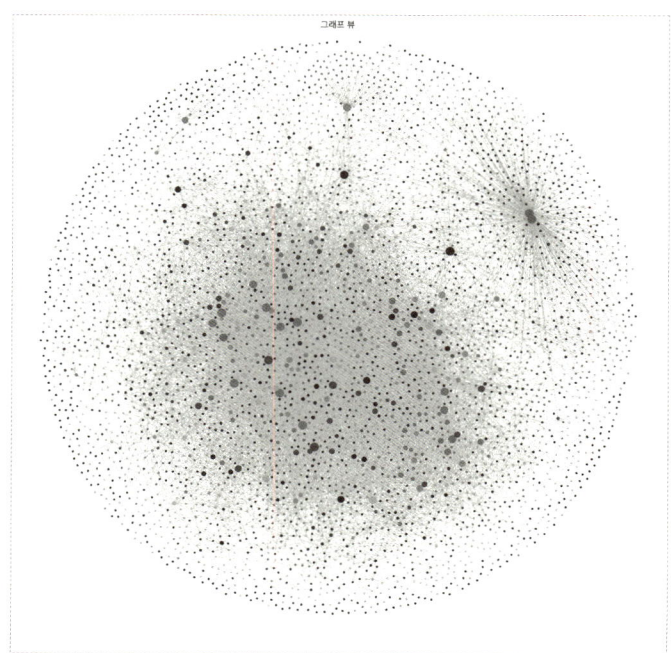

그림 3-43 그래프 뷰로 구현된 노트와 노트끼리 연결된 모습

그래프 뷰를 활용함으로써 사용자는 자신이 작성한 노트들 간의 연결을 직접 볼 수 있습니다. 이는 각각의 지식 조각이 어떻게 서로 상호작용하며, 특정 개념이나 주제가 어떻게 다른 지식과 연결되어 있는지를 명확하게 보여줍니다. 또한 중요한 개념이나 자주 언급되는 주제는 다른 것보다 더 많은 연결선으로 둘러싸여 있는데 이는 해당 개념이나 주제가 지식 네트워크 내에서 중심적인 역할을 수행함을 시각적으로 표현하여 사용자가 복잡한 개념들 사이의 관계를 더욱 쉽게 이해하도록 돕습니다. 사용자는 그래프 뷰를 통해 지식의 구조를 시각적으로 탐색하며, 노트들 간의 연결을 통해 새로운 관점과 아이디어를 발견할 수 있습니다. 이 과정에서 발견된 새로운 연결은 기존의 지식에 새로운 차원을 추가하며, 지식의 확장과 재구성을 가능하게 합니다.

💎 그래프 뷰 활용

옵시디언의 그래프 뷰를 활용해 자신의 지식 베이스 내에서 아직 연결되지 않은 노트를 찾아 새로운 연결을 만들어 갈 수 있습니다. 이를 통해 지식의 격자를 더욱 밀도 높게 구성할 수 있습니다. 자신의 관심사나 연구 주제 주변에 어떤 개념이나 지식이 모여 있는지를 확인하고 새로운 콘텐츠를 생성하거나 기존의 지식을 확장할 수 있습니다. 지식의 간극을 발견하고 새로운 학습 방향을 설정하는 데도 도움을 줍니다. 사용자는 자신만의 지식 네트워크를 지속적으로 발전시키고, 통합적인 지식 관리를 실현할 수 있습니다. 필요에 맞게 그래프 뷰를 설정해보겠습니다.

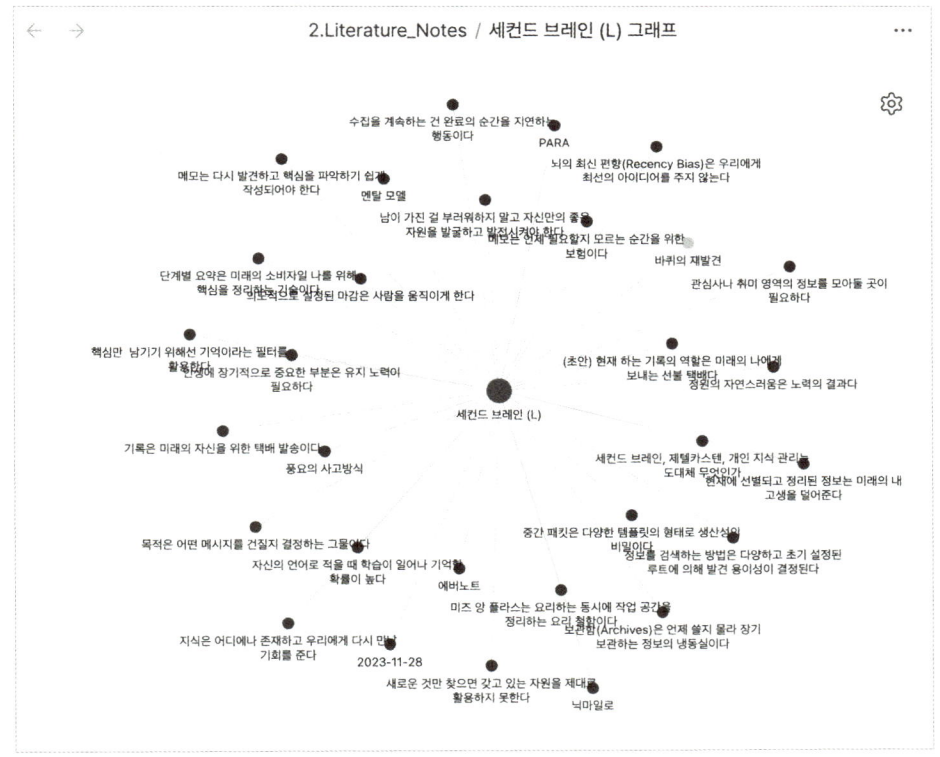

그림 3-44 그래프 뷰를 통해 확인할 수 있는 '세컨드 브레인'

[그림 3-44]는 '세컨드 브레인'이라는 제목의 노트를 중심으로 수많은 노트가 연결되어 있음을 확인할 수 있습니다. 노트들에 사용된 단어들을 살펴보면 주로 기록, 메모, 지식 같은 용어가 자주 반복된다는 점을 알 수 있습니다. 정보를 기록하고 메모하는 과정을 거쳐 그것이 나의 지식이 되고, 세컨드 브레인으로 만들어 나가려는 과정을 통해서 나는 어떤 분야의 지식에 끌리고, 경험한 지식이 어떻게 서로 연결돼 있는지 시각적으로 파악할 수 있습니다.

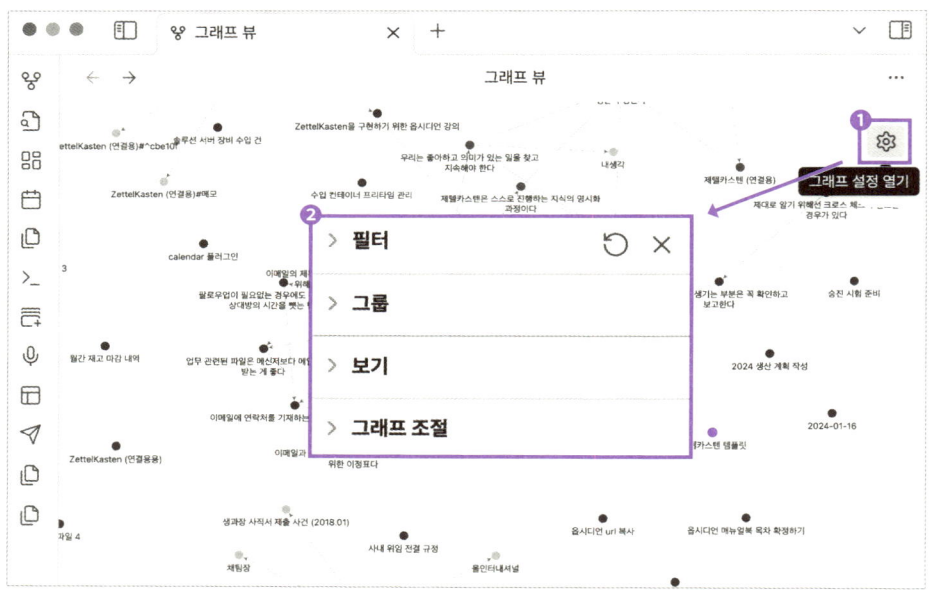

그림 3-45 **그래프 설정 열기**

그래프뷰를 연 상태에서 ❶ 오른쪽 톱니 모양의 '그래프 설정 열기' 아이콘을 누르면 ❷ 설정 메뉴가 뜹니다. 그래프 뷰를 실제로 활용하기 위해선 '필터', '그룹', '보기', '그래프 조절' 기능을 이해해야 합니다. 이 기능들의 특징을 숙지하고 활용한다면 누구나 체계적이면서도 유기적인 나만의 그래프 뷰를 만들어 업무나 학업 등에 활용할 수 있을 것입니다. 하나씩 설명해보겠습니다.

필터

먼저 [그림 3-46]에서 ❶ '그래프 설정 열기' 아이콘을 누르면 나타나는 ❷ 설정 메뉴에서 '필터'를 살펴보겠습니다.

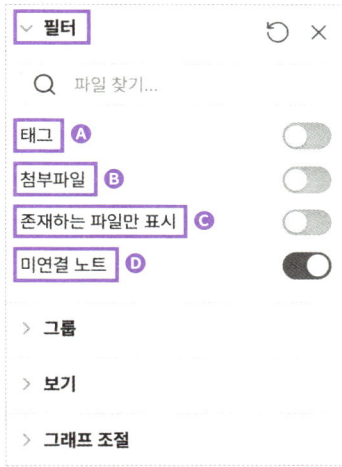

그림 3-46 그래프 설정에 있는 항목들

- Ⓐ **태그:** 노트 작성에서 사용한 태그를 하나의 점으로 표현할 때 사용합니다. 나중에 태그 수가 늘어나면 시각적으로 많은 노트에 연결된 태그의 크기가 커집니다. 태그의 크기를 통해 내가 가진 지식이나 개념 중 어떤 것들이 자주 인용되는지 알 수 있습니다.
- Ⓑ **첨부파일:** 첨부파일을 별도의 점으로 표기할지를 선택할 때 사용합니다. 옵시디언 노트에 첨부파일을 넣으면 별도로 설정된 첨부파일 폴더에 첨부파일이 들어가는데, 이런 첨부파일들을 그래프 뷰에 표기할지를 선택하는 것입니다. 저는 비활성화해두었습니다.
- Ⓒ **존재하는 파일만 표시:** 옵시디언에서 노트를 연결할 때 실제 노트만 표시하게 할 때 사용합니다. 이 기능을 활성화하면 임시로 노트를 연결해도 노트가 없으면 표시되지 않습니다. 저는 임시로 만든 연결도 볼 수 있도록 비활성화해두었습니다.

ⓓ **미연결 노트:** 나가는 링크(아웃고잉)도 없고 들어오는 링크(백링크)도 없는 노트를 표시할지 여부를 선택할 때 사용합니다. 노트를 만들다보면 다른 어떤 노트와도 연결하지 않고 완성하는 경우가 있는데, 이렇게 독립적으로 존재하는 노트는 나중에 다시 찾지 않을 가능성도 높습니다. 미연결 노트를 보면서 추가 연결을 생각해 볼 수 있어서 미연결 노트 항목은 다른 항목과 달리 초기부터 활성화되어 있습니다.

그룹

다음으로 '그룹'을 살펴보겠습니다.

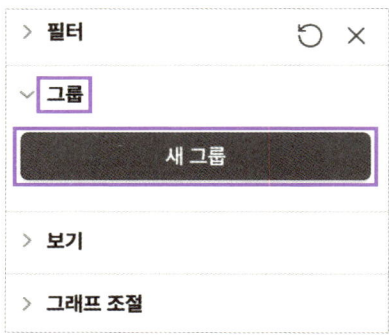

그림 3-47 **그룹 설정하기**

그룹 기능은 사용자가 지식 네트워크 내의 노트들을 태그, 폴더, 노트의 종류, 또는 사용자 정의 메타데이터 등 다양한 기준에 따라 분류하고 그룹화할 수 있게 해줍니다. 그룹화된 노트들은 그래프 뷰 상에서 서로 다른 색상이나 형태로 표시되어 전체 지식 네트워크를 보다 명확하게 이해하고 관리할 수 있게 돕습니다. 위 화면에서 [새 그룹] 버튼을 누르고 '쿼리 입력' 창에서 그룹화할 기준을 선택한 뒤 색상을 선택할 수 있습니다.

　예를 들어 사용자가 특정 프로젝트에 대한 노트들을 별도의 그룹으로 설정하고 싶다면, 해당 노트들에 공통된 태그를 부여하거나 동일한 폴더에 저장한 후 그래프 뷰의 그룹 설정에서 이 태그나 폴더를 기준으로 새로운 그룹을 생성할 수 있습니다. 이렇게 설정된 그룹은 그래프 상에서 쉽게 식별할 수 있으며, 특정 주제나 프로젝트 관련 노트들 간의 연결과 구조를 한눈에 파악하는 데 유용합니다.

최근 도로의 방향에 따라 색깔을 달리해 표시하는 노면 색깔 유도선이 칠해져 있는 것을 확인할 수 있습니다. 자동차의 주행 방향을 운전자에게 정확하게 알려주기 위해 만들어진 이 유도선은 초보운전자나 초행길 운전자가 어디로 가야 할지 몰라 우왕좌왕하다가 사고가 나는 일이 다반사인 교차로나 나들목에 그려졌는데, 사고 예방에 굉장히 큰 역할을 했다고 합니다. '그룹' 기능을 사용하면 색상을 통해 어떻게 많은 정보가 빠르게 인지되는지 보기 위해, 다음 그림을 보겠습니다.

그림 3-48 제텔카스텐 그룹 설정을 통해 색상별로 구분되는 노트

위 화면은 '제텔카스텐' 그룹 설정을 통해 관련된 노트를 그룹 색상으로 표현해준 그래프 뷰입니다. 이렇게 주제와 관련된 노트를 시각적으로 표현할 수 있는 것이 그래프 뷰의 '그룹' 기능입니다.

보기

다음은 '보기'의 화면을 살펴보겠습니다.

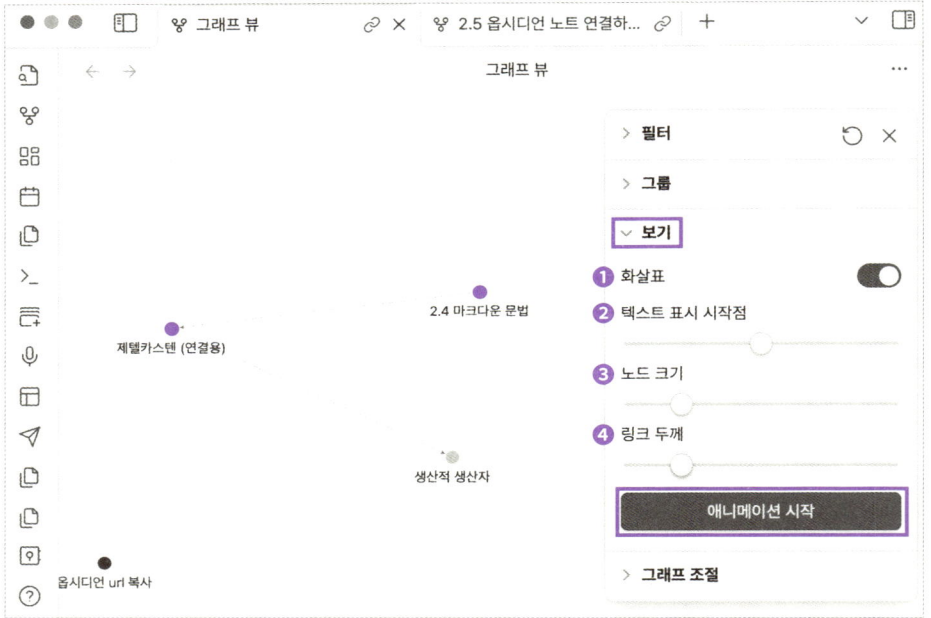

그림 3-49 그래프 뷰 설정에서 '보기'를 눌렀을 때의 화면

- ❶ **화살표:** 그래프 뷰가 표현되는 화면에서 링크의 관계 방향을 나타낼 때 사용합니다. 비활성화하면 노트의 링크 방향성이 나타나지 않고 선으로만 표현되는데 저는 연결의 방향성을 표기하는 것이 지식의 이동 과정을 파악하는 데 도움이 되어서 활성화시켰습니다.
- ❷ **텍스트 표시 시작점:** 많은 노트가 한번에 표현되는 그래프 뷰에서 그래프 뷰를 어느 정도로

확대했을 때 노트 제목을 나타나게 할지를 설정하게 해줍니다. 바를 오른쪽으로 움직일수록 그래프 뷰를 많이 확대해야 노트 제목이 나타나고, 바를 왼쪽으로 움직일수록 그래프 뷰가 더 작게 축소된 상태에서도 노트 제목이 보입니다. 처음부터 노트 제목이 나오면 시각적 관계를 파악하기 어려울 수 있으니 자신의 필요에 맞는 적정 수준을 선택하시면 됩니다.

❸ **노드 크기:** 노드는 그래프 뷰에서 노트를 나타내는 동그란 점을 의미합니다. 이 메뉴에서는 화면에서 노드의 크기를 조절할 수 있습니다. 바를 오른쪽으로 움직일수록 노드 크기가 커지고 바를 왼쪽으로 움직일수록 작아집니다. 노드의 크기가 크면 좀 더 직관적으로 노트의 위치를 알아볼 수 있으나 연결을 의미하는 선의 길이가 노드에 비해 너무 가늘면 옵시디언의 핵심인 연결성이 제대로 드러나지 않을 수 있으니, 적절한 크기를 찾아 사용하는 것을 추천합니다.

❹ **링크 두께:** 노트 간 연결 관계를 나타내는 선의 두께를 설정하게 해줍니다. 바를 오른쪽으로 움직일수록 선이 굵어지고 바를 왼쪽으로 움직일수록 얇아집니다. 앞에서 말씀드렸다시피 노드 크기와 연계해서 두께를 조절하는 것이 좋으니 이 점을 유념해서 바를 움직이는 것을 추천드립니다.

그리고 [애니메이션 시작] 버튼을 누르면 처음 만든 노트부터 어떤 과정을 거쳐서 현재 노트가 되었는지 보여줍니다. 노드가 하나씩 생기면서 연결관계에 따라 연결된 노드가 생성되고 유기적으로 움직이는 모습을 보실 수 있습니다. 옵시디언을 사용하면서 노트를 많이 만들 수 있는 원동력이기도 합니다. 노트가 늘어가는 모습을 시각적인 애니메이션으로 파악할 수 있으며, 나의 사고가 어떻게 확장되고 또 어떻게 연결되었는지를 파악할 수 있어 보람을 느낄 수 있습니다. 나의 지식과 사고가 점점 발전해 나가며 나도 몰랐던 개념을 습득하고 창의성을 키울 수 있다는 점이 옵시디언의 매력인데 이 기능이 그 점을 매우 정확하고 직관적으로 표현해줍니다.

그래프 조절

마지막으로 '그래프 조절'을 보겠습니다.

그림 3-50 그래프 뷰 설정에서 '그래프 조절'을 눌렀을 때의 화면

'그래프 조절'은 사용자가 자신의 지식 네트워크를 시각화하는 방식을 세밀하게 조정하게 해줍니다. 이 기능은 그래프의 시각적 표현과 동작 방식을 사용자의 필요에 따라 조정할 수 있도록 다양한 옵션을 제공합니다. 위 화면에 있는 옵션들을 살펴보도록 하겠습니다.

❶ **그래프 중력:** 노트들이 그래프 중심으로 얼마나 강하게 끌려가는지를 조정하는 설정입니다. 바를 오른쪽으로 움직이면 노트들이 그래프의 중앙으로 당겨지며 왼쪽으로 움직이면 노트들이 자유롭게 분산되어 표시됩니다. 이 설정은 전체적인 그래프의 밀도와 노트들 사이의 공간을 조절하는 데 유용하며, 노트들의 집중도와 분산도를 사용자가 원하는 대로 조절할 수 있게 해줍니다.

❷ **반발력:** 노트들 사이에 작용하는 상호 반발력의 강도를 조정합니다. 바를 오른쪽으로 움직이면 노트들은 서로 더 멀리 떨어져서 표시되며 왼쪽으로 움직이면 노트들이 서로 더 가까이 위치합니다. 반발력을 조절함으로써 노트들 사이의 간격을 조정하고 그래프의 전반적인 가독성을 개선할 수 있습니다.

❸ **링크 인력:** 노트들을 서로 연결하는 링크(연결선)의 인력 강도를 조정합니다. 바를 오른쪽으로 움직이면 연결된 노트들이 서로 더 가까워지며 바를 왼쪽으로 움직이면 더 멀리 떨어집니다. 이 설정은 노트 간의 연결성을 시각적으로 강조하거나, 너무 밀집된 구역을 펼치는 데 사용할 수 있습니다. 링크 인력을 조절하여, 연결된 노트들의 관계를 더 명확하게 표현할 수 있습니다.

❹ **링크 거리:** 노트들을 연결하는 링크의 기본 길이를 결정합니다. 이 값이 길수록 연결된 노트들 사이의 거리가 기본적으로 더 멀어집니다. 링크 거리를 조절함으로써, 그래프 내에서 노트들의 배치와 전반적인 구조의 밀도를 조절할 수 있습니다. 이는 특히 노트들 간의 관계를 더 명확히 시각화하고자 할 때 유용합니다.

이러한 그래프 조절 옵션들을 통해, 사용자는 자신의 지식 네트워크를 보다 시각적 효과를 높이고 옵시디언 내에서 지식의 구조와 연결성을 직관적으로 탐색할 수 있는 환경을 맞춤 설정할 수 있습니다. 처음 옵시디언을 접하는 사람들도 이 기능들을 활용하여 자신만의 지식 지도를 보다 명확하고 개인화된 방식으로 표현할 수 있을 것입니다.

4장

옵시디언으로 개인지식관리하기

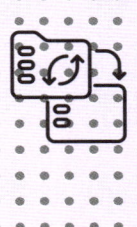       

제텔카스텐 메모별 실전 노하우

현대 디지털 사회에서는 방대한 정보가 생성되고 유통되고 있어 개인지식관리의 필요성이 더 중요합니다. 이제 본격적으로 개인지식관리를 위한 제텔카스텐을 옵시디언 안에서 실행하는 방법을 알아보겠습니다. 하나씩 천천히 따라해보시면, 정보의 바다에서 중요한 부분만 걸러내 저장하고 활용해 지속 가능한 지식관리 체계를 구축해 할 수 있을 것입니다.

1장에서 설명드린 것처럼 제텔카스텐은 수집 → 가공 → 출력 순서로 메모를 만들고 활용합니다. 수집에 활용할 수 있는 것이 임시메모와 문헌메모입니다.

💎 내 생각과 아이디어를 임시메모로 만들기

임시메모는 일상에서 떠오르는 생각, 그리고 불현듯 떠오르는 아이디어를 적는 것입니다. 이전에 봤던 책이나 영화 등을 보고 한 생각도 포함될 수 있습니다. 임시메모는 '나의' 생각이라는 것이 중요한데, 바로 이 점이 다른 사람이 만든 글이나 자료를 소스로 하는 문헌메모와의 주요한 차이점입니다.

임시메모는 수집함Inbox의 역할도 하는데, 엄밀하게 수집함과 임시메모를 구분하고 싶은 분들은 수집함과 임시메모 폴더를 구분해서 사용하시면 됩니다.

우리가 사용하는 옵시디언 프로그램의 모든 노트는 지식관리를 하기 위해서 작성합니다. 그리고 제텔카스텐의 시스템에 따라 연결을 의식적으로 만들어나가는 것이 핵심입니다. 임시메모는 제텔카스텐의 목적지인 영구메모는 아니지만, 나의 생각 중에서 영구메모로 발전할 가능성이 있는 메모입니다. 영구메모가 되면 완결성을 가진 메모가 됩니다.

    21쪽에서 [그림 1-4]의 QR 코드를 스캔해 이메일 주소를 적으시면 템플릿 샘플 4가지가 발송된다고 말씀드렸습니다. 여기에서는 그중 영구메모 템플릿을 불러와 작성한 임시메모 예시를 살펴보겠습니다. 편의상 속성 부분과 본문 부분으로 나누어 설명드리겠습니다.

임시메모 프로퍼티 부분

어느날 문득 제텔카스텐으로 평생 나의 지식 체계를 지속할 수 있을 것 같다는 생각이 들었고, 이 생각을 임시메모로 작성하는 상황을 생각해보겠습니다. 우선 노트를 생성해 [그림 4-1]의 화면처럼 노트를 생성하고 제목 부분에 떠오른 생각을 적습니다. 생각을 정리해 문장으로 제목을 적어봅니다.

그림 4-1 임시메모 작성 예시 1-속성 부분

❶ **카테고리**category: 메모 종류를 기재하는 부분입니다. 현재 단계는 임시메모지만 향후 영구

메모가 될 수 있는 후보이기 때문에 처음부터 '영구'라고 적어두었습니다. 메모의 내용에 따라 종류는 바뀔 수 있기 때문에 엄밀하게 구분하지 않습니다.

❷ **날짜**date: 날짜를 입력하는 부분입니다. 입력 창의 캘린더 모양을 클릭하면 달력에서 선택할 수 있습니다. 숫자로 날짜를 입력해도 됩니다. 임시메모가 나중에 영구메모가 됐을 때 나의 생각이 발전해 나가는 과정을 한눈에 파악할 수 있으니 기재하는 것을 추천합니다.

❸ **태그**tags: 태그를 입력하는 부분입니다. 자신이 나중에 이 노트를 어떤 맥락에서 찾을지 미리 생각해서 설정하면 됩니다. 초반에는 너무 많은 태그를 사용하기보다는 자신만의 태그 리스트를 정해두고 그 안에서 선택하는 게 좋습니다. 태그 리스트는 드롭 다운을 지원하기 때문에 리스트에 나오는 태그를 선택하는 것도 무분별한 태그 사용을 막을 수 있는 하나의 방법입니다.

❹ **출처**: 이 아이디어를 어디서 얻었는지 적는 부분입니다. 임시메모는 대부분 자신만의 생각에서 나타나는 경우가 많으니 '생각'으로 적어도 되고, 유튜브에서 보거나 독서를 하며 떠오른 아이디어라면 '유튜브'나 '독서'라고 적으면 됩니다.

잠깐 제목 이야기를 해보겠습니다. 제목은 단어형 제목과 문장형 제목으로 나뉘는데 문장형 제목은 단어형 제목에 비해 길다는 단점이 있긴 하지만, 내용을 직관적으로 요약해줘 노트를 연결할 때 내용을 빠르게 파악할 수 있습니다. 저의 경우 영구메모는 모두 문장형으로 제목을 짓습니다. 글쓰기를 지향하기 때문에 문장형으로 적는 것입니다.

153쪽 [그림 3-44]를 살펴보시면 노트의 제목이 대부분 문장형 제목이라는 것을 확인하실 수 있을 것입니다. 옵시디언에 익숙해지고 새 노트를 추가하면서 기존 노트를 계속 들여다보는 과정을 반복하다 보면 노트의 제목만 보고도 내용을 파악할 수 있을 것입니다. 이때 제목은 노트의 핵심을 나타내는 제목으로 작성해야 연결에 도움이 됩니다.

임시메모 본문 부분

노트 본문으로 넘어가면 영구메모의 소스가 되는 임시메모를 만드는 과정을 진행합니다. 노트 제목을 적고, 이어지는 나의 생각을 적습니다. 영구메모가 되려면 해당 메모를 살짝 훑어보는 것만으로도 내용을 이해할 수 있도록 상세하게 적어야 합니다. 지금부터는 제가 만들었던 임시메모를 예시로 설명드리겠습니다.

> 제텔카스텐은 평생 지속할 수 있는 나의 지식 체계다
>
> ❶ **날짜 : 2024-02-20 20:23**
>
> ❷ **태그 :** #제텔카스텐 #메모
>
> ❸ **메모**
>> 제텔카스텐은 평생 지속할 수 있는 지식 체계다. 연결하는 메모법을 통해서 기존의 지식과 새롭게 입력되는 지식의 관계와 비교를 통해 나만의 온전한 지식체계를 구축할 수 있다. 연결하면 기존 지식의 인출 가능성도 올라가고 기억에서 잊어버리지 않을 확률이 올라간다.
>
> ❹ **원문 (인용)**
>> 원문이 있다면 적어놓기 (책이라면 페이지와 인용하는 부분)
>
> ❺ **생각 (질문)**
>> - 평생 지속할 수 있다는 증거는 어디에 있는가?
>>   - 니클라스 루만 교수가 실제로 행하고 결과물을 얻은 메모법
>> - 연결하는 메모법이라면 최대한 많은 연결을 만드는 게 좋은가?
>>   - 합리적인 선에서 연결이 납득될 땐 되도록 많이 만드는 게 중요
>
> ❻ **출처 (인물)**
>> - 생산적 생산자
>
> ❼ **연결 (이유)**
>> - 첫 메모라서 없음

그림 4-2 임시메모 작성 예시 2-노트 본문 부분

❶ **날짜:** 메모를 남긴 시점은 훗날 내가 언제 이런 생각을 하고 이런 콘텐츠를 접했는지를 추적할 수 있다는 점에서, 나의 생각과 지식의 발전에 중요한 보조 자료로 활용됩니다. 그렇기 때문에 템플릿에서 자동으로 삽입되게 설정했습니다.

❷ **태그:** 프로퍼티 부분에 넣은 것과 같은 태그를 넣습니다. 태그는 프로퍼티와 본문에서 관리하는데 두 군데에서 동시에 관리하는 이유는 프로퍼티의 태그는 Dataview로 활용할 수 있고, 노트 본문의 태그는 검색하는 데 활용할 수 있기 때문입니다. 필요에 따라서 한 부분에서만 부분에만 태그를 입력해도 되며, 입력한 태그는 언제든지 수정할 수 있습니다.

❸ **메모:** 노트의 핵심입니다. 템플릿의 다른 부분들은 이 '메모' 부분을 뒷받침하기 위해서 존재한다고 해도 과언이 아닐 정도로 중요한 부분입니다. 나중에 영구메모라고 부를 때 본 메모가 되는 부분입니다. 그러므로 자신의 언어로 나중에 활용할 수 있는 형태로 적어놔야 합니다. 예를 들어 글쓰기에 활용한다면 최종 글의 원고에 들어갈 형태로 적어두는 것이 좋습니다. 노트 제목이 주제문이고 주제문에 해당하는 하나의 문단을 적는다고 생각하면 됩니다. 하나의 문단에는 하나의 주제만 있어야 하고, 다른 주제가 섞여 있으면 안 됩니다. 이것을 원자성이라고 합니다. 지금 쓰는 내용과 관련이 있지만 다른 주제의 글을 쓰고 싶다면, 새 노트에 써서 연결해두는 것이 좋습니다. 또한 메모는 수정할 수 있기는 하지만, 처음부터 잘 적어두는 것이 메모를 발전시키기에 좋습니다.

❹ **원문(인용):** 출처를 적습니다. 책이나 영화의 한 부분이나 대사 등을 적어놓을 수 있습니다. 아직 이 메모는 임시메모이지만 영구메모가 될 것을 상정하고 영구메모 템플릿을 활용했기 때문에 원문(인용)이 포함되어 있습니다. 가급적이면 이 항목을 충실하게 기재해두는 것이 좋습니다. 임시메모일 때는 생각이 아직 정리되지 않고 다듬어지지 않은 상태라 폐기될 수 있다고 생각하고 원문을 정확히 기재하지 않는 경우도 있습니다. 하지만 빠짐없이, 그리고 꼼꼼히 적어야 영구메모로 발전할 가능성도 높아지고 더 가치 있는 영구메모가 됩니다. 자세히 기재하시길 바랍니다.

❺ **생각(질문):** 이 부분은 제가 추가한 부분입니다. 우리는 글을 보면 다양한 생각이나 아이디어가 떠오릅니다. 임시메모를 영구메모로 만드는 과정에서 사라지는 내용들이 아쉬웠습니다.

그래서 메모 부분에 담지 못한 다른 정보나 생각을 적어두기 위해 이 부분을 만들었습니다. 생각이나 질문을 적어두고 발전시키기도 하고 질문에 대한 답을 달 수도 있습니다.

아직 영구메모가 될 수 있는 수준의 아이디어나 생각은 아니라도 이렇게 여백의 공간에 추가해두면 나중에 영구메모를 방문할 때 '생각' 부분을 따로 임시메모로 만들고 영구메모로 만들 수도 있습니다. 그리고 원래 노트를 연결해둘 수 있습니다. 그동안 제가 옵시디언을 사용하면서 경험했던 것을 돌아보면 처음에는 아무것도 아닌 것들이 나중에 쓸모 있는 중요한 영구메모가 되는 경우가 자주 있었습니다. 사소한 것이라도 놓치지 않고 기록해두면 언젠가 그것이 나에게 큰 도움이 될 수 있는데 그러려면 무엇보다 생각과 아이디어를 대상으로 스스로 묻고 답하는 과정을 거쳐야 합니다. 별것 아닌 생각이라도 지나치지 말고 기록하는 습관을 들이는 것을 추천합니다.

❻ **출처(인물):** 생각이나 아이디어의 출처를 기재해두는 곳입니다. 주로 책이나 영화, 인물 이름이나 유튜브 영상 제목이 들어갑니다. 출처는 내용을 담을 수 있는 개념이나 인물이라면 노트로 만들어서 연결해둘 수 있습니다. 그리고 아직 생성되지 않았더라도 위의 화면처럼 임시로 '생산적 생산자'라는 이름의 노트를 만들어둘 수도 있습니다.

❼ **연결(이유):** 제텔카스텐 메모에 꼭 들어가야 하는 부분으로, 현재 시점에서는 만든 메모가 하나도 없으니 위의 화면처럼 적어두면 됩니다. 메모가 쌓이고 처음으로 연결되는 메모가 있다면 그때 메모를 연결한 이유를 쓰면 됩니다.

📑 책과 영화, 기사를 문헌메모로 만들기

문헌메모는 다른 이들의 글이나 자료를 보고 기억에 남고 좋은 내용을 메모해 보관하는 것을 의미합니다. 대사, 글귀, 책의 내용, 신문 기사나 논문 내용 등 무엇이든 적을 수 있습니다. 책을 보다가 마음에 드는 부분을 하이라이트하고 하이라이트에 대해서 메모를 기재할 수도 있습니다. 이렇게 내가 아닌 다른 사람이 만든 자료에서 나온 부분이나 메모는 문헌메모로 기록해 관리합니다.

임시메모와 마찬가지로 문헌메모의 최종 목표도 영구메모입니다. 영구메모가 될 수 있는 좋은 내용을 선별해서 임시메모와 동일하게 자신만의 언어로 정리하고 영구메모로 만들 수 있습니다. 문헌메모 제목은 참고한 자료의 제목으로 만드는 것이 좋습니다. 그러면 다른 노트에서 작품을 인용하며 연결할 때 좋습니다. 제가 만든 문헌메모를 예시로 속성 부분과 본문 부분으로 나누어 살펴보겠습니다.

문헌메모 프로퍼티 부분

다음 [그림 4-3]은 《쇼펜하우어 아포리즘》을 읽고 만든 문헌메모입니다.

그림 4-3 책 내용을 문헌메모로 만든 사례 1-속성 부분

❶ **카테고리:** 문헌메모이므로 '문헌'이라고 적었습니다. 현재 구성에선 임시, 문헌, 영구 이렇게 세 개만 사용하면 됩니다.

❷ **날짜:** 책을 다 읽은 날짜, 읽기 시작한 날짜나 노트를 만든 날짜 중 선택해서 넣으면 됩니다. 언제부터 읽기 시작해 언제 다 읽었는지를 확인하려면 항목을 하나 더 만들어서 '읽기 시작한 날', '다 읽은 날' 등으로 정리해 기재해놓으면 됩니다. 저는 읽기 시작한 날을 넣어두었습니다.

❸ **인물_저자:** 저자 이름을 넣습니다. 저자 이름을 노트로 만들어서 연결하고 싶다면 [[저자]]로 생성해도 됩니다. 그리고 번역자 이름(김욱)도 함께 넣었습니다. 이 부분도 꼼꼼하게 기재하면 나중에 저자나 역자에 따라 노트를 분류하고 필터링할 때 좋으니 참고하시기 바랍니다.

❹ **태그:** 적절한 태그를 넣습니다. 이 부분은 비웠다가 나중에 본문을 다 채우고 나서 넣어도 괜찮습니다. 앞에서 말씀드린 것처럼 너무 많은 단어를 넣기보다는 자신의 관심사나 지속적으로 챙겨야 하는 키워드를 넣어서 관리하시기 바랍니다.

❺ **출처:** 책을 읽고 만든 메모라서 '독서'라고 적어주었습니다.

❻ **구분_장소_분류:** 이 부분은 문헌메모를 어디서 봤는지 적기 위해 추가한 프로퍼티입니다. 책이라면 '이북'이나 '종이책'을 넣을 수 있고, 영화라면 '집', '영화관'처럼 영화를 본 장소를 넣거나 '넷플릭스', '디즈니+'처럼 서비스 업체를 넣을 수 있습니다. 내가 콘텐츠를 경험한 장소를 넣어두기 위해서 생성한 프로퍼티입니다.

❼ **페이지:** 메모의 출처가 종이책이라면 종이책의 전체 페이지 숫자를 넣으면 됩니다. 전자책으로 읽었을 때는 전자책을 가동한 기계에 따라 페이지 숫자가 달라지니 종이책 기준으로 페이지를 넣는 것이 좋습니다. 나중에 읽은 책의 페이지 숫자 통계를 낼 때 활용할 수 있습니다.

❽ **시간:** 메모의 출처가 영화나 드라마라면 러닝타임을 넣어둡니다. 가급적이면 분 단위로 넣는 것이 좋습니다. 영화에 비해 드라마는 러닝타임이 길기 때문에 별도의 항목을 만들어 총 몇 편인지 등도 같이 기재해주면 더 좋습니다.

문헌메모 본문 부분

이제 노트 본문 부분을 살펴보겠습니다. 문헌메모는 콘텐츠를 보면서 해놓은 하이라이트에 대한 메모로 구성되기 때문에 이와 관련해 설명을 드리겠습니다.

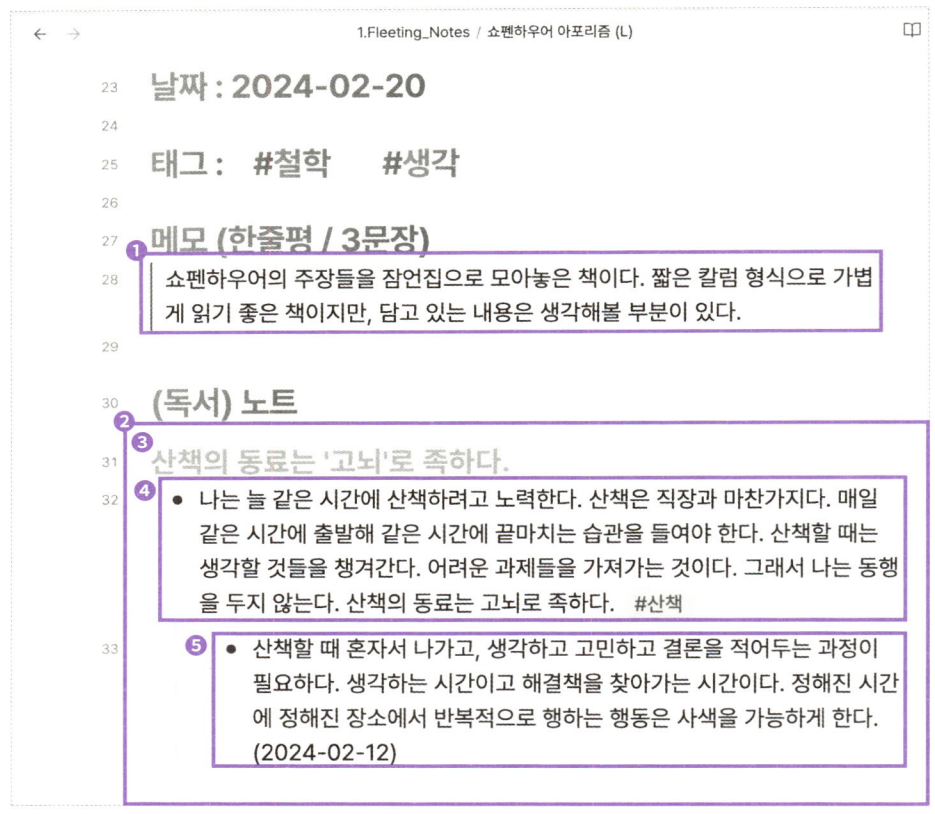

그림 4-4 책 내용을 문헌메모로 만든 사례 2-본문 부분

❶ **메모(한줄평 / 3문장):** 책을 읽은 다음에는 그 책을 한 문장으로 요약해보는 습관이 필요합니다. 책을 읽지 않은 사람에게 이 책을 설명할 수 있는 문장으로 적어둡니다. 나의 감상과 요약이 섞이면 됩니다. 저는 이 책이 어떤 책인지 간략하게 소개하기 위해 '쇼펜하우어의 주장들을

잠언집으로 모아놓은 책이다'라고 적었고, 이 책을 읽고 짧은 글에 담긴 중요한 내용들이 머리에 남았기 때문에 `가볍게 읽기 좋은 책이지만, 담고 있는 내용은 생각해볼 부분이 있다'라고 짧은 평을 적어두었습니다. 나에게 보여준다는 생각으로 나만의 언어로 메모하면 기억에 잘 남을 것입니다. 제가 느낀 점을 특별한 수사 없이 평이하게 기록했는데 나중에 이 한줄평만 보더라도 어떤 책인지 금방 알 수 있습니다.

❷ **(독서) 노트:** 문헌메모의 핵심이라고 할 수 있습니다. 읽은 책과 기사의 목차나 하이라이트한 부분, 그리고 그 하이라이트한 부분에 대한 내 생각을 적어두는 부분입니다.

❸ **책의 소제목:** 책의 구조를 넣는 것이 책의 내용을 파악하는 데 좋습니다. 전자책이라면 목차를 복사해서 헤더로 구분해두는 것도 좋은 방법입니다. 기본적으로 헤더 레벨 3에서 시작하도록 돼 있지만 필요에 따라 헤더 레벨 1부터 시작해서 목차 전체를 넣으면서 목차에 해당하는 부분의 하이라이트와 메모를 채우는 것이 나중에 책의 구조와 내용을 파악하는 데 유리합니다.

❹ **책의 본문(하이라이트):** 책의 내용을 그대로 입력한 부분입니다. 임시메모의 '원문' 부분이라고 할 수 있겠습니다. [그림 4-4]에서는 한 부분만 보이지만, 내가 표시한 하이라이트가 더 있다면 모두 나타납니다. 문헌메모에서는 내가 하이라이트한 부분만 모아서 볼 수 있다는 장점이 있습니다.

❺ **책의 본문(하이라이트)에 대한 메모:** 책의 본문도 중요하지만 그보다 더 중요할 수도 있는 것은 하이라이트에 대한 메모입니다. 하이라이트 부분을 보면서 떠오른 생각, 아이디어, 그리고 추가적인 정보에 대해서 적습니다. 제 경험에 따르면 하이라이트한 부분보다 하이라이트에 대한 메모가 영구메모가 될 때가 많았습니다. 그것은 단순히 책에 있는 내용을 옮겨 적기보다 옮겨 적은 뒤 나의 관점에서 해석해 내 것으로 만들었기 때문이라고 생각합니다. 앞에서 여러 번 노트를 작성할 때 나만의 언어로 작성해야 한다고 말씀드렸는데 바로 이러한 이유 때문입니다. 하이라이트한 부분에 대한 자신의 생각을 자신의 언어로 적으면서 생각을 발전시키는 방식으로 진행하시면 됩니다.

문헌메모는 주로 책의 본문과 본문에 대한 나의 메모를 중심으로 채워나가는데, 신문기사도 동일한 방식으로 구성됩니다. 기사 내용을 메모할 때는 앞의 플러그인 부분에서 소개하고 옵시디언이 지원하는 Readwise 같은 웹 하이라이터를 사용하면 쉽게 옵시디언의 문헌메모로 만들 수 있습니다.

영화를 보고 작성한 문헌메모

영화나 드라마 등 영상 콘텐츠를 보고도 문헌메모를 작성할 수 있습니다. 제가 영화 〈자산어보〉를 보고 작성한 옵시디언 문헌메모 노트 부분을 살펴보겠습니다.

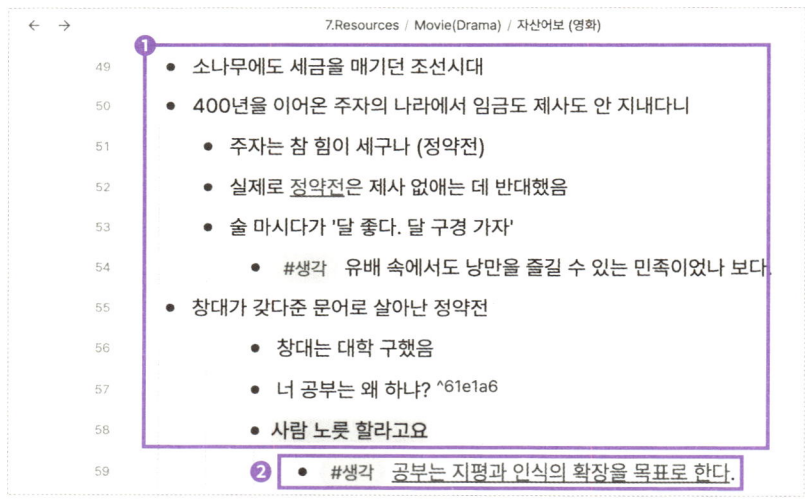

그림 4-5 영화 내용을 문헌메모로 만든 사례

저는 집에서 영화를 볼 때 태블릿으로 옵시디언을 실행합니다. 그리고 ❶에서 보듯 영화의 줄거리나 대사를 입력하고, 그에 대한 나의 생각을 하나씩 추가합니다. 그리고 이후에 문헌메모에서 선별된 부분과 ❷에 적은 자신의 생각을 정리해 영구메모로 만들어서 연결하면 됩니다.

💎 나의 지식관리를 도와주는 리소스메모

개인지식관리를 하다 보면 다른 곳에서 얻은 정보, 자료, 개념, 인물의 연결도 필요한 경우가 있습니다. 이렇게 제텔카스텐의 메모 종류에 포함되지는 않지만 옵시디언에서 나의 지식관리를 도와주는 메모를 리소스메모라고 부르겠습니다.

리소스메모는 문헌메모를 포함할 수 있는 보다 넓은 개념입니다. 《세컨드 브레인》에 있는 세컨드 브레인의 정리 방법론인 PARA^{Projects, Areas, Resources, Archives}의 Resources 부분에서 제텔카스텐이 영구메모끼리만 연결할 수 있는 점을 보완하기 위해 가져왔습니다. PARA에 대해서는 220쪽에 자세히 설명하겠습니다. 여기에서는 리소스 부분만 살펴보겠습니다.

[그림 4-6]은 저의 리소스메모 폴더입니다. 리소스메모 폴더에 다시 하위폴더를 만들어서 구분해서 관리하고 있습니다.

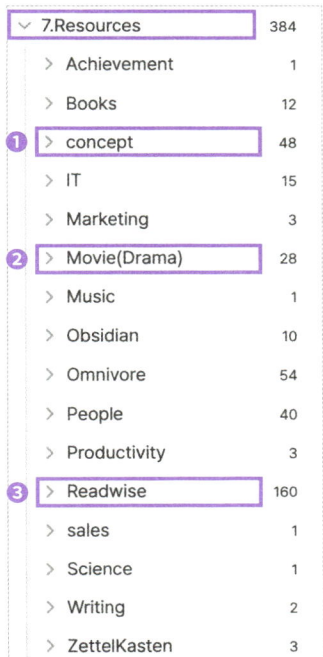

그림 4-6 **리소스메모 폴더**

❶ **concept**: 여러 주제에서 나오는 개념에 대해 노트로 만들어두는 폴더입니다. 제텔카스텐에서 규정하는 메모로 분류되지는 못하지만 연결 가능한 개념이 들어가 있습니다. 개념 노트 역시 스스로 생각해서 정리한 문장으로 만드는 게 가장 좋습니다. 위키피디아나 챗GPT와 같은 생성형 AI에서 얻은 개념에 대한 정보를 넣어두기도 합니다. 제 개념 폴더에는 가면 증후군, 더닝크루거 효과, 멘탈 모델, 뇌가소성, 베니스터 효과, 슈뢰딩거의 고양이, 도파민, 에피스테메 같은 개념들이 옵시디언 노트로 만들어져 있고 다양한 옵시디언 노트에서 참조하면서 연결돼 있습니다.

❷ **Movie(Drama)**: 영화나 드라마를 보고 나서 느낀 점, 줄거리 등을 간단하게 정리해 놓는 부분입니다. 영화나 드라마는 문헌메모에 들어갈 수도 있지만, 문헌메모는 책만 한정에서 넣는 것을 권합니다. 책에서 얻는 지식과 이를 통한 학습이 가장 정제된 지식이라고 생각하기 때문입니다. 개인의 주된 지식 정리 소스는 문헌메모로, 이외에 보조적으로 정보의 연결을 위한 소스 관리는 리소스메모로 하시는 걸 추천 드립니다.

❸ **Readwise**: 웹 하이라이터 프로그램에서 본 기사를 하이라이트하고 메모하는 프로그램입니다. 옵시디언 통합 동기화를 지원하는 두 프로그램은 인터넷에서 읽은 기사나 블로그 포스팅도 독서할 때 하이라이트하고 메모하는 것처럼 할 수 있습니다. 이 부분을 동기화하여 다시 들여다보면서 추가로 가공하고 연결합니다.

필요하다면 이런 리소스메모를 추가해 사용하면 됩니다. 개인지식관리에서 제텔카스텐의 핵심 원리는 '자신의 언어로 적기', '노트나 개념 간 연결하기', '하나의 노트에 하나의 내용을 담기'입니다. 리소스메모는 제텔카스텐 메모는 아니지만 이 원칙은 동일하게 적용됩니다.

🔮 평범한 내용도 가치 있게 만들어주는 일간메모(데일리 노트)

옵시디언의 일간메모는 사용자가 매일 자신의 생각, 아이디어, 경험을 기록하는 것을 도와줍니다. 하루에 겪은 일, 읽은 책, 본 영화, 시청한 유튜브 영상 등 다양한 내용을 기록할 수 있는데 사용자는 일간메모를 통해 자신의 생각을 추가하고 그 과정에서 발견한 영구적인 가치가 있는 정보나 연결할 수 있는 개념, 인물, 작품 등을 서로 연결함으로써 지식의 네트워크를 확장할 수 있습니다. 이러한 일상적인 기록은 지식이 될 수 있는 정보의 소스로 활용됩니다. 다음 그림은 제가 작성한 일간메모 사례입니다.

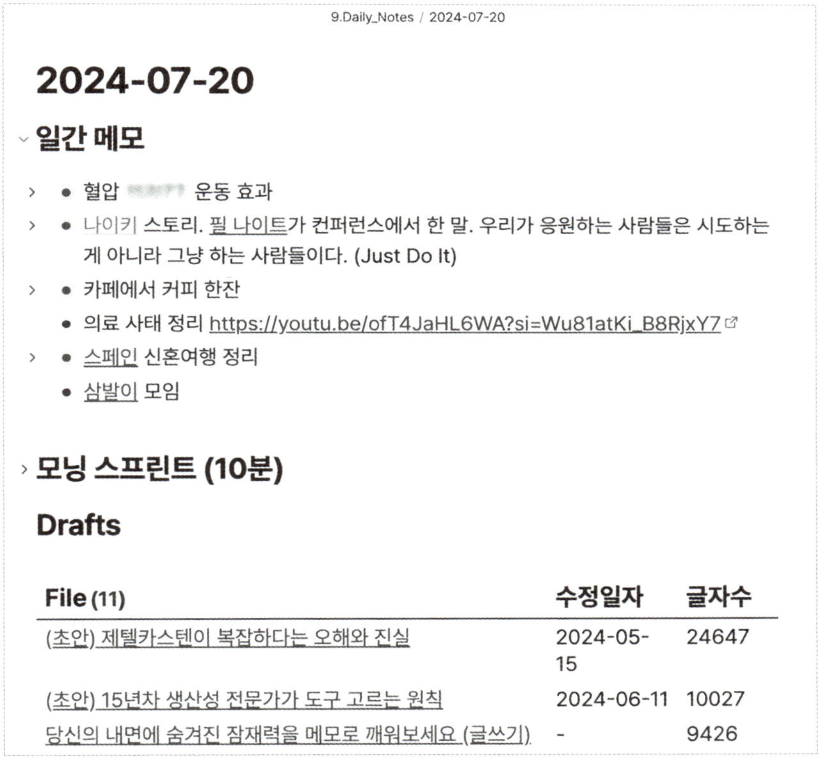

그림 4-7 일간메모 사례

일간메모의 템플릿 기능을 활용하면 일상 루틴, 작업 시간 트래킹, 회고 등을 체계적으로 관리할 수 있으며, 이를 통해 개인의 지식과 기록을 지속적으로 쌓아갈 수 있습니다. 다양한 활용 방법을 탐색하며, 매일 진행하는 메모 습관으로 개인 지식관리의 기반을 마련해 보시기 바랍니다.

지금까지 임시메모, 문헌메모, 리소스메모, 일간메모에 대해서 살펴봤습니다. 개인 지식관리의 큰 흐름은 먼저 임시, 문헌, 일간메모에 모인 정보가 가치 있고 의미있는지를 검증합니다. 그리고 이 검증을 거쳐서 나의 지식 보물창고인 제텔카스텐, 즉 메모상자에 들어갈 영구메모를 고릅니다. 이렇게 일상의 순간과 지식을 적극적으로 탐구하는 일은 통합적인 개인의 지식관리 시스템에 들어갈 재료를 마련하는 과정입니다. 이렇게 마련된 재료를 다듬고 정리하면 나의 지식은 보다 견고해지고 넓어집니다. 이제 본격적으로 제텔카스텐에 들어가는 영구메모를 만드는 실제 방법에 대해서 알아보도록 하겠습니다.

영구메모를 만들고 메모끼리 연결하기

💎 실전! 영구메모 만들기

영구메모는 다양한 과정을 거쳐 확보한 정보를 최대한 선별해서 나의 기존 지식과 연결하는 메모입니다. 영구메모의 형식과 조건을 충족한 영구메모가 제텔카스텐의 본체입니다. 모든 형식과 조건을 갖춘 영구메모만이 나중에 메모상자에서 다시 볼 수 있고 다른 영구메모 앞뒤로 배치될 수 있습니다.

영구메모의 내용은 개인이 지향하는 지식관리의 방향성에 따라서 다를 수 있습니다. 저는 개인의 생각을 중요시하는 편이라서 생각이 많이 들어간 메모를 하는 편입니다. 반면 새로운 지식을 계속해서 쌓고 나만의 견고한 지식 체계를 만들고 싶다면 개념이나 지식 지향적인 메모를 많이 하는 것이 도움이 될 것입니다. 제텔카스텐은 개인의 추구하는 지식관리 방향에 따라 다양하게 활용됩니다. 몇 가지 지켜야 할 부분을 다시 살펴보면서 실제 영구메모를 만드는 과정을 살펴보겠습니다.

영구메모를 만들 때 가장 먼저 해야 하는 것은 기존의 임시메모와 문헌메모에서 영구메모로 만들 메모를 선별하는 것입니다. 양질의 정보를 잘 골라 나의 지식 체계에 포함시켜야 양질의 결과물을 얻을 수 있습니다.

선택을 했다면 영구메모 폴더로 옮기고 기존에 내가 갖고 있는 영구메모와 연결할 수 있는 부분을 찾아봅니다. 결국 영구메모를 만들어 나가는 건 이렇게 메모로 만들어져 있는 것들 중에서 정말 가치 있는 지식을 선별해서 연결하며 유기적이며 통합적인 지식 구조를 만들어 나가는 것입니다.

나만의 제텔카스텐에 영구메모를 추가한다는 것은 영구메모를 만드는 것만이 아니라 새로운 영구메모를 만들어 기존의 영구메모와 연결하는 것까지 해냈을 때를 말합니다. 다음은 제가 만든 영구메모 예시입니다.

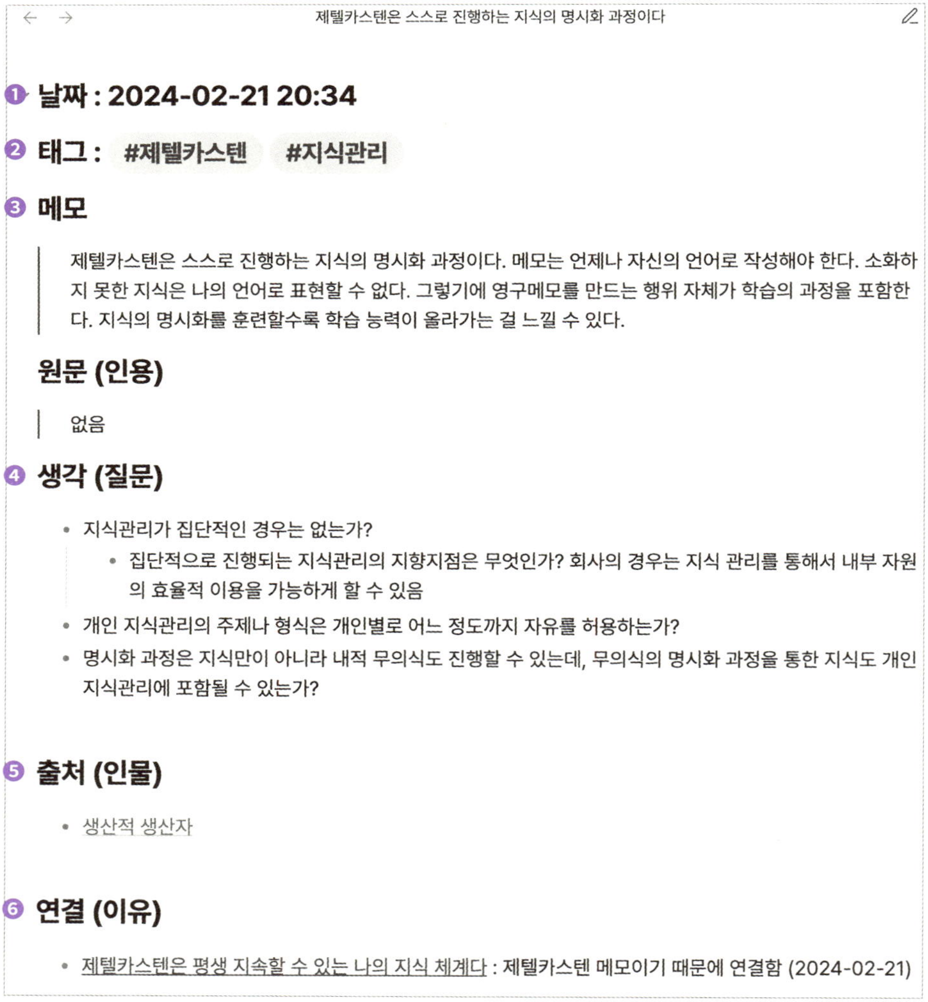

제텔카스텐은 스스로 진행하는 지식의 명시화 과정이다

❶ **날짜 : 2024-02-21 20:34**

❷ **태그 :** #제텔카스텐 #지식관리

❸ **메모**

> 제텔카스텐은 스스로 진행하는 지식의 명시화 과정이다. 메모는 언제나 자신의 언어로 작성해야 한다. 소화하지 못한 지식은 나의 언어로 표현할 수 없다. 그렇기에 영구메모를 만드는 행위 자체가 학습의 과정을 포함한다. 지식의 명시화를 훈련할수록 학습 능력이 올라가는 걸 느낄 수 있다.

원문 (인용)

> 없음

❹ **생각 (질문)**

- 지식관리가 집단적인 경우는 없는가?
    - 집단적으로 진행되는 지식관리의 지향지점은 무엇인가? 회사의 경우는 지식 관리를 통해서 내부 자원의 효율적 이용을 가능하게 할 수 있음
- 개인 지식관리의 주제나 형식은 개인별로 어느 정도까지 자유를 허용하는가?
- 명시화 과정은 지식만이 아니라 내적 무의식도 진행할 수 있는데, 무의식의 명시화 과정을 통한 지식도 개인 지식관리에 포함될 수 있는가?

❺ **출처 (인물)**

- 생산적 생산자

❻ **연결 (이유)**

- 제텔카스텐은 평생 지속할 수 있는 나의 지식 체계다 : 제텔카스텐 메모이기 때문에 연결함 (2024-02-21)

그림 4-8 새롭게 만든 영구메모 사례 1

❶ **날짜:** 템플릿을 삽입하면 자동으로 들어가도록 해둡니다. [그림 4-8] 화면에는 날짜와 시간까지 표기되어 있지만 날짜까지만 넣을 수도 있으니 필요에 따라 조정하면 됩니다.

❷ **태그:** 해당 메모의 내용을 잘 나타내는 단어를 적습니다. 많이 넣을 필요는 없고 두세 개 정도만 적어서 넣습니다. 인스타그램의 태그와 유사하다고 생각하고 작성하시면 됩니다. 왼쪽의 메모에서 제가 '#제텔카스텐'과 '#지식관리'라는 태그를 넣은 것은 이 두 태그가 메모 내용과 연관 있는 태그이기 때문에 넣었습니다.

❸ **메모:** 제일 중요한 부분입니다. 실제 영구메모의 내용이라고 보시면 됩니다. 하나의 문단을 나의 언어로 적는다고 생각하면 됩니다. 한 문단은 최소한 세 문장으로 잡고 영구메모 작성을 진행하는 것을 추천합니다. 노트 제목은 대부분 주제를 드러내는 경우가 많으니 기재한 노트 제목에 집중하면서 그에 맞는 내용을 채우면 됩니다.

❹ **생각(질문):** 영구메모의 본 메모 부분은 아니지만 생각해볼 만한 내용이나 떠오르는 질문을 적어두는 공간이라고 보면 됩니다. 저는 이 자리에 본 메모만큼 많은 내용을 채울 때가 많습니다. 적어놓은 질문은 당장 답이 떠오르지 않더라도 이후에 메모를 방문했을 때 답변이 떠오르는 경우도 있습니다. 그리고 작성할 때 날짜를 적어두면 나의 생각의 변화와 발전 과정도 살펴볼 수 있는 재미가 있습니다.

❺ **출처(인물):** 출처는 내가 어떤 맥락에서 이 아이디어를 떠올렸는지를 파악할 수 있게 해줍니다. 자신의 생각이라면 자신의 이름이나 '생각' 노트에 연결할 수도 있습니다. 그리고 어떤 작품이나 인물, 개념에서 왔다면 문헌메모나 작품 이름을 연결해두면 됩니다.

❻ **연결(이유):** 새로운 노트를 만들 때 새 노트와 연결할 만한 기존의 노트를 찾습니다. 화면에서 볼 수 있듯이 같은 주제의 제텔카스텐 메모가 이전에 만들어져 있으니 그 메모를 연결합니다. 그리고 같은 제텔카스텐 메모라서 연결한다는 말을 적어두고 날짜도 적어 추가되는 연결의 역사를 파악할 수 있게 합니다. 연결의 이유를 적어두는 이유는 나중에 볼 때 왜 연결했는지를 알기 위해서입니다. 이유를 적어두지 않으면 나중에 왜 내가 이 노트를 연결했는지 의문이 드는 경우가 가끔 있습니다. 사람의 기억은 휘발되니 꼭 기록하는 습관을 가져야 합니다.

영구메모를 만든 다음에는 영구메모의 기준을 갖췄는지 검토하면 좋습니다. **'자신의 언어로 적기', '노트나 개념 간 연결하기', '하나의 노트에 하나의 내용을 담기'**가 잘 구현되었는지를 확인하면 됩니다. 옵시디언을 사용하기 시작한 초반이라면 당연히 메모끼리의 연결은 거의 없겠지만 추가되는 노트와 연결될 수 있는 가능성을 지속적으로 탐색하면서 유기적인 지식 구조를 만들어나가는 게 필요합니다.

영구메모를 만드는 과정은 임시메모를 만드는 것과 동일합니다. 그래서 임시메모는 영구메모가 될 수 있기 때문에 처음부터 영구메모 템플릿을 활용해서 생성하시는 것을 추천합니다.

영구메모에서 연결을 계속해서 만들어나가면 기존의 영구메모에서 촉발된 생각이나 아이디어, 그리고 관련된 지식이나 개념을 의식적으로 학습하면서 추가할 수도 있습니다. 루만은 논문과 책을 집필하기 위해 제텔카스텐을 사용했기 때문에 영구메모 내용이 책 내용이라고 해도 과언이 아니었습니다. 그래서 하나의 메모가 엄청나게 긴 경우도 있습니다. 우리는 최종 사용 형태에 맞춰서 영구메모를 작성하면 됩니다. 하나의 글이 되려면 앞뒤로 긴밀하게 연결되어 있으면서도 메모 자체가 독립적으로 있을 수도 있어야 합니다. 제텔카스텐은 메모 자체만으로도 훌륭하지만 엮어낼 때 가치가 훨씬 더 늘어난다는 생각으로 만들어나가면 됩니다.

그리고 한 가지 더 강조하고 싶은 내용이 있습니다. 저는 평소에 제가 만들어둔 영구메모들을 자주 들여다보는데 그래야 새로운 영구메모를 만들었을 때 연결할 메모가 바로 떠오르고 연결할 메모를 찾는 시간을 줄일 수 있습니다. 머릿속에 나만의 제텔카스텐 그래프 뷰 이미지가 만들어질 때까지 살펴보는 습관을 갖는 것을 추천합니다.

영구메모를 하나 더 만들어서 살펴보겠습니다.

우리는 좋아하고 의미가 있는 일을 찾고 지속해야 한다

> Properties

12
13 ❶ **날짜 : 2024-02-21 21:10**
14
15 ❷ **태그 :** #성찰
16
17 ❸ **메모**
18 좋아하고 의미있는 일을 찾는 과정은 자신에 대해서 알아가는 과정이다. 자신에 대해서 안다는 건 자신이 좋아하는 일, 싫어하는 일을 알아가는 과정이기도 하다. 발견된 선호와 취향을 삶에서 자주 마주하는 사람이 행복할 확률이 높다. 행복을 위해 자신에게 어떤 행동이 좋아하고 의미 있는지 찾고 지속해야 한다.
19

20 ❹ **원문 (인용)**
21 없음
22

23 ❺ **생각 (질문)**
24 - 자신에 대해서 알아가는 과정은 결국 원하는 게 뭔지 알아가는 과정이다.
25   - 원하는 게 뭔지 알아가는 과정은 메모와 기록으로 가능하고, 지식관리 자체도 정형화된 지식 블록을 쌓아가면서 연결하고 조립하는 구조
26 - 자신에 대해서 알고 지속적으로 상승을 추구하는 인간은 자기실현적인 삶을 살게될 확률
27 - 선호와 취향은 자기실현과 연결되는 부분이 있는가? 좋아하는 부분을 파고 들어야 결국 경지에 이를 수 있지 않을까? 경지는 어느 정도의 수준일까?
28 - 좋아하는 행동을 하면 행복한가? 행복은 행위를 통해 얻는가? 행위를 통해서 얻은 재화나 지위를 통해 얻는가?
29

30 ❻ **출처 (인물)**
31 - 내생각
32

33 ❼ **연결 (이유)**
34 - 제텔카스텐은 평생 지속할 수 있는 나의 지식 체계다 : 좋아하는 일을 찾는 내용의 이 메모와 그걸 지속하는 지식 체계에 대한 메모라서 연결함 (2024-02-21)

그림 4-9 새롭게 만든 영구메모 2

먼저 ❶에는 날짜가 자동으로 삽입됩니다.

❷에는 제가 자주 생각하는 주제인 '성찰'이라는 태그를 썼습니다. 태그에 정답 같은 것은 없지만, 무분별한 태그 사용과 문장형 태그는 자제하시는 걸 추천드립니다.

❸에는 앞에서 제시한 영구메모 요건에 부합하는지를 지속적으로 점검하며 메모를 작성합니다. 초반에는 작성한 메모가 요건에 맞는지 확인하는 데도 시간이 필요하지만 꾸준히 훈련하면 의식하지 않아도 요건에 맞는 메모를 작성하게 됩니다.

❹에는 '없음'이라고 적었는데, 이 메모는 제 생각에 따라 작성한 것이기 때문입니다.

❺에는 메모 파트 만큼이나 다양한 내용이 들어갑니다. 메모를 보면서 떠오르는 생각을 다시 적기도 하고, 문득 떠오르는 질문을 적기도 합니다. 당장 질문에 대한 답을 하기보다 시간을 두고 묵히면서 떠오르는 생각을 조금씩 첨언하는 방법도 좋습니다. 이렇게 하면서 생각 부분의 메모가 영구메모가 될 수 있습니다.

❻에서는 [[내생각]]이라는 노트와 연결하기 위해 '내생각'이라고 적었습니다. 노트를 작성하기 시작한지 얼마 안 되어서 아직 [[내생각]]이라는 노트가 존재하지 않지만 화면과 같이 기재해두면 나중에 태그와 비슷하게 사용할 수 있습니다.

❼에는 기존에 만들어져 있는 노트를 연결하면서 이유를 적어놨습니다. 간단하게 적어도 좋고 떠오르는 대로 의식의 흐름을 따라 적어도 좋습니다. 중요한 것은 나중에 이 노트를 봤을 때 이해할 수 있는 정도에서 적어두면 됩니다.

위 설명을 참고로 하여 각자의 멋진 영구메모를 만들어나가시길 바랍니다.

💎 영구메모 인덱스 만들기

루만은 아날로그 메모로 자신만의 제텔카스텐을 만들었습니다. 그리고 **새롭게 만들어진 메모를 가장 연관성 있는 영구메모의 뒤에 배치하는 방식**으로 메모를 추가했습니다. 루만의 제텔카스텐에서는 카드에 메모를 했기 때문에 연결된 메모를 인덱스 카드라고 불렀습니다. 디지털 노트인 옵시디언에서도 이와 같은 방식으로 영구메모 주변에 새로운 영구메모를 배치해 하나의 연결된 지식의 고리를 만들 수 있습니다. 옵시디언에서는 이 고리를 영구메모의 인덱스메모라고 부릅니다. 옵시디언의 연결 기능을 활용해서 영구메모를 하나씩 연결해서 앞뒤로 배치합니다. 앞에서 새로운 영구메모를 만들 때 연결할 영구메모를 찾았으면, 그 메모 뒤에 새로운 영구메모를 배치하는 겁니다.

인덱스메모는 다양한 이름을 붙일 수 있습니다. 저는 Slipbox라는 이름의 노트를 만들어서 인덱스메모로 활용하고 있는데 새로운 노트가 추가될 때마다 해당 노트의 링크가 추가되지만 연결을 찾지 못한 노트는 루만처럼 마지막에 두는 방식을 사용했습니다. 아래의 그림을 살펴보겠습니다.

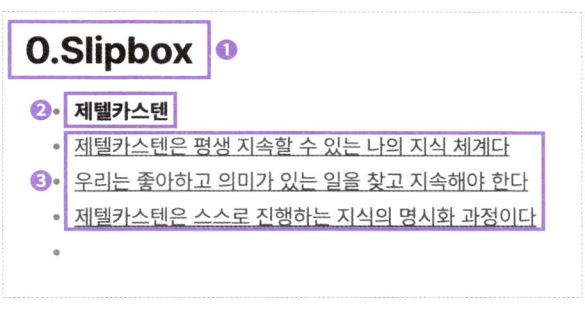

그림 4-10 **인덱스메모 화면**

❶ 영구메모 폴더에 위의 화면처럼 '0.Slipbox' 노트를 만듭니다. 여기에는 모든 영구메모가 들어가게 됩니다. 연결을 찾지 못한 영구메모도 우선 Slipbox 인덱스메모에 들어가 있다가 이후에 연결할 수 있는 노트가 나타나면 연결합니다.

❷ 인덱스메모는 카테고리 설정이 자유롭습니다. 본문인 ❸을 보면 제텔카스텐에 대한 메모를 쌓고 있다는 것을 알 수 있습니다. 그래서 '제텔카스텐'으로 카테고리를 설정하고, 다른 메모들과 구분되도록 텍스트를 굵게 처리했습니다. 제 경험에 따르면 너무 다양한 주제를 하나의 카테고리에 묶지 않는 것이 좋습니다. 예를 들어

'메모/기록' 카테고리에 제텔카스텐과 옵시디언 관련 영구메모를 모두 넣으면, 나중에 메모 수가 늘어서 카테고리를 구분해야 할 때 기존에 만들어 놓았던 노트의 연결을 깨야 할 수도 있습니다. 나중에 설명할 MOC라는 방법으로 해결할 수 있지만 별도의 작업을 하지 않고도 파악하는 것이 훨씬 나으니 향후에 메모가 많이 늘어날 경우를 대비해 카테고리를 구분해서 작성하는 것이 좋습니다. 카테고리가 많으면 문제가 아니냐고 반문할 수 있지만, 인덱스메모는 자유도가 높기 때문에 카테고리를 조금 많이 만들어두어도 괜찮습니다. 나중에 메모가 늘어나지 않을 것이 확실해지면 다른 카테고리에 통합시켜도 괜찮습니다. 그리고 영구메모의 인덱스 순서를 조금씩 바꿔도 노트간 연결 관계가 깨지지 않기 때문에 바꿔도 좋습니다.

❸ 지금까지 추가한 영구메모를 배열한 인덱스메모의 본문입니다. 영구메모를 추가할 때는 항상 연결을 만들고 연결된 노트의 뒤에 해당 영구메모의 인덱스를 추가해야 합니다. 이렇게 처음에는 메모 개수가 적고 별것 없어 보이지만 이런 메모들이 꾸준히 쌓이면 특정 주제에 대해서 나만의 언어로 표현된 메모들을 갖게 됩니다.

마스터하거나 배우고 싶은 분야 카테고리를 먼저 만들어두고, 이에 대한 학습 방향을 설정해서 영구메모를 쌓아가는 것도 할 수 있습니다. 제텔카스텐은 지식을 깊게 쌓는 것도, 넓게 쌓는 것도 가능합니다. 만약 생산성에 대해서 제대로 배우고 싶다면 생산성 카테고리를 추가하고, 생산성과 관련된 내용을 접하면서 얻은 생각이나 아이디어, 책이나 강의를 보면서 얻은 지식을 영구메모로 만들어나가면 됩니다. 이렇게 하면 카테고리에 나의 지식이 쌓인 것을 확인할 수 있습니다. 그리고 인덱스메모를 통해서 내가 특정 카테고리에 대해서 얼마나 알고 있는지를 알 수 있습니다. 이렇게 실제 관심사에 대한 피드백과 학습 속도를 증가시킬 수 있는 게 제텔카스텐이고 옵시디언에서 그것을 좀 더 수월하게 파악하고 관리할 수 있습니다.

제가 사용하는 '영구메모 인덱스' 노트를 예시로 설명을 해보겠습니다.

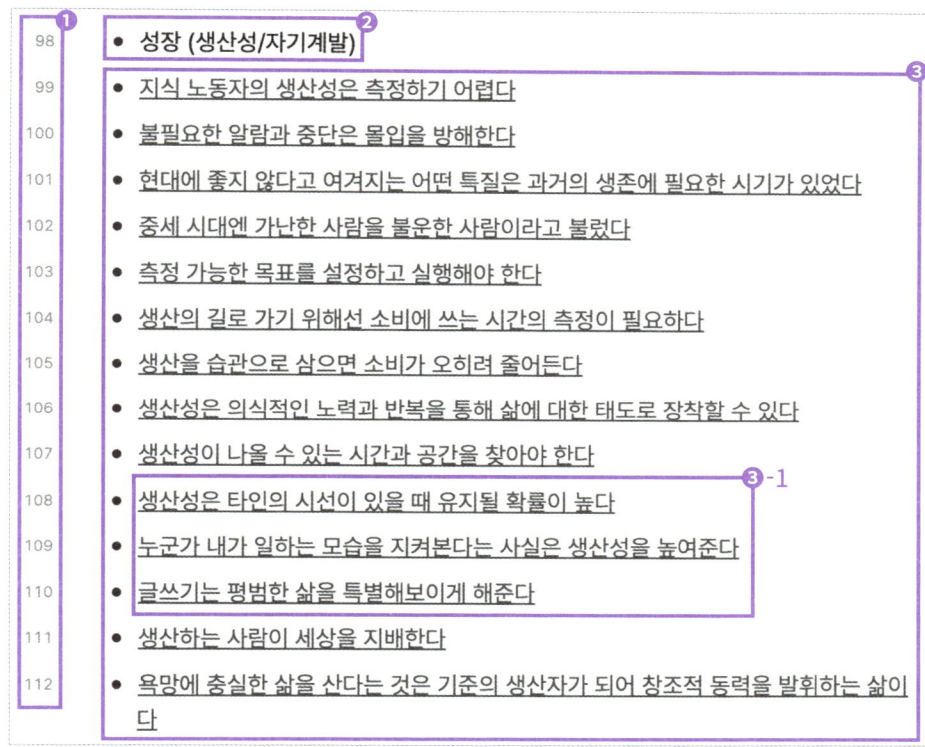

그림 4-11 영구메모 인덱스 사례

❶ 대략이나마 내가 가진 영구메모의 개수를 파악할 수 있도록 행번호 표시를 활성화했습니다. 행번호 표시는 '설정 〉 편집기 〉 보기 〉 행번호 표시'에서 활성화할 수 있습니다. 그리고 대략적인 행 번호를 기억하면 나중에 연결할 메모의 위치를 찾는 데도 도움이 됩니다. 물론 메모가 늘어남에 따라 행 번호는 계속 바뀝니다. (영구메모의 개수는 영구메모 폴더의 파일 수라고 생각해도 됩니다.)

❷ 영구메모가 속하는 카테고리를 '성장(생산성/자기계발)'로 설정했습니다. 메모 안에서는 유연하게 추가, 통합, 삭제가 가능합니다. '성장'이라는 주제는 너무 포괄적이어서, (생산성/자기계발)로 정했습니다.

❸ 영구메모의 링크들이 모인 부분입니다. 영구메모를 만들 때마다 봐야 하는 리스트로, 연결 관계는 제일 먼저 여기에 보이는 노트 제목을 확인해서 찾습니다. 그래서 노트 제목을 잘 지어야 한다고 말씀드린 것입니다. 노트 제목은 노트 작성의 시작점이지만 메모를 적다가 생각이 바뀔 수도 있으니 메모를 다 적은 뒤에는 노트 제목과 본 메모 내용이 일치하는지, 제목이 메모 내용을 제대로 담았는지를 마지막에 다시 한번 점검해야 합니다.

❸-1을 보면 연관성 있는 메모가 나열되어 있습니다. 기존 메모와 연관 있는 메모가 생성되면 그 메모의 위나 아래로 새 메모를 끼워넣을 수 있습니다. 새 메모가 끼어들면 붙어 있던 두 메모가 멀어질 수도 있는데, 노트 본문 안에서 연결을 확인할 수 있기 때문에 노트 간 거리가 멀어지더라도 연결 관계를 파악할 수 있습니다.

💎 연결을 찾지 못하는 순간은 메모를 다시 복습하는 시간

영구메모를 만들고 나서도 연결할 메모가 나타나지 않을 때가 종종 있습니다. 계속해서 메모들을 보관한 노트 리스트를 봐도 연결할 메모가 나오지 않으면 피로하고 지칠 때도 있습니다. 하지만 이렇게 헤매는 순간이 우리에게 가지고 있는 자원을 돌아보고 예상하지 못한 새로운 연결을 만들어낼 수 있는 기회입니다.

예를 들어서 지금 만든 노트와 기존에 만든 노트와의 연결은 찾지 못해도 다른 노트의 내용과 내가 최근에 작성해놓은 문헌메모나 개념, 다른 영구메모와 연결할 수 있는 지점이 떠오를 수 있습니다. 이렇게 생각이 났을 때 놓치지 말고 연결을 합니다. 지금 하는 일에서 약간 다른 일을 하는 것이지만 이게 제텔카스텐의 묘미입니다. 연결 방식의 지식 체계를 구축하는 경험에서 우연이 주는 창의적인 연결의 순간을 자주 경험하시게 될 것입니다.

연결을 찾을 수 없을 때는 화면에 어떤 식으로 나타내는지 알아보겠습니다.

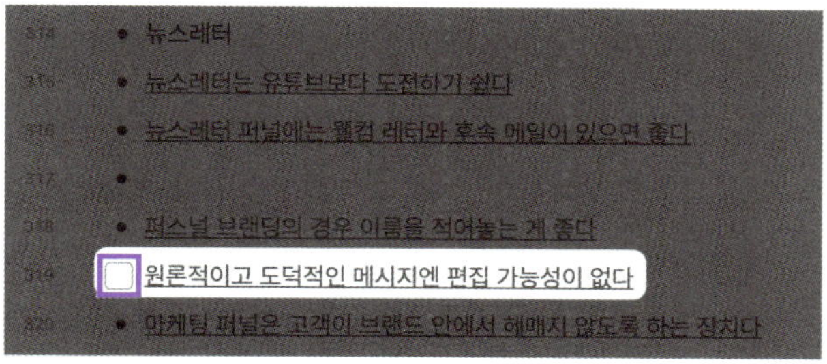

그림 4-12 **추가 연결 사례**

[그림 4-12]처럼 연결을 찾을 수 없을 때는 기존 영구메모에 대해서 살펴볼 수도 있고 추가적인 연결을 다른 노트에 만들어나갈 수도 있습니다. 그리고 끝내 현재 작성한 노트에 대해서 연결할 부분이 나오지 않는다면 그냥 비워둘 수도 있습니다. 되도록 연결을 채워놓는 게 필요하지만 나오지 않는다면 루만이 했던 대로 마지막에 배치하면 됩니다. **영구메모 인덱스에서 연결할 노트는 찾지 못했어도 특정 카테고리에 들어갈 수 있다면 카테고리의 마지막에 배치해두고** 불릿 포인트를 '체크박스'로 만들어두는 것도 가능합니다. 해야 할일이 있다고 표시해두는 방법으로 연결이 없는 메모를 시각적으로 표시할 수 있어 추가 연결 발견 가능성을 돕습니다.

콘텐츠 생성을 위한 제텔카스텐

💎 메모를 연결해 콘텐츠 생성하기

글쓰기 과정에서 아이디어를 연결하는 단계는 콘텐츠 제작의 핵심입니다. 제텔카스텐 방식에서 문헌메모, 영구메모, 그리고 다른 개념이나 인물, 지식 등을 통한 메모 간의 연결은 깊이 있는 글쓰기를 위한 토대를 마련합니다. 노트간 연결을 기반으로 하여 글쓰기를 진행하는 방법을 중점적으로 다루겠습니다.

영구메모는 카테고리로 구분된 지식의 집약체입니다. 이 메모들은 글쓰기의 주된 출발점으로, 각각의 영구메모는 하나의 아이디어나 논점을 담고 있습니다. 문헌메모는 읽은 책, 논문, 기사 등에서 얻은 정보를 하이라이트하거나 요약, 코멘트한 메모로 영구메모와 함께 글쓰기의 근거와 배경 지식을 제공합니다.

먼저 메모 간의 연결을 탐색하는 방법을 알아보겠습니다. 영구메모를 시작으로 관련된 문헌메모나 다른 영구메모로의 링크를 따라가며 주제에 대한 깊이 있는 이해와 관점을 찾아냅니다. 이 과정에서 메모 간에 설정된 연결을 활용하여 관련된 아이디어나 지식, 인용구를 찾아냅니다.

영구메모를 만들 때 미리 최종 글쓰기에 사용할 형태로 만들어놨기 때문에 본 메모 부분을 복사해서 본문을 구성하는 방식으로 글쓰기를 할 수 있습니다. 물론 도입부나 메모를 연결하는 부분에서 보다 자연스럽고 논리적 구성이 긴밀하고 문장의 흐름이 매끄러워지도록 직접 써주는 작업도 필수입니다.

그리고 글쓰기의 흐름을 만들어 나갑니다. 발굴한 메모의 군집을 탐색하면서 주제에 대한 논리적 구조와 흐름을 구상합니다. 각 메모는 전체 글의 한 부분이 될 수 있으며, 메모들 사이의 연결을 따라가면서 전체적인 글의 전개 방향을 결정합니다. 영구메모는 하나 이상의 연결을 가질 수 있습니다. 그래서 되도록 많은 연결 관계를 영구메모 작성 단계에서 만들어두면 나중에 글쓰기에 사용할 수 있는 논리를 많이 확보할 수 있습니다.

옵시디언은 영구메모뿐만 아니라 개념, 인물, 사건 등과 관련된 리소스메모를 포함해 넓은 범위에서 연결을 생각해내는 것을 돕습니다. 이를 통해 다양한 관점과 정보를 글에 통합하여, 복합적이고 다층적인 내용을 구성할 수 있습니다.

🦋 글쓰기를 도와주는 제텔카스텐

제텔카스텐의 글쓰기 방식은 상향식 글쓰기입니다. 결론을 먼저 정해놓고 그에 맞는 내용을 채우는 하향식 글쓰기와 달리 처음부터 결론을 정해놓지 않고 메모의 연결 관계를 따라가면서 논리를 전개합니다. 정해진 결론을 향해 글을 쓰는 것이 아니라 글을 쓰다가 자연스럽게 통찰을 얻는다는 점에서 미처 생각하지 못한 새로운 결론과 아이디어를 얻을 수 있다는 장점이 있습니다. 통찰의 방향은 바로 메모의 연결 흐름입니다.

초안의 구조 설정하기

제텔카스텐을 활용한 글쓰기 과정의 첫 번째 단계는 연결된 노트를 발견하고 이를 기반으로 글쓰기 노트를 생성하는 것입니다. 이 과정에서는 영구메모, 문헌메모, 그리고 다른 관련 노트들의 링크를 모아서 이 노트에 추가합니다. 추가적인 아이디어나 내용이 떠오르면, 이 글쓰기 초안 노트에 바로 메모를 추가하여 아이디어를 놓치지 않도록 합니다.

글의 구조를 설정하는 것은 글쓰기의 핵심입니다. 모인 메모가 만들어내는 주제문을 명확하게 인지하고, 모든 메모가 이 주제문의 논리 전개에 잘 부합하는지를 확인해야 합니다. 이는 글의 방향성을 결정하고, 독자가 글의 목적을 쉽게 이해할 수 있도록 돕습니다. 주제문은 글의 핵심 메시지를 간결하게 전달해야 하며, 모든 메모와 아이디어는 이 주제문을 뒷받침해줘야 합니다.

연결된 메모를 활용한 근거 제시하기

글에서 주장하거나 설명하는 부분에는 영구메모에 연결된 출처나 문헌메모에 기록된 원문의 내용, 인용구, 유명 인물의 말 등을 근거로 사용합니다. 이러한 레퍼런스는 글의 신뢰성을 높이고, 주장에 무게를 실어줍니다. 또한, 다양한 관점과 근거를 제시함으로써 글의 깊이를 더하고, 독자에게 새로운 통찰을 제공할 수 있습니다.

제텔카스텐의 영구메모는 출처를 항상 기재하도록 돼 있습니다. 시기, 정보의 출처, 메모가 연결된 이유가 메모에 명시돼 있다면 글이나 콘텐츠를 만들어 나갈 때 많은 도움을 받게 됩니다. 그리고 제텔카스텐 방식은 유사한 메모끼리만 연결하는 게 아니라 관련성(유사/차이/대조/연상 등)을 기반으로 진행합니다. 관련성은 유사성뿐만 아니라 반대되는 주장이나 근거로도 생기고, 논리적 연결이 아닌 나만의 의식의 흐름으로도 생깁니다. 이런 부분은 아이디어를 발굴하는 방식이 될 수 있습니다. 이렇게 연결이 만들어내는 다양한 논리의 전개 가능성은 제텔카스텐의 메모들이 우리가 결과물을 만들어내는 작업에 도움을 줍니다.

통합적 사고로 글을 완성하기

글쓰기의 마지막 단계는 작성된 초안을 지속적으로 보완하고 검토하여 좋은 글을 완성하는 것입니다. 이 과정에서 전체적인 흐름을 확인하고, 필요한 부분에 추가적인 정보를 보충하며, 논리적인 비약이나 모호한 부분을 수정합니다. 훌륭한 글과 콘텐츠는 한번에 완성되는 것이 아니라, 반복적인 수정과 개선을 통해 만들어집니다.

제텔카스텐 방식을 활용한 글쓰기는 백지의 공포를 극복하고, 글감을 찾는 데 쓰는 시간을 줄이는 동시에 글을 쓰는 데 드는 에너지와 스트레스를 줄여줍니다. 이를 통해서 글쓰기 이후에 챙겨야 할 부분인 편집과 자료 추가에 시간을 더 쓸 수 있게 하여 결과물을 더 풍부하게 만들어줍니다. 제텔카스텐에 영구메모를 착실하게 쌓아온 사람들은 이미 풍부한 지식과 아이디어의 원천을 가지고 있으며, 이를 기반으로 독창적이고 심도 있는 글을 쓸 수 있습니다. 제텔카스텐의 강력함은 바로 통합적이고 연결된 메모와 정보를 기반으로 시작됩니다.

5장

생산성을 높이기 위한 워크플로우 및 활용 사례

제텔카스텐을 활용한 개인지식관리

지금부터는 우리의 개인지식관리 시스템이 지향해야 하는 방향성을 유튜브 영상 시청과 독서를 예시로 알아보겠습니다. 나의 일상이 어떻게 개인지식으로 연결되는지 확인할 수 있을 것입니다. 먼저 가장 일반적이고 공통적으로 진행할 수 있는 제텔카스텐 & 옵시디언 워크플로우를 설명하겠습니다.

💎 유튜브 영상 - 영구메모 흐름

먼저 유튜브 영상이나 오디오북을 듣고 그것의 출처와 함께 옵시디언에 메모를 달아둡니다. 시간이 지난 뒤 좋은 부분을 영구메모로 발전시킬 수 있는지 검토하고 기존의 노트들과 비교하며 연결을 생각해봅니다. 이때의 메모는 영구메모일 수도, 임시메모일 수도 있습니다. 임시메모와 문헌메모가 잘 구별되지 않을 수 있습니다. 임시메모는 외부의 영향 없이 떠오른 '나의 생각이나 아이디어'로 만들어진 메모이고, 문헌메모는 '책, 영화, 드라마, 논문, 블로그 등 '다른 사람'이 만든 자료를 보고 만들어진 메모라고 보면 쉽습니다. 중요한 것은 임시메모나 문헌메모 모두 영구메모가 될 수 있으니 다양한 메모의 출처를 관리하고 기록해 나가면 지식관리가 한층 더 완성도 있으면서도 쉬워질 것이라는 점입니다. 메모는 연결될 때 그 가치가 커지는 만큼 많이 만들어두고 틈날 때마다 확인하는 습관을 들이는 것을 추천합니다.

그럼 이제 유튜브 영상을 보고 떠오른 생각을 영구메모로 만들어나가는 과정을, 제가 모바일에서 만든 메모를 통해 살펴보겠습니다. 이 역시 21쪽의 QR 코드를 통해 받을 수 있습니다.

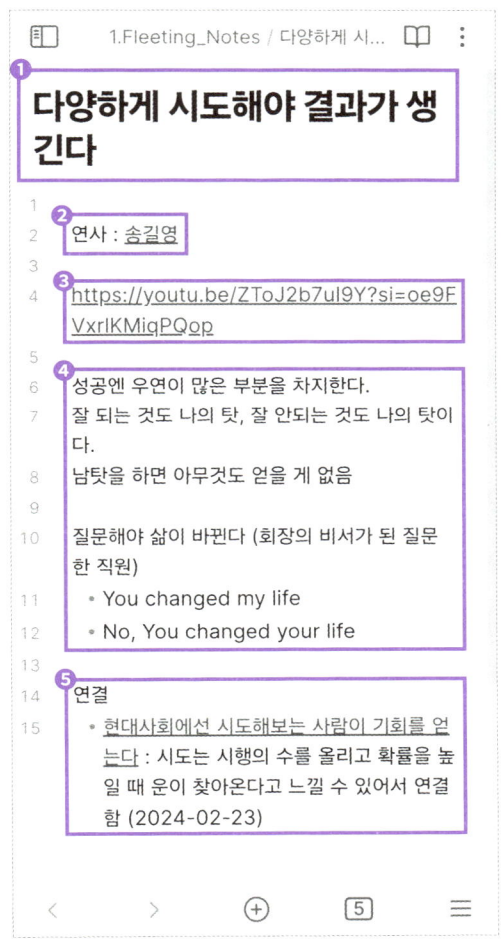

그림 5-1 **유튜브 영상 내용을 영구메모로 만들기**

❶ **제목:** 유튜브 제목을 적거나 떠오른 생각을 한번에 알아볼 수 있는 핵심 문장을 적습니다. 나중에 수정할 때 에너지를 덜 쓰려면 미리 핵심을 적는 훈련을 지속적으로 하는 것이 좋습니다.

❷ **사람:** 유튜브에 나온 인물의 이름을 적습니다. 출처에 적을 수도 있지만 인물은 구분해서 적는 것이 나중에 프로퍼티에 넣을 때도 좋고 출처 관리하기에도 좋습니다.

❸ **출처:** 책, 영화 등의 제목이나 url 링크를 적으시면 됩니다. 나중에 레퍼런스의 원본을 볼 때 필요한 경우가 많습니다. 다시 검색해서 링크를 복사해 넣지 않기 위한 과정이기도 합니다.

❹ **메모:** 콘텐츠를 보면서 마음을 끄는 중요한 부분을 적는 부분입니다. 현재는 영구메모로 향하는 문헌메모에 가깝지만, 나의 생각에서 발원한 것이라면 임시메모라고 생각하면 됩니다. 아직 영구메모 템플릿도 삽입하지 않았고 수집 단계이니 내용에 크게 신경을 쓰지 않아도 되고, 어떤 맥락과 내용을 담고 있는지 정도만 생각하면 됩니다.

❺ **연결:** 처음 노트를 만드는 단계에서 발굴해놓을 수 있으면 연결해두는 게 좋습니다. 모바일에서도 메뉴에서 '[['를 입력하면 연결할 수 있는 노트를 검색할 수 있습니다. 핵심 키워드로 검색할 수도 있고, 떠오르는 노트 제목을 알고 있다면 제목의 단어로 검색하시면 됩니다.

이제 PC에서 옵시디언을 실행해 197쪽 [그림 5-1]의 내용을 영구메모로 작성하는 과정을 설명드리겠습니다. 제가 제공해드린 '행운은 다양하게 시도하는 사람들이 누릴 가능성이 높다' 노트를 클릭하시면 아래 화면([그림5-2]~[5-5])이 나타납니다.

그림 5-2 **영구메모 작성 샘플(Properties 부분)**

[그림 5-2]는 영구메모의 기본 형식입니다. 프로퍼티를 내용에 맞게 채워 나갑니다. 기본적인 내용인 카테고리, 날짜, 인물, 태그, 출처 등을 기재합니다. '넘버'는 루만이 사용한 아날로그로 된 제텔카스텐에서 노트를 구분하는 역할을 하는데, 옵시디언에서는 노트 제목이 구분하는 역할을 해주기 때문에 꼭 필요하지는 않습니다. 다만 루만의 방식을 따라하고 싶다면 사용하셔도 됩니다. 'aliases'는 해당 노트를 다른 이름(별명)으로 부를 때 필요한 기능입니다. 별명이 필요한 노트일 때 사용하면 됩니다. (모바일과 PC의 데이터를 연결하려면 클라우드 서비스를 활용하거나 옵시디언 자체 동기화 서비스인 싱크Sync를 결제해서 이용하면 됩니다.)

날짜 : **2024-02-24** 12:58
태그 :   **#시도**   **#성공**

메모

시도하는 사람이 성공할 가능성이 조금이라도 생긴다. 오히려 똑똑한 사람이 성공과 실패를 저울질하고 리스크 회피를 위해 아예 시도하지 않는 경우가 많다. 성공한 사람들은 운이 좋았다고 말하는 경우가 많은데 그들은 많은 시도를 했을 가능성이 높다. 우리는 시도하고 실패하더라도 다시 시도할 때 성공이 찾아온다는 생각을 갖고 다시 시도할 수 있는 담대함이 필요하다.

원문 (인용)

성공엔 우연이 많은 부분을 차지한다.
잘 되는 것도 나의 탓, 잘 안되는 것도 나의 탓이다.
남탓을 하면 아무것도 얻을 게 없음

질문해야 삶이 바뀐다 (회장의 비서가 된, 강의에서 질문한 직원)
직원 : You changed my life (당신이 제 인생을 바꿨습니다.)
송길영 : No, You changed your life (당신이 당신의 인생을 바꾼겁니다.)

언급 도서
공정하다는 착각 [1] **by 마이클 샌델** [1]
실력과 노력으로 성공했다는 당신에게 [1] **by 로버트 H. 프랭크** [1]

그림 5-3 **영구메모 작성 샘플(본문 부분 1)**

❶ **날짜 및 태그:** 날짜는 템플릿을 설정하면 자동으로 입력됩니다. 그리고 태그는 먼저 적을 필요 없이 본문을 적고 나서 적어도 괜찮습니다. 메모를 가장 잘 나타내는 키워드를 적으면 됩니다. 앞에서도 언급했듯이 너무 많은 태그를 사용하지 않도록 조심해야 합니다.

❷ **메모:** 영구메모 본문입니다. 나중에 콘텐츠를 만들 때 최종 내용이 됩니다. 글쓰기에 활용하기 위해선 최소 한 문단 정도의 길이를 생각하고 적는 것이 좋습니다. 문단의 길이나 완성도를 갖췄는지를 영구메모를 작성한 이후에도 살펴보면서 기존의 맥락과 의미를 해치지 않는지 퇴고하는 과정을 거쳐도 됩니다. 메모 부분은 자신이 이해한 언어로 적어야 하고, 다른 메모가 아니라 이 메모만 보더라도 이해할 수 있을 정도로 적어야 합니다.

❸ **원문(인용):** ❷ 메모의 원문인 197쪽 [그림 5-1]의 ❹에 있는 내용을 적습니다. 그러면 유튜브 영상의 내용이 '행운은 다양하게 시도하는 사람들이 누릴 가능성이 높다'는 제목의 영구메모를 만드는 촉매로 작용했다는 것을 쉽게 파악할 수 있어 좋습니다. 그리고 저는 영상에서 언급된 책의 제목과 저자 이름을 여기에 적어두었는데, 제목과 이름이 새로운 영구메모를 만드는 씨앗이 된 적이 많았기 때문입니다. 메모를 늘려 나가는 방법 중 하나이니 여러분께도 추천합니다.

생각(질문) 헤더 부분을 살펴보겠습니다.

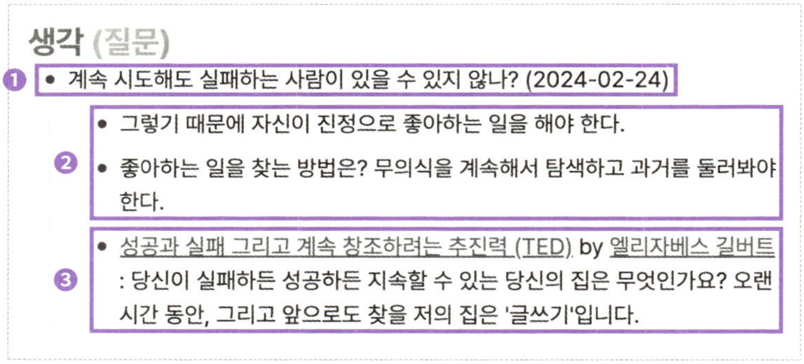

생각 (질문)
❶ • 계속 시도해도 실패하는 사람이 있을 수 있지 않나? (2024-02-24)
❷ • 그렇기 때문에 자신이 진정으로 좋아하는 일을 해야 한다.
• 좋아하는 일을 찾는 방법은? 무의식을 계속해서 탐색하고 과거를 둘러봐야 한다.
❸ • 성공과 실패 그리고 계속 창조하려는 추진력 (TED) by 엘리자베스 길버트
: 당신이 실패하든 성공하든 지속할 수 있는 당신의 집은 무엇인가요? 오랜 시간 동안, 그리고 앞으로도 찾을 저의 집은 '글쓰기'입니다.

그림 5-4 **영구메모 작성 샘플(본문 부분 2)**

메모만큼이나 많은 내용을 적어둘 수 있는 이 부분은 책으로 치면 책의 여백에 적는 메모와 비슷합니다. 영구메모의 본문에 포함되지는 않지만 그와 관련되어 떠오르는 생각이나 추가로 생각해볼 수 있는 부분에 대해서 적습니다. 이 부분은 조금 더 자세히 설명하겠습니다.

❶에는 '계속 시도해도 실패하는 사람이 있을 수 있지 않나?'라고 영구메모에 대해서 반대 생각을 적습니다. 반대 의견이나 비슷한 생각 등 무엇이든 적을 수 있습니다. [그림 5-4]처럼 날짜를 적어두면 생각이 언제 추가됐는지를 알 수 있고 처음 노트를 만들 때의 생각과도 구분할 수 있습니다.

❷에는 불릿을 한 단계 들여쓰기해서 '계속 시도해도 실패하는 사람이 있을 수 있지 않나?'라는 생각에서 추가로 전개해 나갑니다. 계속 시도해서 실패해도 괜찮은, 자신이 진정으로 좋아하는 일을 해야 지속할 수 있다는 생각을 남기고, 이어서 다음 라인에는 좋아하는 일을 찾는 방법으로 무의식과 과거를 둘러봐야 한다는 메모를 남겼습니다. 이렇게 아무리 사소한 생각이라도 놓치지 않고 계속 기록하며 생각의 틀을 키워 나갑니다.

❸에는 위의 내용과 관련된 노트를 추가해서 연결을 만들어 둡니다. 이렇게 연결까지 나올 정도면 영구메모를 새롭게 만들어도 되지만 일단 조금 더 묵혀두는 방식을 선택합니다. 실제 해당 영구메모의 연결이 아니라면 연결을 파악하는 과정에서 필요가 생기는 걸 경험할 때 분리해도 무방합니다. 임시메모에서 영구메모로 넘길 때도 조금 묵히는 과정을 통해서 실제로 시간이 지나고 나서도 나에게 의미 있고 통찰이 담긴 메모일 때만 영구메모로 넘깁니다. 바로 메모를 하는 습관은 중요하지만, 제텔카스텐에 넣을 메모는 신중하게 선택하고 연결해야 합니다.

이어서 영구메모의 마지막 파트인 '출처(인물)'와 '연결(이유)' 헤더 부분을 살펴보겠습니다.

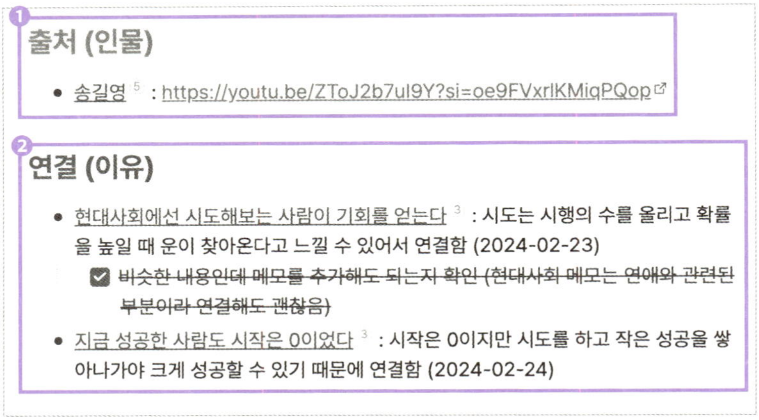

> **❶ 출처 (인물)**
> - 송길영 [5] : https://youtu.be/ZToJ2b7uI9Y?si=oe9FVxrlKMiqPQop
>
> **❷ 연결 (이유)**
> - 현대사회에선 시도해보는 사람이 기회를 얻는다 [3] : 시도는 시행의 수를 올리고 확률을 높일 때 운이 찾아온다고 느낄 수 있어서 연결함 (2024-02-23)
>   - ☑ 비슷한 내용인데 메모를 추가해도 되는지 확인 (현대사회 메모는 연애와 관련된 부분이라 연결해도 괜찮음)
> - 지금 성공한 사람도 시작은 0이었다 [3] : 시작은 0이지만 시도를 하고 작은 성공을 쌓아나가야 크게 성공할 수 있기 때문에 연결함 (2024-02-24)

그림 5-5 영구메모 작성 샘플(본문 부분 3)

❶ **출처(인물)**: 처음 이 메모를 만들 때 인물과 url 정보를 적어놨습니다. 메모가 어떤 사람의 말이나 글에서 만들어졌는지, 어떤 레퍼런스를 따라 만들어졌는지를 기재합니다. 결과물을 만들 때 출처를 기재하는 일은 중요합니다.

❷ **연결(이유)**: 위의 내용은 더블 브라켓을 활용해서 '[[시도'라고 입력해서(90쪽 설명 참고) 나온 메모 리스트 중에서 고른 것입니다. 이렇게 키워드로 찾아보는 것도 가능합니다. 저는 영구메모 인덱스의 전체 노트 리스트를 보면서 찾는 것을 선호합니다. 이렇게 하면 자신이 가진 노트 리스트를 살펴보면서 다른 노트들을 연결할 수 있는 확률도 증가합니다. 다른 노트의 내용을 살펴보면서 메모를 추가하고 수정하기도 하고 노트 연결을 추가하기도 합니다.

연결은 많을수록 좋으나 무분별하게 연결하거나 관련도가 낮은 메모를 연결하는 것은 지양해야 합니다. 영구메모 인덱스를 보면서 연결할 수 있는 노트가 있는지 살펴보고, 연결할 만하다면 해당 노트의 본문을 보고 검토한 뒤 연결합니다.

또한 메모를 연결하면서 이유를 적어두는 것을 추천합니다. 연결할 때는 왜 연결했는지 잘 알지만 시간이 지나고 다시 보면 연결한 이유가 떠오르지 않을 때가 많습니다. 노트를 보고 갑자기 생각이 떠올라서 연결하거나 머릿속으로만 연상하다가 연결하는 경우도 있기 때문입니다. 그리고 연결한 이유를 설명해야 할 때 고민하지 않기 위해서 연결하는 시점에 적어두시는 것을 추천합니다.

이렇게 PC에서 옵시디언으로 메모를 만드는 과정부터 영구메모를 만드는 과정까지를 살펴봤습니다. 다음으로 할 일은, 지금 만든 메모를 예전에 만든 메모 중 가장 관련성이 높은 메모 바로 다음에 배치하는 것입니다. 영구메모 인덱스에 지금 생성한 노트의 링크를 추가합니다.

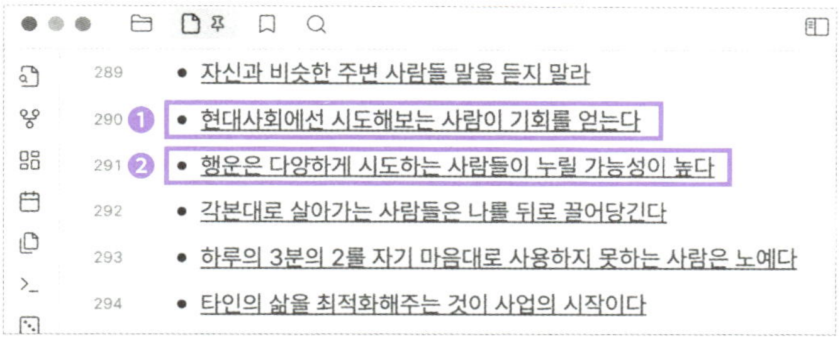

그림 5-6 **영구메모 인덱스**

현재 작성한 메모는 2개의 연결 중에서 '현대사회에선 시도해보는 사람들이 기회를 얻는다' 메모와 좀 더 연관성이 있고, 사업이라는 카테고리에 놓는 것이 적합해 보입니다. 따라서 영구메모 인덱스에서 ❶ 메모 밑에 행을 하나 추가해서 ❷처럼 지금 작성한 메모의 링크를 추가합니다.

　이렇게 아날로그 제텔카스텐의 원리를 옵시디언에서 노트 링크를 활용해서 구사할 수 있습니다. 그리고 앞뒤로 붙은 연결 이외에도 다양한 많은 연결을 노트 안에 추가해 둘 수 있습니다. 이렇게 연결을 추가해 나가면서 노트를 늘려나가면 나중에 아이디어를 발굴하거나 글을 적을 때 많은 도움이 됩니다.

💎 독서 - 영구메모 흐름

독서를 하며 도움이 되는 내용을 하이라이트하거나 메모해 개인지식으로 만들 수 있습니다. 중요한 부분을 찾아내 기존 지식과 연결하는 제텔카스텐 워크플로우를 살펴보도록 하겠습니다. 전자책에서 중요한 내용을 하이라이트하고 메모한 부분을 모아서 보여주는 독서노트 화면을 예로 들어보겠습니다.

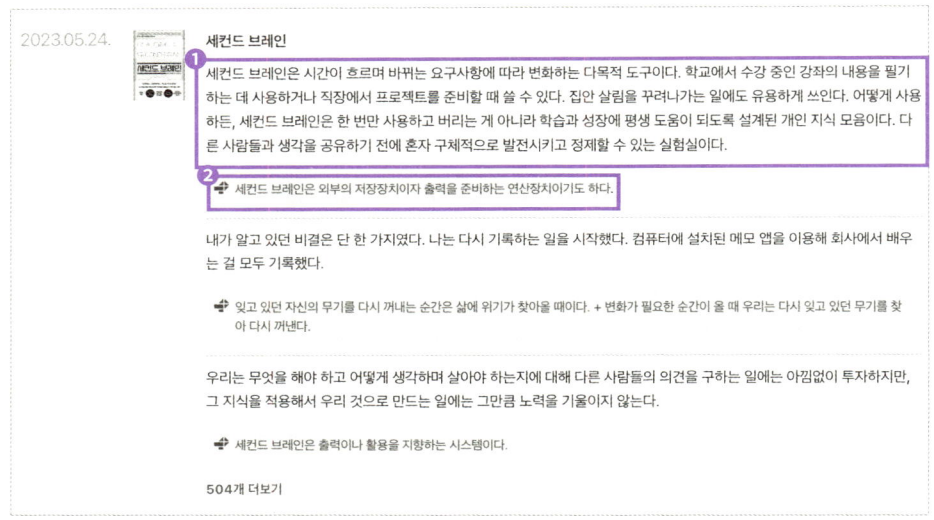

그림 5-7 **독서노트 화면 (리디북스)**

개인지식관리를 할 때에는 전자책을 이용하면 좋습니다. 전자책 서비스 중에서도 읽으면서 위의 화면처럼 ❶ 중요한 내용을 하이라이트하고 ❷ 메모한 부분을 외부로 내보낼 수 있는 서비스가 있습니다. 이런 서비스를 이용하면 옵시디언에 입력하거나 일일이 옮겨 쓰는 데 필요한 에너지와 시간을 아낄 수 있습니다. 마크다운로드MarkDownload와 같은 크롬 브라우저의 확장 프로그램을 이용해서 독서노트 페이지의 하이라이트와 메모를 모두 마크다운 형식으로 다운로드해서 바로 옵시디언에 추가하면 문헌메모가 됩니다.

마크다운 파일로 다운로드한 전자책 서비스의 독서노트를 옵시디언에 옮긴 모습도 예시로 보여드리겠습니다.

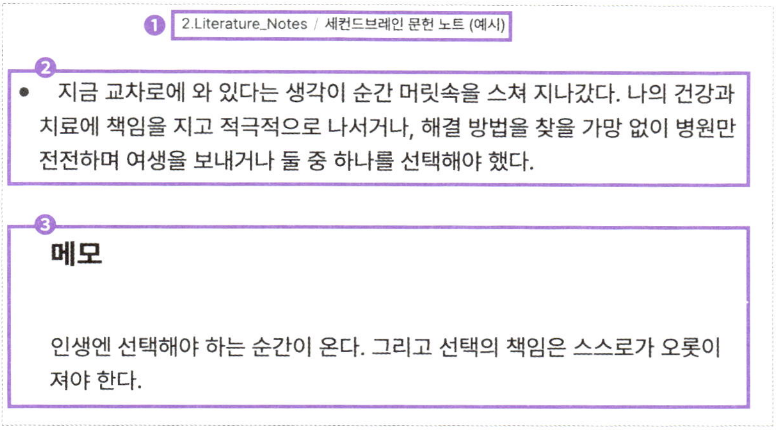

❶ 2.Literature_Notes / 세컨드브레인 문헌 노트 (예시)

❷
- 지금 교차로에 와 있다는 생각이 순간 머릿속을 스쳐 지나갔다. 나의 건강과 치료에 책임을 지고 적극적으로 나서거나, 해결 방법을 찾을 가망 없이 병원만 전전하며 여생을 보내거나 둘 중 하나를 선택해야 했다.

❸
메모

인생엔 선택해야 하는 순간이 온다. 그리고 선택의 책임은 스스로가 오롯이 져야 한다.

그림 5-8 **독서노트 내용을 옵시디언으로 옮긴 화면**

❶ 문헌메모 폴더에 '세컨드브레인 문헌 노트(예시)'라는 이름의 파일을 생성했습니다.

❷는 전자책을 읽으면서 제가 하이라이트한 또 다른 부분입니다.

❸은 하이라이트한 부분을 보고 떠오른 저의 생각을 적은 부분입니다. 이렇게 문헌메모는 대부분 원문이 나오고 그에 대한 생각을 하단에 같이 적으면서 진행합니다.

　문헌메모에도 자신의 언어로 요약해 메모하고 생각을 추가하면서 제텔카스텐의 영구메모가 될 수 있는 후보를 미리 작성해둡니다. 누누이 말씀드리지만 제텔카스텐 시스템을 반영한 옵시디언 노트에 메모를 할 때는 연결을 고려하면서 하이라이트하고 메모를 추가하는 방향을 추구합니다. 항상 결과물을 염두에 두고 목적을 지향하는 메모를 해야 우리가 자료를 읽고 작업하는 시간을 효율적으로 사용할 수 있고 불필요한 일을 반복하지 않을 수 있습니다.

책《네 안에 잠든 거인을 깨워라》의 내용과 저자인 토니 로빈스의 강연 내용을 연결하여 만든 문헌메모를 살펴보겠습니다.

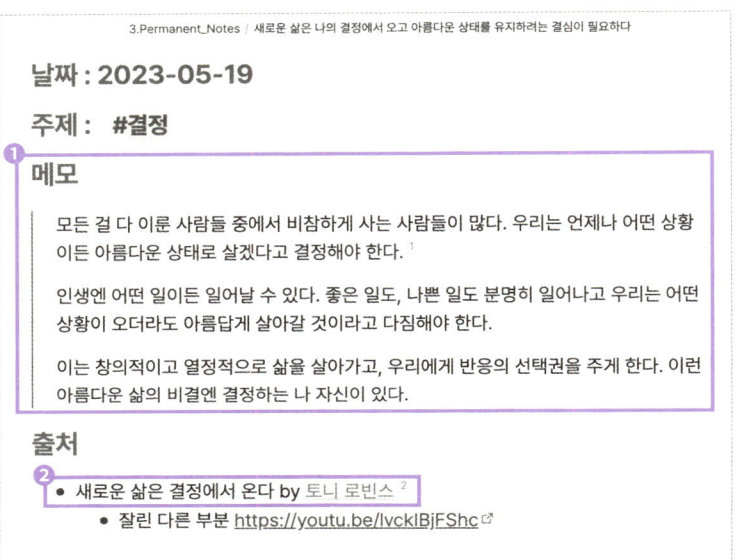

그림 5-9 토니 로빈스의 책과 유튜브 강연 영상을 보고 만든 문헌메모

영상을 보고 저는 '책임'과 '선택'이라는 키워드가 떠올랐습니다. 그래서 예전에 만든 영구메모 중에서 이 키워드가 들어간 메모를 찾던 중,《네 안에 잠든 거인을 깨워라》를 읽고 인생을 살아갈 때 가져야 할 태도를 적어 두었던 메모가 생각났습니다. 그 메모 내용과 영상의 내용이 상당 부분 일치한다는 것을 알았고 두 내용을 조합해 ❶에 인생을 아름답게 살아가려면 스스로의 삶을 나 자신이 결정해야 한다는 내용을 적었습니다. 그리고 출처에는 책보다 최근에 만들어진 토니 로빈스의 유튜브 영상을 ❷에 '새로운 삶은 결정에서 온다'는 제목으로 넣었습니다.

이렇게 자주 영구메모를 작성하다 보면 작성된 메모가 자연스럽게 머릿속에 각인되고 갖고 있는 영구메모 리스트 중에서 관련 있는 메모를 찾아서 새로운 메모와 연결하는 경험을 보다 자주하실 수 있습니다. 루만도 연결성을 고려하면서 새로운 지식을 탐색하고 발췌하면서 메모했습니다.

이제 문헌메모의 하이라이트와 메모 부분을 활용해 작성한 영구메모를 살펴보겠습니다. 이 메모는 원래 책의 의도나 맥락과 다를 수 있습니다. 우리가 읽고 경험하는 재료는 우리 안에 생각을 일으키는 촉매입니다. 재료를 통해 떠올리는 생각은 꼭 원문 그 자체 안에 머무를 필요가 없습니다. 그리고 맥락이 다른 부분도 원문과 메모를 같이 영구메모에서 관리하기 때문에 생각이 변하는 과정도 확인할 수 있습니다. 《세컨드 브레인》을 읽고 만든 영구메모를 살펴보겠습니다.

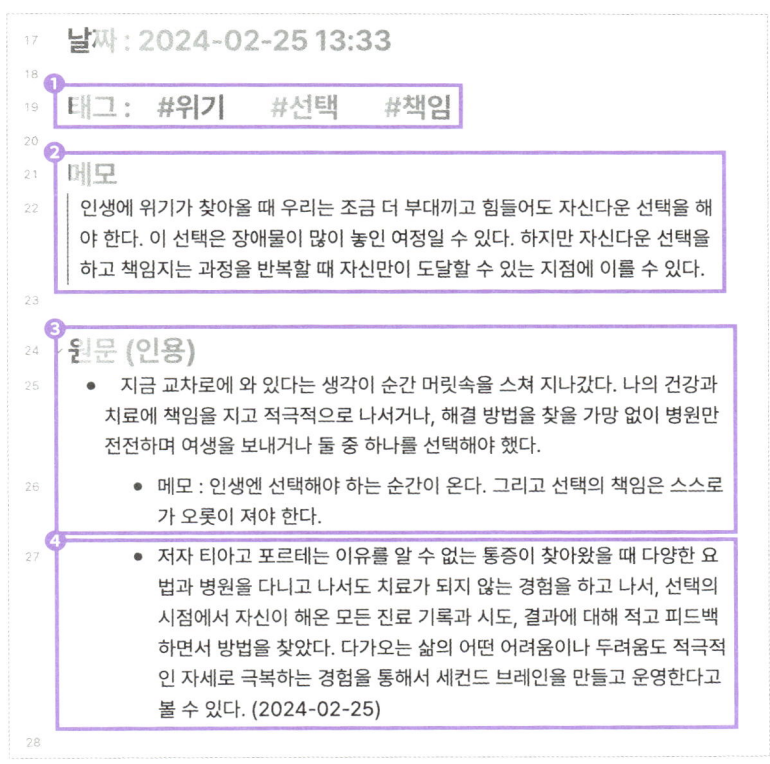

그림 5-10 책을 보고 만든 영구메모 화면 1

❶ **태그**: 본문의 맥락을 잘 설명하는 키워드를 선정해서 태그로 작성하는 부분입니다. 무분별한 태그 사용을 막으려면 처음부터 자신의 관심 태그를 미리 설정해두고 자신이 설정한 태그 리스트 안에서 선택하시는 것을 추천합니다.

❷ **메모**: 영구메모에서 가장 중요한 본 메모입니다. 원문(인용)을 보고 정리한 문헌메모를 다시 살펴보고 그것을 기반으로 나의 생각을 정리해 적으면 됩니다.

❸ **원문(인용)**: 원문(인용)과 그것을 보고 정리한 나의 메모를 넣는 부분입니다. 문헌메모 기반으로 영구메모를 작성하면 원문 관리가 수월합니다. 필요에 따라서 문헌메모 부분을 아래 화면처럼 노트 연결과 캐럿 인용을 활용해서 본문에 표시할 수도 있습니다.

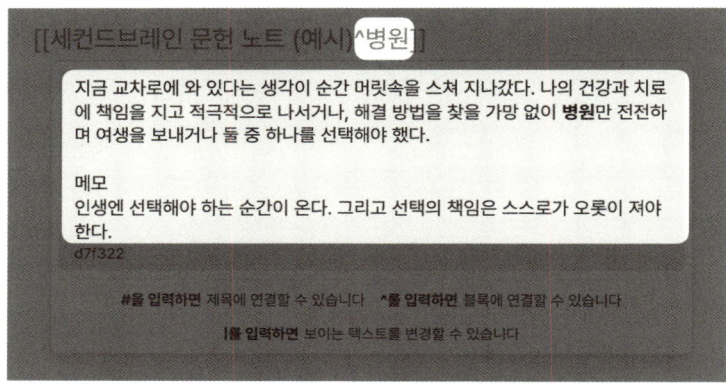

그림 5-11 **노트 연결과 캐럿 인용 기능을 메모에 적용했을 때의 화면**

위의 화면처럼 앞에서 배운 노트 연결 기능을 활용해 문헌메모를 링크하고 캐럿을 뒤에 붙여서 해당 부분을 찾을 수 있는 '병원'으로 검색해서 연결하면 해당 노트에서 '병원'이 포함된 부분의 리스트를 보여주고 이 중에서 원하는 부분을 선택하면 노트에 바로 해당 부분을 띄울 수 있습니다.

❹ 원문의 맥락을 조금 더 보충하는 부분입니다. 영구메모의 본 메모에는 적지 않아도 원문에 추가적으로 맥락을 적어두면 이후에 활용할 때 도움이 됩니다.

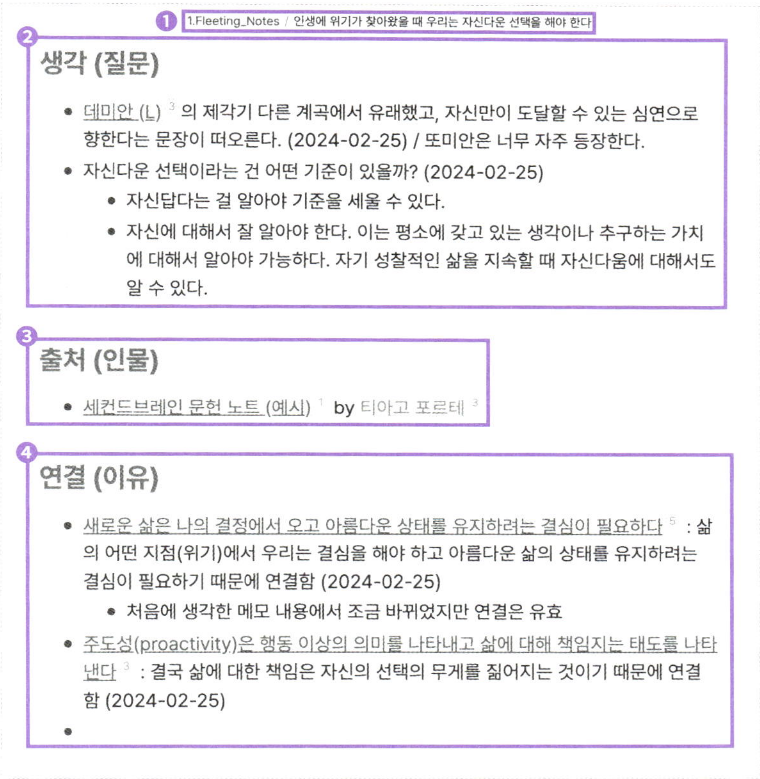

> ❶ 1.Fleeting_Notes / 인생에 위기가 찾아왔을 때 우리는 자신다운 선택을 해야 한다
>
> ❷ **생각 (질문)**
> - 데미안 (L) [3] 의 제각기 다른 계곡에서 유래했고, 자신만이 도달할 수 있는 심연으로 향한다는 문장이 떠오른다. (2024-02-25) / 또미안은 너무 자주 등장한다.
> - 자신다운 선택이라는 건 어떤 기준이 있을까? (2024-02-25)
>   - 자신답다는 걸 알아야 기준을 세울 수 있다.
>   - 자신에 대해서 잘 알아야 한다. 이는 평소에 갖고 있는 생각이나 추구하는 가치에 대해서 알아야 가능하다. 자기 성찰적인 삶을 지속할 때 자신다움에 대해서도 알 수 있다.
>
> ❸ **출처 (인물)**
> - 세컨드브레인 문헌 노트 (예시) [1] by 티아고 포르테 [3]
>
> ❹ **연결 (이유)**
> - 새로운 삶은 나의 결정에서 오고 아름다운 상태를 유지하려는 결심이 필요하다 [5] : 삶의 어떤 지점(위기)에서 우리는 결심을 해야 하고 아름다운 삶의 상태를 유지하려는 결심이 필요하기 때문에 연결함 (2024-02-25)
>   - 처음에 생각한 메모 내용에서 조금 바뀌었지만 연결은 유효
> - 주도성(proactivity)은 행동 이상의 의미를 나타내고 삶에 대해 책임지는 태도를 나타낸다 [3] : 결국 삶에 대한 책임은 자신의 선택의 무게를 짊어지는 것이기 때문에 연결함 (2024-02-25)

그림 5-12 책을 보고 만든 영구메모 화면 2

- ❶ 현재 노트의 경로와 제목을 함께 보여주는 상태 바입니다. 현재 노트는 임시메모를 넣어두는 **Fleeting Notes** 폴더에 '인생에 위기가 찾아왔을 때 우리는 자신다운 선택을 해야 한다' 제목으로 작성돼 있습니다. 해당 부분을 클릭하면 노트 제목을 바로 변경할 수 있도록 입력창이 뜹니다.
- ❷ **생각(질문):** 이전에도 설명한 대로 영구메모의 본문인 본 메모에 포함되지는 않지만, 파생되는 생각을 적는 부분입니다. 여기서는 제가 가장 좋아하는 소설 《데미안》의 구절을 적어 두었습니다. 이렇게 문헌메모를 인용하는 것만으로도 지식의 연결이 만들어질 수 있습니다.

그리고 본 메모에 언급한 '자신다운 선택'에 대해 생각해보기 위해서 스스로에게 질문을 던집니다. 되도록이면 질문을 던진 즉시 떠오르는 답변을 달아봅니다. 나중에 노트를 열었을 때 생각(질문)을 보고 답변을 추가할 수 있을 것입니다. 그 답변이 영구메모가 된 적이 자주 있으니 여러분도 계속 발전시켜 보고 싶은 생각이나 아이디어가 있다면 별도의 임시메모로 만든 뒤 나중에 영구메모로의 전환을 검토할 수 있습니다.

❸ **출처(인물):** 여기엔 책 제목과 저자를 적습니다. 프로퍼티에는 나중에 데이터 출력을 (Dataview) 위해서 입력하고, 본문에는 연결을 위해서 입력해둡니다. 되도록 많은 방식으로 연결이나 검색이 가능하도록 지식을 정리해두고 나중에 필요하고 자신에게 편한 방식으로 찾아보시면 됩니다. 기본 데이터를 입력하는 과정이 번거로울 수 있지만 나중에 모인 노트를 엮을 때 많은 도움을 줄 수 있으니 계속해서 입력하다 보면 시간이 짧아집니다.

❹ **연결(이유):** 이 영구메모는 처음부터 아이디어에 대해 연결할 영구메모를 파악한 상태에서 시작했습니다. 처음에 적어놨으니 하나는 기본으로 들어가 있고, 다른 연결을 찾는 데 시간을 조금 더 쓰면 좋습니다. 영구메모 인덱스 근처에 있는 노트 중에 책임과 주도성에 대한 노트를 본 것이 기억나서 연결해둡니다. 같은 이렇게 카테고리 안에서 관련 있는 노트와 연결하는 것도 좋지만 이질적인 카테고리에 있더라도 관련이 있는 노트를 연결할 때 생각지도 못한 창의적인 아이디어를 발견할 수 있습니다.

영구메모를 염두에 두고 작성한 문헌메모를 생성하면 영구메모 폴더로 파일을 이동합니다. 커맨드 팔레트를 실행해서 파일 이동 명령을 실행해 옮길 수도 있고 노트 메뉴에서 파일을 옮길 수도 있습니다. 그리고 처음 폴더 구조를 만들 때 넘버링을 해놓았다면 영구메모 폴더 숫자만 눌러도 빠르게 선택할 수 있습니다. 그리고 탐색기의 현재 노트를 선택해서 파일을 클릭해 이동하는 드래그 앤 드롭 방식으로 노트를 영구메모 폴더로 옮길 수도 있습니다.

참고로 [그림 5-13]에서처럼 ❶노트 링크 앞부분에 느낌표(!)를 추가하면, 링크한 부분이 ❷에 바로 나타납니다. 이 기능이 매력적인 이유는 노트에 입력하는 것이 아니라 다른 노트의 부분을 그대로 당겨와서 인용하는 것이기 때문입니다. 같은 자료를 다시 입력하는 중복 작업을 방지할 수 있고, 마크다운 파일 자체의 용량이 크지는 않지만 장기적으로 보았을 때 영구메모의 파일 용량도 작게 해서 유지할 수 있다는 장점이 있습니다.

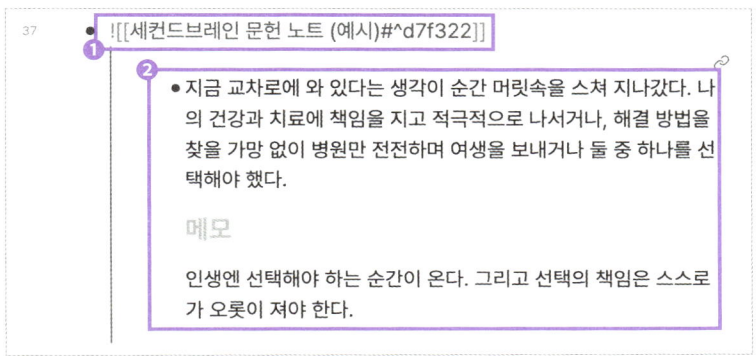

그림 5-13 **노트 링크 앞부분에 느낌표를 추가했을 때의 화면**

기사 - 리소스메모 흐름

마지막으로 영구메모가 종착역이 아닌 리소스메모를 향하는 워크플로우를 마지막으로 설명하겠습니다. 모든 정보는 영구메모가 되어 제텔카스텐(메모상자)에 들어가는 것이 아닙니다. 영구메모가 되지 못했지만 향후 필요한 개념이나 정보는 리소스메모에 들어가서 향후에 생길 연결을 기다립니다.

    인터넷에서 접하는 기사를 Readwise 같은 웹 하이라이터를 사용해 필요한 부분을 하이라이트하고 그에 대한 나의 생각이나 요약을 메모하는 과정을 설명하겠습니다. 이 과정은 전자책 서비스를 사용할 때 하이라이트하고 메모하는 과정과 비슷합니다. 그리고 동기화를 통해 옵시디언에 들어온 리소스메모를 지식관리에 활용하는 방법을 살펴보겠습니다.

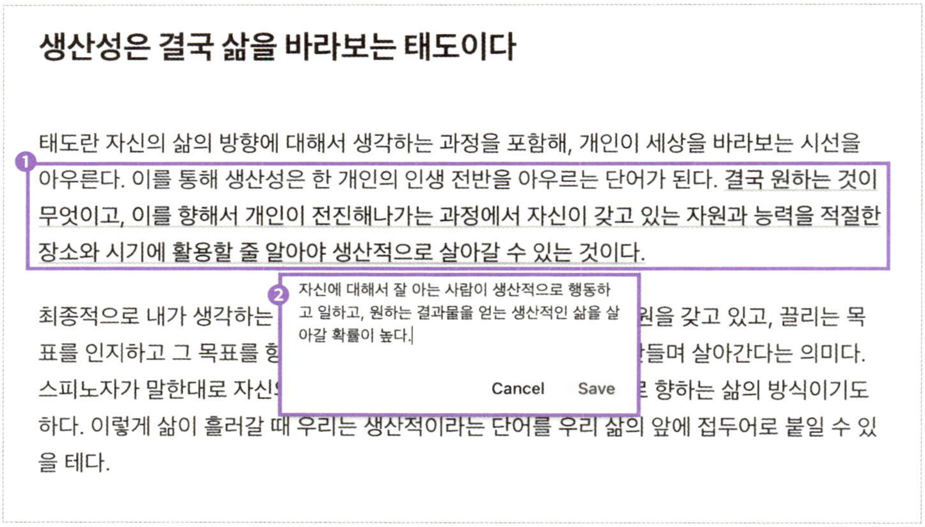

> ### 생산성은 결국 삶을 바라보는 태도이다
>
> 태도란 자신의 삶의 방향에 대해서 생각하는 과정을 포함해, 개인이 세상을 바라보는 시선을
> ❶ 아우른다. 이를 통해 생산성은 한 개인의 인생 전반을 아우르는 단어가 된다. 결국 원하는 것이
> 무엇이고, 이를 향해서 개인이 전진해나가는 과정에서 자신이 갖고 있는 자원과 능력을 적절한
> 장소와 시기에 활용할 줄 알아야 생산적으로 살아갈 수 있는 것이다.
>
> 최종적으로 내가 생각하는 ❷ 자신에 대해서 잘 아는 사람이 생산적으로 행동하 을 갖고 있고, 끌리는 목
> 표를 인지하고 그 목표를 향 고 일하고, 원하는 결과물을 얻는 생산적인 삶을 살 들며 살아간다는 의미다.
> 스피노자가 말한대로 자신 아갈 확률이 높다. 향하는 삶의 방식이기도
> 하다. 이렇게 삶이 흘러갈 때 우리는 생산적이라는 단어를 우리 삶의 앞에 접두어로 붙일 수 있
> 을 테다. Cancel Save

그림 5-14 온라인 기사를 보고 메모한 화면

위의 화면은 인터넷에 올라온 온라인 기사를 보다가 필요한 부분을 하이라이트하고, 하이라이트한 본문에 대한 생각을 메모하는 화면입니다. 개인지식관리와 관련된 뉴스레터를 읽다가 리소스메모로 저장해서 관리하려고 합니다. Readwise를 사용해 뉴스레터 정보를 수집하면 바로 본문에서 하이라이트와 메모를 할 수 있습니다.

❶은 본문에서 필요한 부분을 하이라이트한 부분입니다. ❷는 하이라이트에 대한 나의 생각과 의견을 메모한 부분입니다. 기본적으로 문헌메모를 작성할 때 만드는 독서노트와 동일한 방식으로 작성합니다. 이렇게 전체 기사를 읽고 필요한 부분을 하이라이트하고 메모하고 나면, Readwise에 설정한 시간 간격마다 자동으로 동기화되어 옵시디언 프로그램에 노트로 생성됩니다. 해당 기사의 제목은 '생산적 삶의 여정: 삶을 변화시킬 새로운 생산성'입니다.

옵시디언에 동기화한 하이라이트 노트 부분을 하나씩 살펴보겠습니다.

그림 5-15 뉴스를 보고 만든 문헌메모

❶에서 경로와 노트 제목을 확인할 수 있습니다. '7.Resources' 폴더의 'Readwise' 폴더 안에 '생산적 삶의 여정: 삶을 변화시킬 새로운 생산성'이라는 노트 제목으로 동기화되어 있습니다. Readwise를 사용하면 자동으로 해당 폴더에 동기화되어 저장되게 설정되어 있습니다. 직접 동기화될 폴더를 설정하고 싶다면 설정에서 변경하셔도 좋습니다.

❷에 기사 제목이 한 번 더 표시됩니다.

❸은 해당 기사에 대한 메타데이터입니다. 기본적으로 인터넷 문서가 담고 있는 정

보를 끌어옵니다. 저자는 '생산적 생산자'이고 뉴스레터 제목이 들어가고 기본 분류 태그가 들어가며, 출처인 url이 들어갑니다.

❹ 리소스메모의 본문이 되는 부분입니다. 여기에 기사에서 하이라이트한 부분과 메모가 같이 입력되는데 전자책 서비스에서 제공하는 것과 거의 비슷하게 입력됩니다. 또 여러 하이라이트와 메모를 입력하면 노트의 하단에 더 많은 기사 하이라이트와 메모가 입력됩니다. 리소스메모에서도 의미 있고 통찰을 주는 하이라이트와 메모는 나중에 영구메모로 만들 수도 있습니다. 아래 화면에서처럼 리소스메모에 추가로 메모를 입력하면서 아이디어를 발전시켜 나갈 수 있습니다.

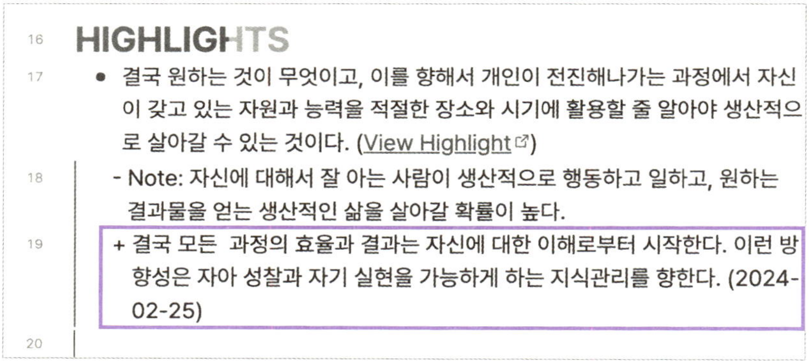

그림 5-16 **리소스메모에 메모가 입력되는 모습**

그리고 이렇게 메모가 쌓이다 보면 특정 주제에 대한 메모를 모아서 살펴보는 것이 필요하다고 생각될 때가 있습니다. 영구메모 인덱스에서 주제와 관련된 영구메모 리스트를 한 곳에 모으는 것과는 또 다른 방식으로 하나의 주제와 관련된 메모만 모은 인덱스메모인 MOC도 필요할 때가 있습니다.

MOC^{Map Of Contents}는 내가 갖고 있는 콘텐츠의 지도라고 말할 수 있습니다. 아날로그 제텔카스텐의 물리적 순서를 재현한 것이 영구메모 인덱스라면 MOC는 디지털의 장점을 최대한 활용하여 특정 주제에 관련된 정보를 엮어나가는 것입니다.

태그를 달거나 Dataview나 직접 링크를 넣고 수기로 메모하는 방식을 활용해서 특정 주제에 대한 나의 지식을 엮고 발전시키는 것이라고 생각하면 됩니다. 다음 예시 화면을 보겠습니다.

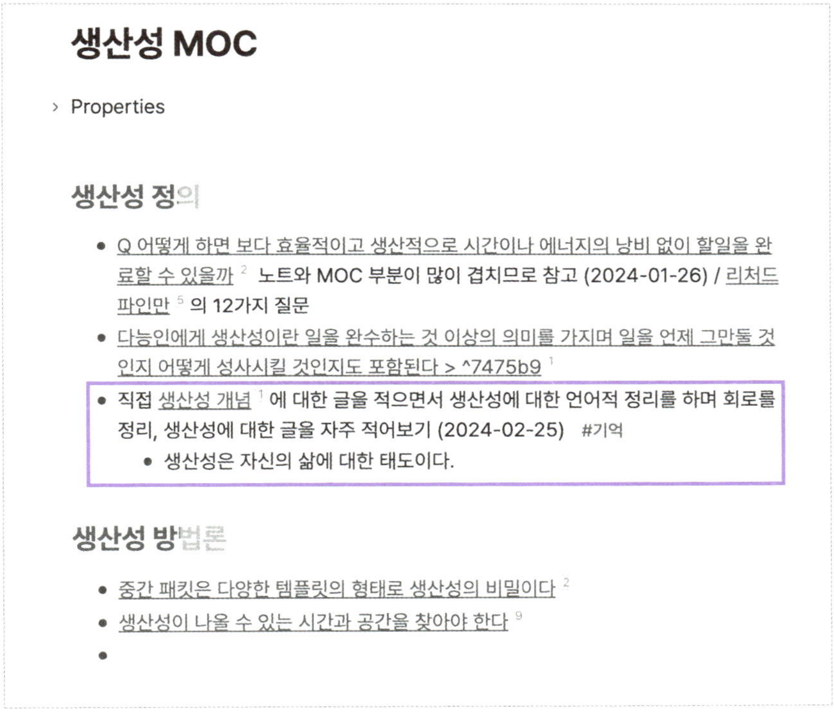

생산성 MOC

> Properties

생산성 정의

- Q 어떻게 하면 보다 효율적이고 생산적으로 시간이나 에너지의 낭비 없이 할일을 완료할 수 있을까 [2] 노트와 MOC 부분이 많이 겹치므로 참고 (2024-01-26) / 리처드 파인만 [5] 의 12가지 질문
- 다능인에게 생산성이란 일을 완수하는 것 이상의 의미를 가지며 일을 언제 그만둘 것인지 어떻게 성사시킬 것인지도 포함된다 > ^7475b9 [1]
- 직접 생산성 개념 [1] 에 대한 글을 적으면서 생산성에 대한 언어적 정리를 하며 회로를 정리, 생산성에 대한 글을 자주 적어보기 (2024-02-25)   #기억
    - 생산성은 자신의 삶에 대한 태도이다.

생산성 방법론

- 중간 패킷은 다양한 템플릿의 형태로 생산성의 비밀이다 [2]
- 생산성이 나올 수 있는 시간과 공간을 찾아야 한다 [9]
-

그림 5-17 **MOC에 메모를 입력한 모습**

생산성 정의 항목을 보면 기사에서 본 '생산성은 자신에 대한 태도'라는 부분이 생각나서 연결해놓았다는 것을 확인할 수 있습니다. 실제 노트 제목인 '생산적 삶의 여정: 삶을 변화시킬 새로운 생산성' 대신 '생산성 개념'이라는 이름으로 MOC 노트에서 표현되도록 노트 링크를 활용했습니다.

그리고 작성한 리소스메모를 링크하고 노트에 별명을 설정할 수 있습니다.

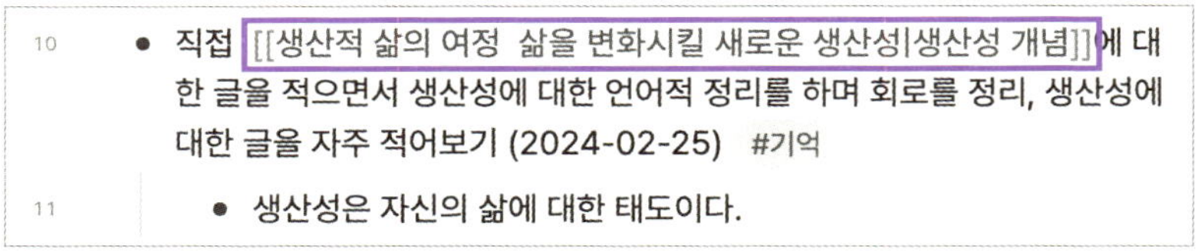

```
10        • 직접 [[생산적 삶의 여정_삶을 변화시킬 새로운 생산성|생산성 개념]]에 대
            한 글을 적으면서 생산성에 대한 언어적 정리를 하며 회로를 정리, 생산성에
            대한 글을 자주 적어보기 (2024-02-25)    #기억
11          • 생산성은 자신의 삶에 대한 태도이다.
```

그림 5-18 **Aliases 설정을 하기 위해 입력한 화면**

앞서 설명드린 것과 같이 실제 노트 이름을 링크한 뒤에 '|'을 입력하고 현재 노트에서 표시하고 싶은 이름('생산성 개념')으로 설정하시면 됩니다. 이렇게 하면 다른 노트에서 현재 노트를 다른 이름으로 부르고 싶을 때 얼마든지 바꿔서 연결할 수 있습니다. 이렇게 별명을 설정할 수 있는 옵시디언의 기능은 지식관리를 보다 유연하게 하며 같은 내용을 가리키는 노트에 대해 다른 이름의 노트를 생성하지 않고도 링크할 수 있어 시간적, 경제적으로 유리합니다. 별명 설정은 얼마든지 다양하게 하실 수 있으니 지식관리에 적극적으로 활용해보시기 바랍니다.

지금까지 영상, 독서, 기사를 사례로 제텔카스텐 방식과 옵시디언의 개인지식관리 흐름을 설명했습니다. 제가 설명한 부분과 완전히 똑같이 진행되는 개인지식관리는 없을 겁니다. 저의 방식을 사례로 들어서 설명했을 뿐입니다. 처음에는 제가 알려드린 방식대로 하더라도 각자 써보면서 취향에 따라 수정해서 사용하면 됩니다.

중요한 것은 내 행동의 이유를 알고 원리를 이해하는 겁니다. 그래야 내가 하는 방식에 대해서 다른 사람에게도 설명하고 가르칠 수 있습니다. 제텔카스텐을 사용할 때의 원칙을 다시 한번 설명하면, 자신이 이해한 언어로 내용을 적고 출처를 기재하되 하나의 메모에는 하나의 내용만 담고 메모끼리의 연결을 목표로 한다는 것입니다. 이 원칙을 지킨다면 어떤 일을 하더라도 제텔카스텐을 적용할 수 있습니다. 이어지는 직무별 활용 사례는 앞에서 설명한 원리에 기반하고 응용한 것입니다. 개인의 필요와 업무 특성에 따라서 얼마든지 다르게 활용될 수 있다는 걸 염두에 두시고 업무에 활용하기 바랍니다.

회사원의 제텔카스텐 & 옵시디언 활용(PARA)

우리는 일을 하면서 얻은 지식과 경험을 토대로 점점 나아지기를 요구받습니다. 변화와 발전이 없다면 도태되기 마련이고 스스로 주체성을 갖고 나아가야 합니다. 그러나 지식과 경험이 쌓일수록 제대로 정리하고 보관하기가 매우 어렵습니다. 자신만의 지식관리 방식을 갖지 못하면 습득한 지식과 경험이 휘발할 것입니다. 그런 분들을 위해 저는 제텔카스텐과 그것을 구현하는 옵시디언을 권합니다. 이렇게 만들어 나가는 지식은 회사에서만이 아닌 어디에서나 사용될 수 있을 것입니다.

우리는 지금까지 책이나 기사, 영상 등을 보고 그 내용을 메모하는 방법을 배웠습니다. 따라서 일을 하며 얻은 지식과 경험을 메모로 만드는 것은 그렇게 어렵지 않을 것입니다. 다만 주의할 점은 내가 사용하기 편하게 작성하되 회사에서 얻은 지식인 만큼 다른 사람과의 공유를 생각하고 만드는 것이 좋습니다. 글쓰기를 지향하는 제텔카스텐의 특성을 생각해 공유될 수 있는 통찰을 만드는 것을 목표로 하면 좋습니다. 목적을 확실히 하면서 메모를 만들어 나가시기 바랍니다. 업무를 하면서 업무의 경향성이나 문서화되지 않는 업무 노하우들을 명시화하는 과정이라고 생각하면 이해가 잘 되실 것입니다.

💎 업무지식을 쌓는 데 도움을 주는 제텔카스텐

일을 하다 보면 여러 번 겪지만 개념이 명확하지 않아 머릿속에서 맴도는 경우가 있을 것입니다. 그 이유는 지식을 자신만의 언어로 완벽히 이해하지 못하기 때문입니다. 그런 사람들에게 제텔카스텐 메모법은 많은 도움을 줄 수 있습니다. 제가 제텔카스텐을 배우고 얻은 가장 큰 수확은 개념을 명확히 이해하는 것은 물론 내가 배운 지식을 다른 사람에게 알기 쉽게 설명할 수 있었다는 점입니다. 회사에서 일하며 얻은 지식으로 메모를 작성하고 반복해서 확인한다면 조금씩 나의 업무 능력이 발전하는 것을 체감할 수 있을 것입니다. 또 일을 하면서 얻은 노하우를 잘 정리해 놓았다가 같거나 비슷한 일을 해야 할 때 활용하면 빠르고 쉽게 업무를 처리할 수 있을 것입니다. 다음은 회사에서 업무를 하면서 알게 된 지식의 영구메모 인덱스입니다. 제텔카스텐, 회사 생활, 이메일이라는 카테고리로 영구메모가 연결돼 있는 걸 보실 수 있습니다.

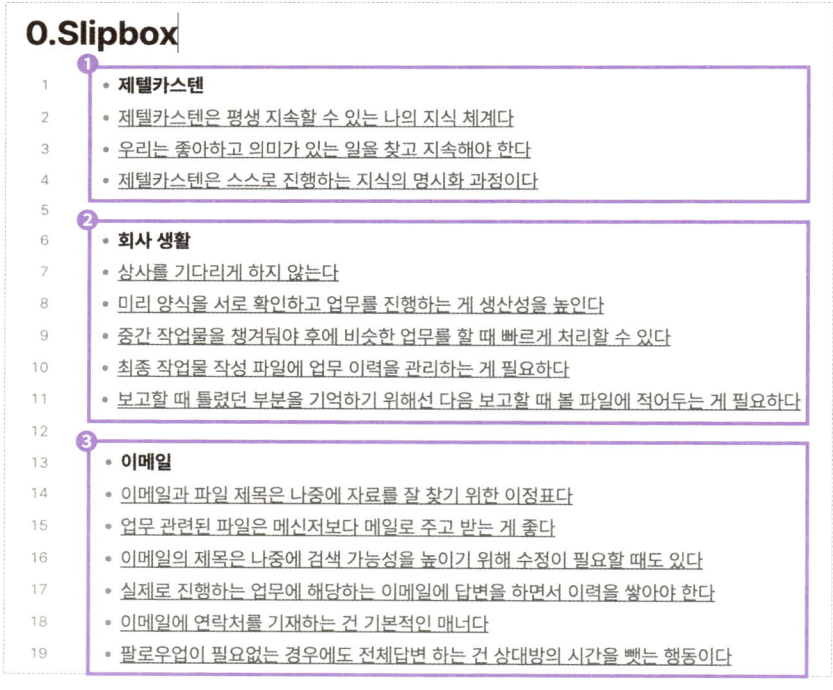

그림 5-19 영구메모 인덱스 화면

❶은 회사 밖에서도 사용할 수 있는 지식을 정리한 부분입니다. 제텔카스텐에 대한

공부도 회사에서 필요로 한다면 할 수 있습니다. 엄밀하게 구분해서 할 필요는 없습니다. 다른 분야에 있는 지식이라도 나중에는 연결되서 통합적인 제텔카스텐의 지식구조에 들어가게 됩니다. ❷와 ❸은 회사에서 업무를 할 때 참고할 수 있는 부분을 나의 언어로 정리해서 제텔카스텐에 들어갈 영구메모 형식으로 만들고 영구메모 인덱스에 정리한 부분입니다.

  자신이 업무를 하면서 느꼈던 부분을 하나씩 명시화하면서 정리해볼 수 있습니다. 이런 경험은 머릿속에만 갖고 있던, 말이나 언어로 표현되지 않았던 나만의 생각이나 지식을 정리하는 데 도움이 됩니다. 이 과정을 통해 내 생각을 다시 한번 생각해보고 검증할 수 있습니다. 적어 놓고 보니 별로일 수도 있고 이건 정말로 필요해서 발전시켜 나가는 시작점이 될 수도 있습니다.

  회사에는 달마다, 분기마다, 반기마다, 해마다 진행하는 일이 있습니다. 일을 하다 보면 챙겨야 할 일이 점점 늘어납니다. 게다가 다각도에서 검토하고 처리해야 하는 일이 늘어납니다. 회사에서 직장인이 처리해야 할 정보는 엄청납니다. 제텔카스텐을 활용하면 우리는 다양한 정보를 요약해서 좀 더 쉽게 자신의 것으로 만들고 기존 지식과 연결하면서 회사 내부의 많은 이해관계를 고려한 보다 종합적인 결론을 내리는 데 도움이 되는 지식관리를 할 수 있습니다. 내가 하는 일이 회사의 다른 부서에서 일어나는 일들과 어떤 연결성을 가지는지, 내가 하는 일이 다른 부서의 업무에 어떤 영향을 주는지 인식하고 일한다면 보다 생산적으로 일하고 올바른 결정을 내릴 확률이 높습니다.

  일을 진행하는 과정에서 알게 된 지식을 제텔카스텐 메모 형식으로 기록하고 일간메모를 만들어서 매일 하루에 진행한 일을 적고 하루 만에 끝나지 않는 일은 지속적으로 살펴보면서 진행할 수 있습니다. 그렇게 되면 이전에 업무를 중단했던 지점이 정확히 어디인지 바로 알 수 있고, 빠르게 이어서 진행할 수 있습니다.

  제텔카스텐에서 추가하는 연결과 생각 부분에는 날짜를 기재하는 것이 좋습니다. 날짜와 이력만 잘 기재돼 있어도 업무가 어떻게 진행됐는지 파악하기 수월합니다.

누가 하든, 또 어떤 일이든 기록해두고 정리하면 역사가 됩니다. 내가 진행하는 일도 단순히 마무리하는 것에서 그치는 게 아니라 배울 점을 찾고 그 안을 돌아보면서 의미를 찾고 개선점을 찾을 수 있습니다.

💎 PARA & Dataview로 할일 관리

회사에서 개인의 지식을 관리하는 것은 조직의 건전한 운영을 위해 필요하지만 우선은 일을 잘하기 위해 필요합니다. 저도 10년 이상 직장을 다니면서 돌아보니 회사는 모든 것이 일이라는 것을 깨달았습니다. 할지 안 할지 선택하는 것도 의사결정이고, 에너지를 쓰는 일입니다. 회사 일이란 10분만에 끝나는 사소한 일도 있지만 짧게는 며칠부터 길게는 수개월이 걸리는 일도 있습니다. 수없이 쏟아지는 이들을 추적하고 놓치지 않기 위해 지속적으로 관리하고 기록하는 습관을 들여야 합니다.

할 일과 정보를 관리하기 위해 리소스메모에서 소개한 PARA 방법을 끌어와서 이용할 수 있습니다. PARA의 각 폴더를 만들어두고 업무가 생기면 해당 폴더에 맞게 메모를 하나씩 만들어 나갑니다. PARA의 분류에 대해 다시 한번 설명하면 Projects는 기한이 있는 할 일, Areas는 기한이 없는 할 일(기간 업무), Resources는 관심사나 정보(할 일이 아님), Archives는 중단된 업무나 더 이상 필요 없는 정보입니다. 새로운 업무나 정보가 생길 때 위의 네 가지 분류에 따라 정리된 폴더에 넣습니다.

업무가 생기면 업무 내용이 잘 드러나는 제목을 작성하고 업무와 관련된 내용을 정리해서 남깁니다. 지속적으로 업무 진행 상황을 정리하면서 처리해 나갑니다. 단기간에 끝나는 일이 아닌 장기간에 걸친 프로젝트나 휴식기가 있는 일을 맡았을 때는 업무 처리 날짜를 적어둬야 나중에 진행 상황을 파악하기에도 좋고 원활하게 업무를 처리할 수 있습니다.

날짜를 꼼꼼히 입력하는 것은 일이 어떻게 시작되고, 어떤 의사 결정과 담당자들 간의 논의를 거쳐서 진행됐는지를 파악하는 데 중요한 자료가 됩니다. 특히 날짜를 잘 적으면 어떤 과정을 거쳐 일이 진행됐는지를 파악하는 데 도움이 되고 문제가 생겼을 때 과정을 되짚으며 어디서부터 문제가 생겼는지를 빠르게 알아차릴 수 있습니다. 또 오랫동안 진행되는 일은 마무리할 때 보고서를 작성해야 하는 경우도 생기는데 이렇게 날짜 별로 진행 내역을 정리해놓으면 많은 도움이 됩니다.

특정한 시기마다 진행하는 일은 시간이 지나면 처리 방법을 잊어버릴 수 있는데, 작업 방법이나 다음에 처리할 때 기억해야 할 부분을 미리 적어두면 도움이 될 때가 많습니다. 기록은 다음에 내가 볼 때 알아보기 쉽게 작성해둬야 하니 나만의 정리 방식으로, 또 나의 언어로 적어두지 않으면 나중에 고생하는 경우가 많습니다. 내가 이해할 수 있는 언어로 적어야 합니다.

그리고 내가 PARA에 어떤 리스트를 갖고 있는지 한번에 보기 위해선 136쪽에서 설명했던 Dataview 플러그인을 활용할 수 있습니다. 폴더에 있는 노트 리스트를 불러와서 띄울 수 있고 노트의 프로퍼티에 분류 정보를 기입해서 정리해도 띄울 수 있습니다. 제가 만든 PARA 폴더의 프로젝트 폴더에 있는 노트를 Dataview 플러그인을 사용해 테이블로 출력해보겠습니다. 아래와 같은 쿼리 절을 입력하면 됩니다.

```
### Projects

```dataview
Table
from "PARA/Projects"
```
```

위와 같은 방식으로 Area, Resources, Archives 폴더에 있는 노트들을 출력할 수 있습니다. 테이블 대신 리스트를 이용해도 같은 결과가 나옵니다. 각 PARA 폴더 내에 생성된 노트에 프로퍼티 속성을 추가하면 테이블에서 속성을 기반으로 출력할 수 있습니다. 프로젝트의 각 노트에 "마감 기한" 날짜를 프로퍼티로 기입한다면 마감이 임박한 노트별로 볼 수 있습니다.

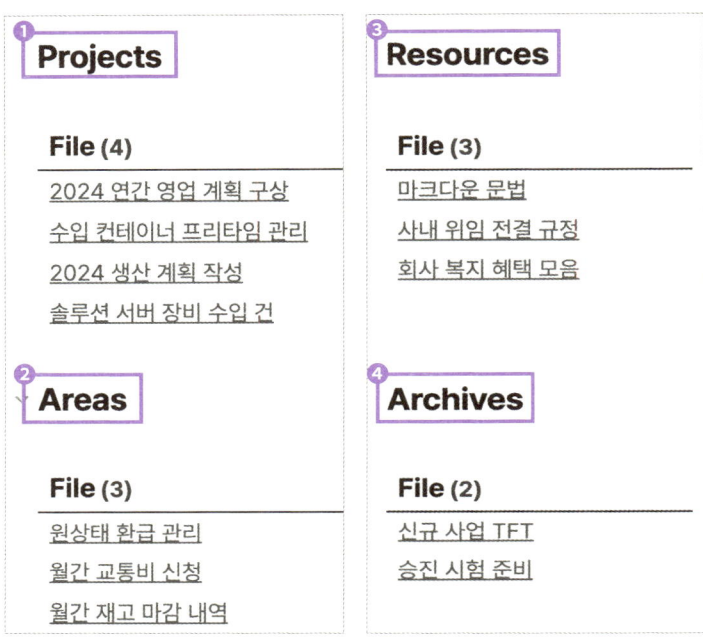

그림 5-20 **PARA 데이터 예시**

각 폴더에 있는 리스트를 불러오면 처리할 업무인 ❶ 'Projects', ❷ 'Areas'와 함께 업무를 진행할 때 필요한 정보인 ❸ 'Resources'를 참고할 수 있습니다. 그리고 ❹ Archives 부분도 함께 볼 수 있습니다. 헤더로 정리했으니 펼치기/닫기 기능인 '토글'을 활용해서 접어두거나 펼쳐서 볼 수 있습니다.

그리고 ❶ 'Projects'에 있던 업무가 ❷ 'Areas'로 넘어가기도 하고 반대의 일이 생기기도 합니다. 그리고 ❶ 종료된 'Projects'나 ❷ 'Areas'의 업무가 ❹ 'Archives'로 넘어갈 수도 있습니다. 업무 성격이 바뀌면서 폴더를 이동하면 노트 이름을 변경해야 할 때도 있습니다. 이럴 때 기존에 처리한 업무를 한 번 마무리 짓고 넘어가고 싶다면 Archives에 넘기고 다른 폴더에 새로운 노트를 생성하면서 Archives에 있는 노트를 연결해놓을 수도 있습니다.

이렇게 일하며 얻은 지식은 제텔카스텐에 넣고 실제 업무를 처리하는 과정은 PARA를 활용해서 작업을 효율화시킬 수 있습니다. 회사 안에서 얻은 지식을 계속해서 암묵지에서 명시지로 바꿔나가는 과정을 거치고 실제로 처리하는 업무도 PARA 폴더 구조와 Dataview를 통해서 빠르게 파악하고 챙길 수 있습니다. 제텔카스텐과 옵시디언을 활용하면 생산적이면서도 꼼꼼히 업무를 처리할 수 있습니다.

그리고 제텔카스텐에 있는 노트와 PARA에 있는 노트들은 서로 연결할 수 있습니다. PARA에 있는 노트들처럼 특정 업무를 처리한 내역은 영구메모의 출처가 될 수도 있습니다. 이렇게 내 업무와 영구메모의 연관성을 파악하며 업무 이해도를 높이고 나만의 지식관리를 해 나갈 수 있습니다.

어떤 직무든 적용할 수 있는 시스템

앞에서 설명한 업무에서 얻은 지식을 제텔카스텐 영구메모로 만드는 과정과 PARA를 활용한 할 일 관리는 직무에 따라 약간의 변형이 있긴 하겠지만 모든 직무에 활용할 수 있습니다. 두 작업을 통합해서 진행하면 업무 도중에 얻은 지식을 명시화하는 과정을 거쳐 내 업무를 더 정확하고 명료하게 인지할 수 있습니다.

문서화는 생산성을 증가시킵니다. 지식을 문서화하고 다시 살펴보는 일은 커뮤니케이션 비용을 아껴줄 수 있는 수단이기도 합니다. 지식을 말이 아닌 글로 적어두면 업무 진행에 많은 도움이 됩니다. 그리고 비슷한 상황을 마주했을 때 기록해둔 자료를 살펴보며 업무 과정을 정확히 파악해 올바른 의사결정을 할 수 있습니다.

글로 적는 것은 머릿속에서 생각이 잘 정리되어야 할 수 있습니다. 그러면 동료에게 설명하거나 상사에게 보고할 때 많은 도움이 됩니다. 자신의 생각을 정리하는 과정은 글로 적어볼 때 가능하게 됩니다. 제텔카스텐 영구메모를 만드는 과정이 가장 많은 도움이 되고, 업무에 대한 이력을 적는 과정도 언어로 풀어내는 과정이기 때문에 정리라는 행위를 수반합니다.

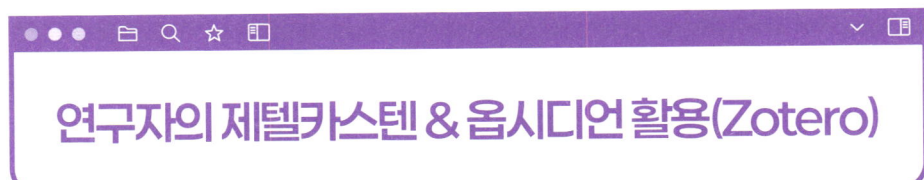

연구자의 제텔카스텐 & 옵시디언 활용(Zotero)

Zotero는 연구자가 다양한 학술 자료와 참조 문헌을 수집하고 관리하는 도구입니다. Zotero와 옵시디언을 결합하여 사용하는 워크플로우는 연구자들이 학술 작업을 효율적으로 수행할 수 있도록 지원합니다. 연구 과정의 수많은 단계에서 정보와 참조 문헌을 용이하게 정리해주며, 제텔카스텐 메모법의 원리를 적용하면 더욱 효과적인 지식관리와 아이디어 발견을 돕습니다.

Zotero에서의 연구 자료 관리

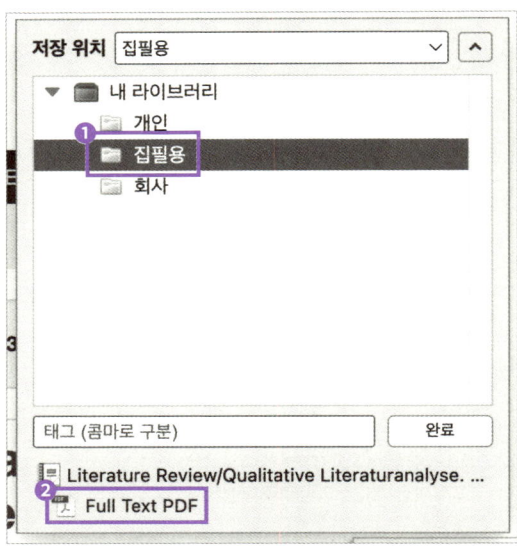

그림 5-21 **Zotero 확장프로그램으로 논문을 수집했을 때의 화면**

연구자는 Zotero로 관련 학술 자료를 구성하고, 중요한 부분을 하이라이트하며 개인 메모를 추가할 수 있습니다. 이렇게 얻은 정보는 연구 아이디어를 발전시키고 논문을 작성하는 데 필수 자산이 됩니다.

[그림 5-21]은 Zotero를 설치하고 'Zotero Connector' 확장 프로그램을 설치했을 때의 모습입니다. 윈도우와 맥에서 사용하는 프로그램의 기본 인터페이스와 비슷해서 사용하는 것이 어렵지 않을 것입니다.

Zotero를 사용하는 연구자에게 'Zotero Connector' 확장 프로그램은 학술 자료의 수집 과정을 간소화합니다. 이 확장 프로그램을 통해 연구자들은 웹 브라우저에서 직접 논문, 기사, 웹사이트 등의 자료를 발견하는 즉시 Zotero 라이브러리로 저장할 수 있습니다.

특히, 발견한 자료에 PDF 파일이 포함되어 있다면, Zotero Connector는 ❷처럼 자동으로 해당 PDF를 다운로드하여 원하는 ❶ 폴더에 저장합니다. 이 과정은 연구자가 필요한 자료를 빠르고 체계적으로 조직할 수 있도록 돕습니다. 또한 Zotero 라이브러리에서 자료를 쉽게 검색하고 관리할 수 있게 하며 연구 과정에서의 정보 접근성과 효율성을 대폭 향상시킵니다.

제목	창작자	연도	Citation Key
▼ Literature Review/Qualitative Literatura...	Kunz	2018	Kunz2018Literature
Kunz_2018_Literature_Review-Qualit...			

그림 5-22 **Zotero에 수집된 논문 정보**

위 화면은 Zotero에 수집된 논문 정보입니다. 이렇게 제목, 창작자, 연도, 인용키 Citation Key를 보여줍니다. 필요한 항목을 탐색기Finder에서 고르는 것처럼 출력하는 항목을 선택해 관리에 필요한 내용을 출력하면 다음 화면이 나타납니다.

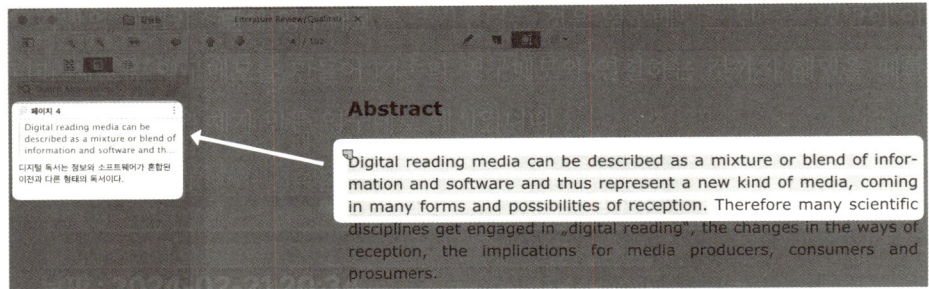

그림 5-23 **PDF 파일에서 자료를 하이라이트한 화면**

PDF 파일을 열어서 전자책이나 웹 하이라이터를 이용할 때처럼 자료를 보고 하이라이트하고 메모하면 됩니다. 이렇게 만든 메모는 나중에 옵시디언으로 동기화할 자료입니다. 정보(논문)을 수집하고, 읽으면서 중요한 부분을 발췌하고, 정리해서 향후 활용할 수 있는 형태로 저장해두고 연결하는 것이 Zotero와 옵시디언을 같이 이용하는 이유입니다.

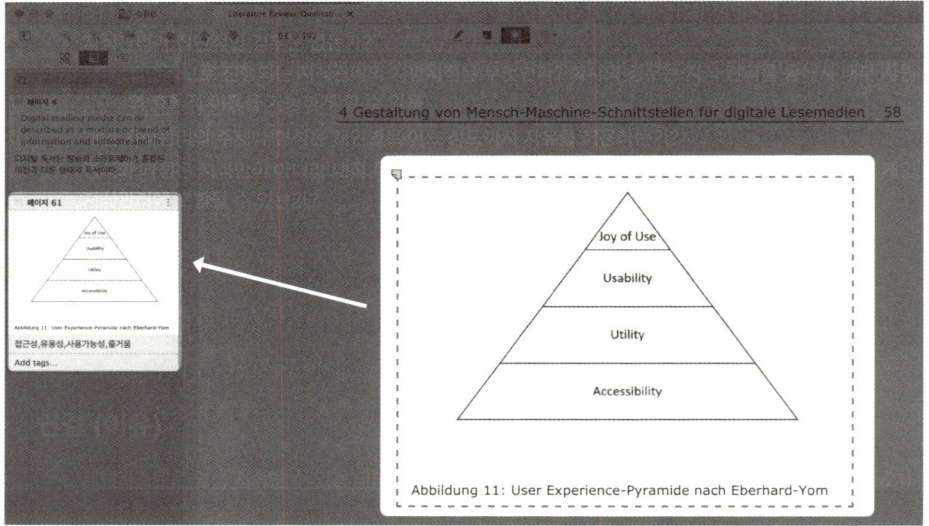

그림 5-24 **Zotero에서 이미지를 하이라이트한 화면**

Zotero가 이북보다 좋은 점은 [그림 5-24]처럼 이미지도 하이라이트할 수 있다는 점입니다. 일일이 캡처 프로그램을 구동해 복사하고 붙여넣을 필요 없이 간편하게 하이라이트를 할 수 있습니다. 또 메모도 넣을 수 있습니다. [그림 5-24] 왼쪽에는 '접근성, 유용성, 사용가능성, 즐거움'이라는 메모와 함께 하이라이트 부분을 모아서 볼 수 있습니다. 이렇게 만든 텍스트와 이미지에 대한 하이라이트와 메모는 옵시디언 노트로 직접 동기화될 수 있습니다.

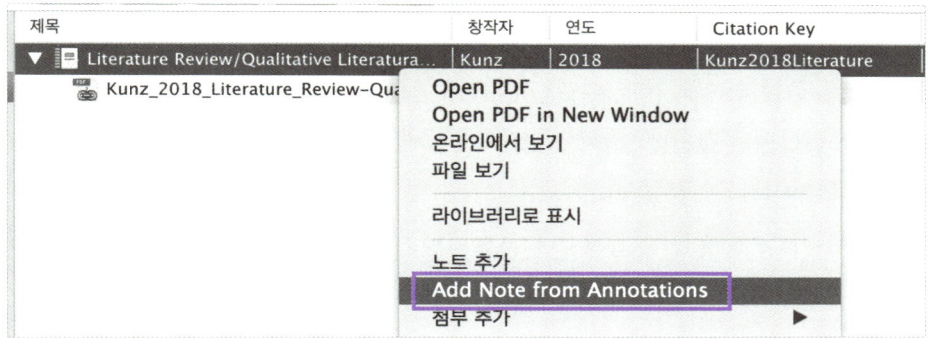

그림 5-25 메모와 논문 자료를 연결하기

다만 동기화하기 전에 메모로 작성한 부분을 추출해서 논문 자료와 연결해둬야 합니다. 그래야 필요한 내용이 제대로 연결되고 문제 없이 작동합니다. 해당 자료를 클릭하고 우클릭을 하면 나오는 [Add Note from Annotation] 버튼을 누르면 다음 화면이 나타납니다.

그림 5-26 메모와 논문 자료를 연결한 것을 하이라이트했을 때의 화면

그러면 [그림 5-26]처럼 'Annotations'로 시작하는 메모 파일이 생깁니다. 이 노트가 있어야 옵시디언 'Zotero Integration' 플러그인을 통해서 동기화할 때 'Annotation' 정보가 함께 옵시디언 노트에 들어갑니다.

🔮 옵시디언으로의 자료 동기화

옵시디언에서 'Zotero Integration' 플러그인을 설치하면 Zotero에서 관리하는 학술 자료와 주석을 옵시디언의 노트로 직접 가져올 수 있습니다. 이렇게 동기화된 자료는 옵시디언에서 추가적인 분석, 정리 및 통합을 할 수 있으며 연결된 노트 작성에 바로 활용할 수 있습니다.

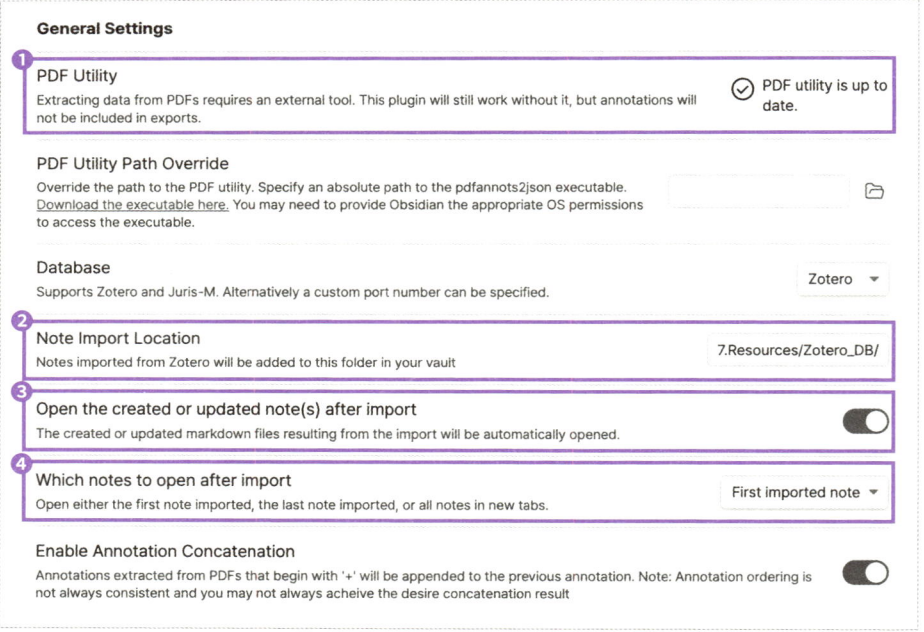

그림 5-27 옵시디언에서 **Zotero 플러그인을 설치했을 때의 화면**

[그림 5-27]은 옵시디언 커뮤니티에서 'Zotero'를 검색해 설치한 뒤 내 옵시디언에 나타난 Zotero 설정 화면을 캡처한 그림입니다. 이중에서 꼭 알아야 할 네 가지 항목에 대해 설명하겠습니다.

❶ **PDF Utility:** Zotero에 저장된 PDF 파일에서 필요한 데이터를 추출할 때는 외부 PDF 툴이 필요합니다. 설치하면 오른쪽에서 'PDF utility is up to date'라는 최신 버전인지 여부만 확인하는 메시지가 나옵니다.

❷ **Note Import Location:** Zotero에서 읽은 자료를 옵시디언의 어느 폴더에 저장할지 import 지정하는 메뉴입니다. 저는 '7.Resources' 폴더 안에 'Zotero_DB' 폴더를 생성해서 지정했습니다.

❸ **Open the created or updated note(s) after import:** 'Zotero Integration' 플러그인을 실행해서 노트를 끌어온 뒤, 새롭게 생성된 노트를 바로 보여줄지 선택할 때 사용합니다.

❹ **Which notes to open after import:** 여러 노트를 불러왔을 때 어떤 노트를 보여줄지 선택하는 메뉴입니다. '첫 노트, 마지막 노트, 모든 노트' 옵션이 있습니다.

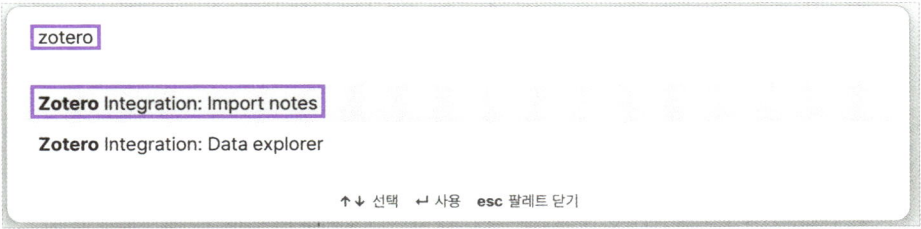

그림 5-28 **Zotero에서 옵시디언으로 하이라이트와 메모 불러오기**

이제 설정을 마치고 Zotero에서 옵시디언으로 하이라이트와 메모 부분을 불러와 보겠습니다. ⌘+P를 눌러서 커맨드 팔레트를 띄우고 'zotero'를 입력하면 'Zotero Integration: Import notes'가 뜹니다. 선택하면 Zotero에서 어떤 자료를 갖고 올지를 검색하고 선택하는 화면이 나옵니다.

그림 5-29 **Zotero에서 옵시디언으로 논문 불러오기**

이전에 Zotero에 수집하고 읽은 논문을 불러와 보겠습니다. 논문 제목을 검색하면 '내 라이브러리' 아래에 검색한 논문이 나옵니다. 다만 한글 검색은 스페이스를 두 번 눌러줘야 나오는 현상이 있으니 유념하시기 바랍니다. 논문을 선택하면 선택한 노트 가져오기가 시작됩니다.

[그림 5-30]은 Zotero의 논문 Annotation(하이라이트 및 메모)이 옵시디언에 동기화된 노트 이미지입니다. ❶처럼 저자명, 출판연도, 제목으로 구성된 고유값인 'Citekey'가 노트 이름의 기본값으로 설정돼 있습니다. ❷는 텍스트 하이라이트 부분입니다. 텍스트 하이라이트에 이어서 메모한 부분이 같이 동기화된 걸 확인할 수 있습니다. ❸은 이미지 하이라이트 부분과 메모입니다. 화면 아래의 [Go to annotation] 버튼을 누르면 Zotero에 있는 하이라이트 부분을 바로 살펴볼 수 있습니다. 마치 옵시디언에서 노트 연결의 활용 방식 중 캐럿을 활용한 노트 연결 방식인 블록 링크와 비슷하다고 보실 수 있습니다.

옵시디언에서는 가져온 Zotero의 자료를 기반으로 추가 노트를 작성하며, 이 과정에서 제텔카스텐 메모법의 원리를 적용해서 영구메모로 만들거나 참고자료나 정보인 리소스로 활용해서 옵시디언에 저장된 지식과 연결하는 작업을 진행할 수 있습니다. 연구자는 아이디어 간의 연결을 강화하고, 새로운 통찰력을 발견하기 위해 옵시디언의 훌륭한 링크 기능을 활용합니다. 연구 노트 사이의 관계를 명확히 하고 지식의 네트워크를 구축함으로써 더 깊이 있는 분석과 통찰을 얻을 수 있습니다.

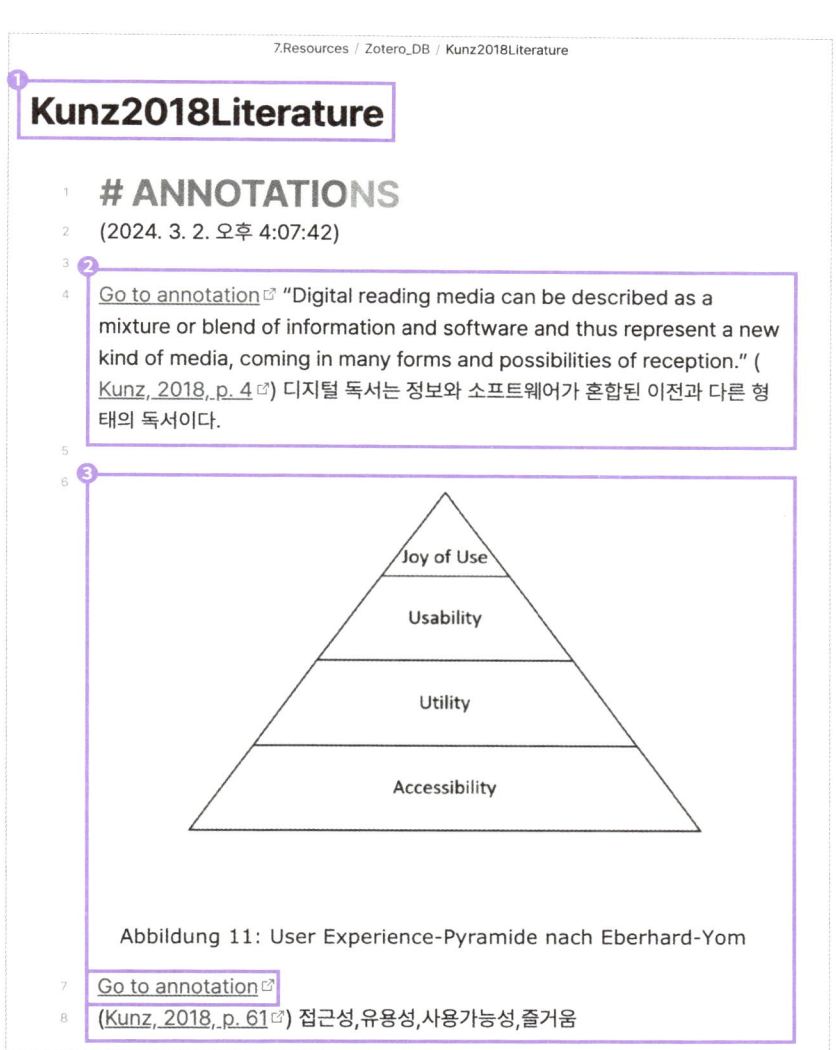

그림 5-30 **Zotero**에서 옵시디언에 동기화된 노트 이미지

그 외의 제텔카스텐 & 옵시디언 활용

지금까지 저를 비롯해 옵시디언을 활용해본 사람들의 노하우가 담긴 부분을 살펴보았습니다. 아직 옵시디언이 출시된 지 얼마 되지 않았지만 옵시디언을 활용해 생산성을 높이고 업무를 단순화할 수 있는 가능성은 무궁무진하다고 생각합니다. 회사원과 연구자를 제외한 다른 사례도 가볍게나마 살펴보겠습니다. 독자 여러분도 이 과정을 통해 자신만의 옵시디언 사용 방법을 고민해보시기 바랍니다.

개발자의 활용 사례

개발자들이 옵시디언과 제텔카스텐 메모법을 활용해야 하는 이유는 여러 가지가 있습니다. 그중에서 무엇보다 개발 과정을 근본적으로 변화시킬 수 있는 잠재력을 가지고 있다는 점이 큰 장점입니다. 옵시디언은 개발자에게 코드 작성, 프로그래밍 학습, 개발 프로젝트 관리에 이르기까지 모든 것을 구조적이고 효율적으로 정리할 수 있는 효과적인 기반을 제공합니다.

옵시디언을 사용하면 개발자들은 모듈화된 코드 조각들을 레고 블록을 조립하듯이 이어붙여, 복잡한 프로그램을 만들어낼 수 있습니다. 각 코드 조각에 대한 설명, 사용 예제, 관련 문서 등을 마크다운 파일로 작성하여, 프로젝트의 다른 부분과 쉽게 연결할 수 있습니다. 이는 코드의 재사용성을 높이고, 개발 과정에서의 이해도를 증진시키며, 팀원 간의 커뮤니케이션을 강화하는 데 기여합니다.

또한 프로그래밍에 대한 학습 과정 자체도 체계적으로 기록할 수 있습니다. 새로운 프로그래밍 언어나 기술을 배울 때마다 학습한 내용, 중요한 개념, 자주 사용되는 함수 등을 노트로 작성하고, 이러한 노트들을 서로 연결하여 지식의 네트워크를 구축할 수 있습니다. 이 과정은 개발자가 학습한 내용을 더 깊이 이해하고, 필요할 때 즉시 찾아볼 수 있도록 돕습니다.

옵시디언의 그래프 뷰와 다양한 플러그인은 이러한 지식 네트워크를 시각적으로 탐색하고 확장하는 데 매우 유용합니다. 개발자는 그래프 뷰를 통해 자신이 작성한 노트와 코드 조각들 사이의 연결 관계를 한눈에 파악할 수 있으며, 필요한 정보에 빠르게 접근할 수 있습니다. 커뮤니티 플러그인은 개발 작업을 지원하는 다양한 기능을 추가하여 옵시디언의 활용도를 더욱 높여줍니다.

결론적으로 옵시디언과 제텔카스텐 메모법을 활용하는 것은 개발자들에게 코드 작성 및 프로그래밍 학습 과정을 구조적으로 관리하고, 지식을 체계적으로 축적하며, 개발 프로젝트를 효율적으로 진행할 수 있는 방법을 제공합니다. 이는 개발자들이 더 높은 생산성과 창의력을 발휘할 수 있는 기반을 마련해주며, 그들의 개발 생활을 더욱 풍부하고 유의미하게 만들어줍니다.

소설가의 활용 사례

제텔카스텐 메모법과 옵시디언을 활용하는 접근법은 소설가들의 창작 활동에 혁신을 가져올 수 있습니다. 이 방식은 아이디어를 체계적으로 조직하고 발전시키는 데 중점을 둡니다. 옵시디언에서 기존에 작성된 영구메모 간의 연결을 통해, 마치 대화하듯 지식을 탐구하고 스토리 전개에 필요한 아이디어를 얻는 과정을 간소화합니다. 이러한 접근은 소설가가 플롯, 캐릭터 개발, 배경 설정 등에 필요한 다양한 아이디어를 도출하는 데 큰 도움이 됩니다.

'옵시디언의 연결' 기능은 아이디어의 비계층적 구조와 유기적 연결을 가능하게 합니다. 소설가는 작성한 노트 간에 링크를 생성함으로써, 관련 아이디어나 정보를 서로 연결하여 대화하듯 탐구할 수 있습니다. 더 나아가, 이러한 연결을 통해 캐릭터의 발전 방향, 플롯의 가능성, 서사의 전환점 등을 탐색할 수 있습니다. 창의적인 스토리텔링을 실현할 수 있는 기회를 제공합니다.

비계층적 구조의 채택은 소설가가 아이디어를 자유롭게 탐구하고, 예상치 못한 연결을 발견할 수 있게 합니다. 옵시디언의 그래프 뷰를 활용하면, 이러한 연결의 네트워크를 시각적으로 확인하고 탐색할 수 있습니다. 이는 소설가에게 창작의 자유와 유연성을 부여합니다.

옵시디언에서 마스터 인덱스의 관리는 중요한 부분입니다. 비록 노트 단위는 비계층적이고 동등한 지위를 가지지만, 모든 노트와 아이디어를 한눈에 볼 수 있는 중앙 집중화된 본부, 즉 MOC가 필요합니다. MOC는 소설가가 자신의 창작물과 관련된 모든 요소를 조망하고, 필요한 정보에 빠르게 접근할 수 있도록 돕습니다. 이러한 구조는 창작 과정을 통합적으로 관리하며, 아이디어의 발전과 연결성을 더욱 쉽게 탐색할 수 있게 합니다.

제텔카스텐 메모법은 메모로 자신과 자신의 대화를 가능하게 하여 아이디어를 발전시키는 도구로 작용합니다. 이는 소설가가 자신의 아이디어와 의견을 기록하고, 나중에 다시 그 아이디어들을 기반으로 나 자신과 대화하며 새로운 통찰을 얻을 수 있는 기회를 제공합니다.

결국, 제텔카스텐 방식과 옵시디언의 활용은 소설 쓰기의 전통적인 경계를 넘어선다는 것을 의미합니다. 아이디어의 자유로운 탐구와 비계층적인 연결을 통해, 소설가는 기존에는 불가능했던 방식으로 창작물을 구상하고 발전시킬 수 있습니다. 옵시디언은 이 과정에서 필수적인 도구로 작용하며, 소설가가 자신의 창의적 비전을 실현할 수 있도록 지원합니다. 이 방식을 통해, 소설가는 창작 활동에 있어 새로운 차원의 자유를 경험하고, 자신의 이야기를 더욱 풍부하고 다층적으로 펼쳐나갈 수 있습니다.

🔮 크리에이터의 활용 사례

제텔카스텐 메모 방식과 옵시디언의 결합은 유튜버와 같은 크리에이터들에게 콘텐츠 제작의 여러 단계에서 혁신적인 접근법을 제공합니다. 이 방식은 콘텐츠의 초기 아이디어 구상부터, 아이디어의 발전, 편집 및 최종적인 퇴고 과정까지 크리에이터의 창작 활동을 지원합니다.

크리에이터들은 종종 새로운 콘텐츠 아이디어를 찾고, 이를 체계적으로 발전시키는 과정에서 어려움을 겪습니다. 제텔카스텐 방식은 각 아이디어를 독립된 노트로 관리하고, 이러한 노트들 간의 연결을 통해 보다 깊이 있는 통찰과 새로운 아이디어를 도출할 수 있게 합니다. 옵시디언의 '연결' 기능은 크리에이터가 자신의 생각을 시각적으로 탐색하고, 아이디어의 연결 과정을 간소화하며 창작의 가능성을 확장합니다.

콘텐츠의 편집 과정에서도, 크리에이터는 자신의 작업이 일관성 있고, 관련성 높은 정보를 제공하도록 노력합니다. 이때 옵시디언 내에서 MOC를 활용하면, 관련 노트들을 효과적으로 조직하고, 콘텐츠와 관련된 모든 요소를 한눈에 파악할 수 있습니다. 이는 크리에이터가 콘텐츠 제작 과정을 보다 통합적으로 관리하고, 아이디어 발전을 더욱 쉽게 탐색할 수 있게 합니다.

특히, 콘텐츠 제작 과정에서 크리에이터는 자신의 아이디어와 의견을 노트에 기록하여 창의적인 대화를 가능하게 합니다. 이러한 접근은 콘텐츠의 다양성과 깊이를 더하며, 새로운 관점에서의 통찰을 얻을 수 있는 기회를 제공합니다. 자신과의 대화를 통해 크리에이터는 자신의 콘텐츠에 대한 새로운 차원의 이해를 얻고, 시청자와의 연결을 더욱 강화할 수 있습니다.

제텔카스텐 메모법과 옵시디언의 활용은 콘텐츠 제작 과정에서 크리에이터가 직면하는 다양한 도전을 해결할 수 있는 강력한 도구를 제공합니다. 아이디어의 체계적인 관리와 발전을 통해, 크리에이터는 자신의 콘텐츠를 보다 전략적이고 창의적으로 구성할 수 있습니다. 옵시디언은 이 과정에서 필수적인 지원을 제공하며, 크리에이터가 자신의 창의적 비전을 효과적으로 실현할 수 있도록 돕습니다. 이 방식을 통해, 크리에이터는 자신만의 독특한 콘텐츠를 창조하고, 시청자와의 깊이 있는 관계를 구축할 수 있는 새로운 방법을 발견할 것입니다.

6장

챗GPT와 옵시디언을 통한 지식관리 및 학습

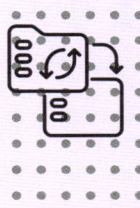

옵시디언에서 챗GPT를 활용한 개인지식관리

생성형 AI, 특히 대화형 인공지능의 등장은 우리가 정보와 지식을 얻고 처리하는 방식을 근본적으로 변화시켰습니다. 생성형 AI는 기계 학습과 자연어 처리 기술을 활용하여 사용자의 질문이나 요청에 대해 새로운 텍스트를 생성해 답변하는 기술입니다. 이러한 AI는 인터넷상의 방대한 데이터를 학습하여 다양한 주제에 대한 지식을 축적하고, 그 지식을 바탕으로 사용자와의 대화에서 의미 있는 답변을 제공할 수 있습니다. 이는 기존의 검색 엔진이나 데이터베이스 조회와는 다른 차원의 상호작용을 할 수 있게 해주며 사용자가 보다 직관적이고 자연스러운 방식으로 정보에 접근할 수 있게 만듭니다.

챗GPT 같은 대화형 인공지능으로 인해 정보와 지식을 다루는 방식에 혁명이 일어났습니다. 이 기술의 가장 큰 특징은 복잡한 쿼리 언어나 특정 형식을 배우지 않고도 일상적인 언어로 원하는 정보를 얻거나 작업을 요청할 수 있다는 것입니다. 이러한 접근성은 정보 검색, 학습 및 창의적 작업의 장벽을 대폭 낮추어 더 많은 사람들이 기술의 혜택을 누릴 수 있게 만들었습니다. 이러한 AI는 사용자의 의도를 파악하고, 그에 맞는 정보나 콘텐츠를 생성함으로써 개인과 조직의 업무 방식과 지식 관리에 새로운 혁신을 가져오고 있습니다.

개인 지식관리와 생산성 향상 측면에서는 생성형 AI가 정보의 효율적인 검색, 정리, 요약을 도와주어 학습과 업무 프로세스를 혁신적으로 개선할 수 있습니다. 이는 학습 자료의 소화와 이해를 돕고, 업무 문서 작성이나 아이디어 발생 과정에서 시간을 절약해주는 등 다양한 방식으로 생산성을 향상시킬 수 있습니다.

> **나**
> 개인지식관리를 위해 옵시디언을 배우려면 어떤 자료를 보면 좋을까?
>
> **ChatGPT**
> 옵시디언(Obsidian)을 배우고 개인 지식 관리에 활용하기 위해 다음과 같은 자료들을 참고하면 좋습니다:
>
> **1. 옵시디언 공식 문서**
> - **주소:** Obsidian 공식 웹사이트
> - **설명:** 옵시디언의 기능, 사용 방법, 팁 및 트릭에 대한 포괄적인 가이드를 제공합니다. 기본적인 사용법부터 고급 기능까지 다양한 정보를 찾을 수 있습니다.
>
> **2. YouTube 튜토리얼**
> - **추천 채널:**
>   - **Thomas Frank, Ali Abdaal, Keep Productive** 등은 옵시디언을 사용한 노트 테이킹, 지식 관리, 생산성 향상에 대한 훌륭한 튜토리얼을 제공합니다.
> - **설명:** 비디오 튜토리얼은 옵시디언의 기본적인 사용법부터 특정 기능을 활용하는 구체적인 방법까지 시각적으로 배울 수 있는 좋은 자료입니다.
>
> **3. 옵시디언 포럼과 커뮤니티**
> - **주소:** Obsidian Forum
> - **설명:** 옵시디언 사용자 커뮤니티는 사용자들이 팁, 트릭, 워크플로우, 플러그인에 대해 토론하고 공유하는 공간입니다. 질문을 하거나 다른 사용자의 경험을 통해 배울 수 있습니다.

그림 6-1 챗GPT에 프롬프트를 입력하고 대화하는 화면

이러한 변화는 우리가 새로운 분야의 지식을 배우거나 전에는 접근하기 어려웠던 영역의 정보를 탐색할 때 생성형 AI를 뛰어난 선생님으로 만듭니다. AI를 통해 우리는 몰랐던 주제에 대해 빠르게 학습하고 깊이 이해할 수 있습니다. 하지만 이 모든 기술적 진보에도 불구하고 인간 고유의 '생각'하는 능력, 즉 비판적 사고와 창의성을 계속해서 훈련하고 발전시키는 것이 중요합니다. 생성형 AI는 우리에게 정보를 제공하고 일정 부분에서는 생산성을 향상시킬 수 있지만 진정한 의미를 이해하고 지식을 창출하는 주체는 여전히 인간입니다.

옵시디언에서 챗GPT를 활용하여 새로운 개념에 대해 질문하고 이해한 내용을

나의 언어로 정리하여 노트에 기록하는 과정은 지식의 습득과 관리를 더욱 효과적으로 만듭니다. 이러한 방식은 마치 우리가 1:1 개인 과외를 받는 것 같은 효과를 얻으며, 동시에 시간과 공간의 제약이 사라졌다는 점에서 학습의 속도를 높이고 깊은 지식을 함양해 나갈 수 있습니다. 또 복잡한 질문에도 답변해주며 여러 번 물어도 귀찮아하지 않고 자세히 설명해준다는 점도 장점입니다.

생성형 AI를 통한 학습 경험은 책이나 논문, 영화 등 전통적인 학습 자료와는 다른 새로운 차원의 정보와 지식을 제공합니다. 거대언어모델 LLM, Large language model 을 통해 필요한 정보를 신속하게 추출하고 이를 기반으로 지식의 연결고리를 만들어 나가는 과정은 학습자가 단편적인 지식의 습득을 넘어서, 다양한 정보를 통합적으로 이해하고 자신만의 지식 체계를 구축하는 데 도움을 줍니다. 이 과정에서 중요한 것은 지식 간의 연결을 이해하고 이를 자신의 경험과 결합하여 새로운 인사이트를 얻는 것입니다. 이는 지식관리의 진정한 가치를 드러내며, 학습자로 하여금 보다 깊이 있는 이해와 응용 능력을 발달시키게 합니다.

이러한 학습 경험을 극대화하기 위해서는 명확한 학습 목표를 설정하는 것을 넘어서 원리를 이해하고 지식관리를 통해 얻으려는 것에 대한 깊은 고민이 필요합니다. 이는 지식의 획득이 단순한 정보의 수집에 그치지 않고 자신의 성장과 발전, 문제 해결 능력의 향상으로 이어져야 한다는 것을 의미합니다. 이 과정에서 챗GPT 같은 AI 도구는 매우 유용한 자원이 될 수 있지만 이를 효과적으로 활용하기 위해서는 학습자가 적극적으로 AI를 탐구하고 비판적 사고를 가지는 것이 필요합니다.

생성형 AI를 활용할 때 독립적인 사고 능력과 비판적 분석 능력이 저하되는 것을 막는 것은 학습자가 마주한 중요한 과제입니다. 이를 위해 학습자는 제공된 정보를 수동적으로 받아들이지 않고, 그것이 어디서 왔고 어떻게 구성되었는지를 스스로 질문하며 정보의 진위를 철저히 검토해야 합니다. 또한 다양한 관점을 탐색하고 생성형 AI가 제시한 답변을 출처가 다른 정보와 비교하는 습관을 기르는 것이 중요합니다. 이러한 접근 방식은 AI의 한계를 인정하면서도 그것을 유용한 학습 도구로서 적절히 활용한다는 점에서 매우 바람직한 자세입니다. 이 과정을 통해 학습자는 AI를 활용하며 자신만의 판단 기준을 확립하고, 보다 효과적인 학습 전략을 수립할 수 있습니다. 이러한 자세는 다음 단계로 나아가 다른 생성형 AI 서비스와의 비교 분석을 통해 자신에게 가장 적합한 도구를 찾을 때에도 큰 도움이 됩니다.

다른 생성형 AI 서비스와의 비교 분석을 통해 자신에게 가장 적합한 도구를 찾는 것도 중요한 전략입니다. 각 서비스는 고유의 장단점과 특성이 있으니 각 서비스의 차별된 기능을 깊이 이해하고 자신의 필요와 목표에 맞게 선택하는 것은 지식관리의 효율성을 높이는 좋은 방법입니다. 이 과정에서 생성형 AI의 한계를 인식하고, 때로는 '환각' 현상 같은 오류를 인지할 수 있는 비판적 사고가 중요합니다. 이러한 한계를 극복하기 위해 다양한 출처와 도구를 활용한 교차 검증은 필수이며 이를 통해 얻은 지식의 신뢰성을 높일 수 있습니다.

최종적으로 생성형 AI를 활용한 지식관리와 학습은 개인의 적극적인 탐구와 비판적 사고를 필요로 합니다. 이는 단순히 정보를 수집하는 것을 넘어 지식을 깊이 있게 이해하고, 그것을 자신의 삶과 연결지어 실질적인 가치를 창출하는 과정입니다. 이러한 접근 방식은 우리가 직면한 복잡한 세계를 이해하고, 그 안에서 의미 있는 기여를 할 수 있는 능력을 개발하는 데 결정적인 역할을 합니다.

챗GPT와 옵시디언의 협업 준비

챗GPT의 등장 이후 많은 변화가 일어났습니다. 영화나 소설 속에서나 꿈꾸던 인공지능과의 대화가 실현됐다는 소식에 전 세계 사람들은 환호성을 질렀고 구글을 비롯한 많은 기업들은 저마다 인공지능 개발에 뛰어들었습니다. 구글에서는 제미나이를 발표했고 국내에서도 네이버가 네이버 클로바 X를 출시하는 등 개발에 박차를 가하고 있습니다. 챗GPT는 기획과 마케팅, 집필, 개발 등 다양한 곳에 활용할 수 있습니다. 작업 속도를 획기적으로 줄여주고 언제 어느 때에도 사람과 대화하는 것 같은 느낌이 들 정도로 높은 수준의 답변을 내놓는다는 점이 인기를 끈다고 할 수 있습니다. 또 최근에는 GPT o1 pro가 출시되는 등 나날이 발전하고 있는 것을 생각해보면 이 기능을 잘 쓸 수 있는지 여부가 성공의 중요한 변수가 될 수도 있는 것 같습니다. 옵시디언에서도 챗GPT를 사용해 작업을 수월하고 빠르게 할 수 있습니다.

옵시디언과 챗GPT의 결합은 지식관리와 학습 과정에 혁신을 가져다줍니다. 이번 절에서는 옵시디언을 사용하면서 즉시 챗GPT를 사용하고 챗GPT가 답변한 내용을 옵시디언으로 불러와 노트로 만들 수 있는 방법을 소개하도록 하겠습니다. 두 프로그램이 원활하게 연동되면 나의 일을 대신해주고 업무 시간도 줄여줄 것입니다.

Open AI 홈페이지에서 API^{Application Program Interface} 키를 발급받고, 옵시디언에 설치된 Smart Connections 플러그인에 발급받은 API키를 등록하면 옵시디언과 챗GPT가 연동되어 대화할 수 있습니다. 중요한 점은 챗GPT API를 사용할 때는 사용량에 따라 추가 비용이 발생할 수 있다는 것입니다. 즉 챗GPT를 매달 유료 구독하고 있더라도, API 사용량에 따라 추가 금액이 발생할 수 있으므로 이를 염두에 두어야 합니다.

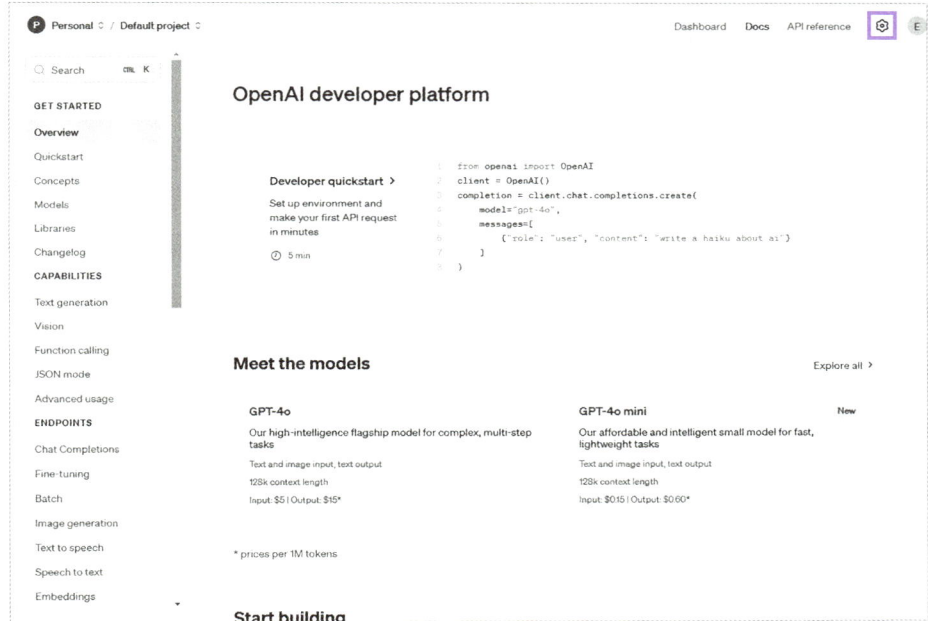

그림 6-2 **Open AI API key 발급 사이트**

브라우저 주소창에 platform.openai.com을 입력해 로그인합니다. 챗GPT 계정으로 로그인할 수 있으며, 계정이 없다면 OpenAI에 가입합니다. 로그인을 한 후 오른쪽 상단 톱니바퀴 모양의 'Settings' 아이콘을 누르면 개인 정보 등을 설정하는 페이지가 나타납니다. 왼쪽 메뉴에 있는 'Billing'을 클릭하면 결제에 관해 설정할 수 있는 페이지가 나오는데, 여기에서 결제수단을 등록할 수 있습니다.

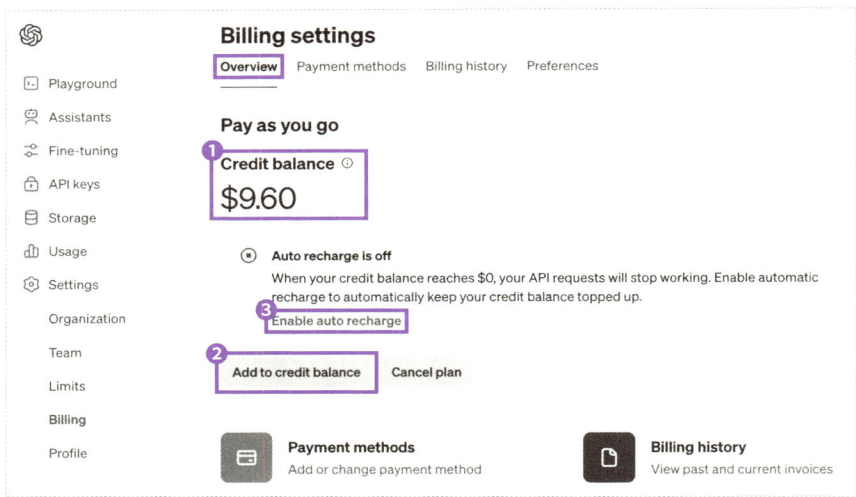

그림 6-3 챗GPT에 금액을 추가하기

'Overview'에서 확인할 수 있는 ❶ 'Credit Balance'에 위의 화면처럼 금액이 적혀 있어야 API가 작동합니다. ❷ [Add to credit balance] 버튼을 누르면 금액이 추가되고, ❸ [Enable auto recharge] 버튼을 누르면 나오는 창에서 일정 잔액 이하로 떨어지면 자동 결제되는 옵션을 설정할 수도 있습니다. 소액이라도 미리 결제해둬야 API key가 발급된 뒤 정상적으로 작동합니다. API key를 발급받겠습니다.

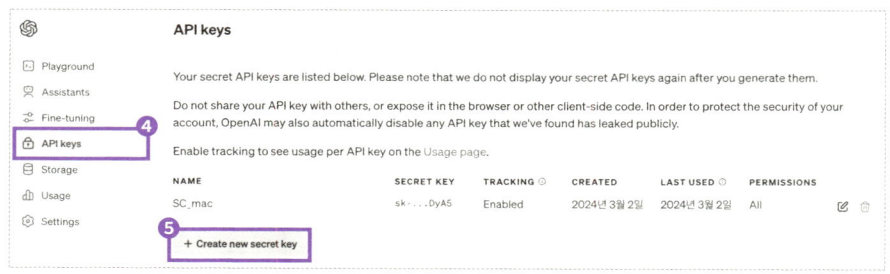

그림 6-4 신규 API key 발급받기

❹의 'API keys' 메뉴에 들어가서 ❺의 신규 API key를 발급받는 [+ Create new secret key] 버튼을 누르면 다음 화면이 나옵니다.

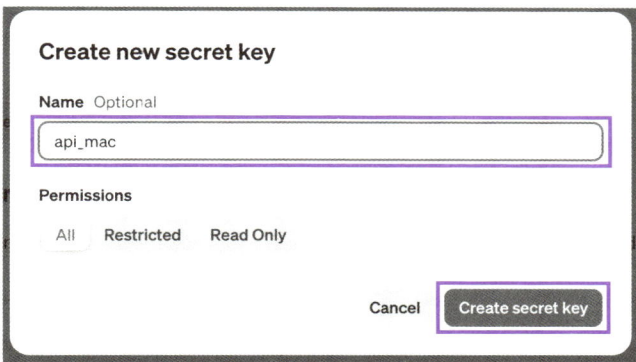

그림 6-5 생성한 API key에 이름 넣기

'Name'에 원하는 이름을 넣습니다. 그리고 [Create secret key] 버튼을 누르면 다음 화면과 같이 API key가 발급되는데, [Copy]를 눌러 복사합니다.

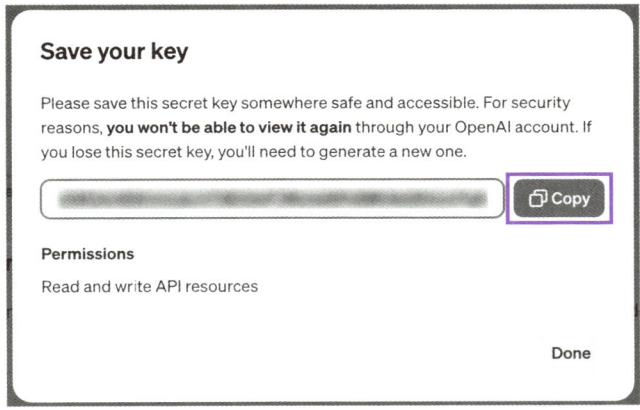

그림 6-6 발급된 API key 복사하기

Smart Connections 플러그인을 설치한 뒤 설정에서 API를 입력하는 부분에 붙여 [그림 6-6]에서 복사해둔 API Key를 넣으면 됩니다. 처음 출력될 때 복사하지 않아도 API는 추가 발급이 가능하니 걱정하지 않아도 됩니다.

챗GPT를 웹에서 사용하는 것과 옵시디언 노트의 데이터를 기반으로 사용하는 것 사이에는 중요한 차이점이 있습니다. 옵시디언 내에서 사용할 경우 내가 보유한 정보를 기반으로 질문을 생성하고 답변을 받을 수 있습니다. 이는 정보를 정리하고 요약하며, 추가로 학습할 때 매우 유용합니다. 즉, 개인화된 데이터와 지식을 활용하여 보다 깊이 있는 학습과 연구를 할 수 있습니다.

Smart Connections 플러그인은 제텔카스텐 방식을 따르며 노트들 사이의 연결을 통해 지식의 깊이와 범위를 확장하는 데 도움을 줍니다. 이 플러그인은 각 노트 내용을 스캔하여 연결 가능한 노트의 목록을 자동으로 추천해줍니다. 노트의 연결을 시각적으로 보여주어 지식의 맥락을 이해하고 전체적인 구조를 파악하는 데 중요한 역할을 합니다. 그러나 영구메모나 노트 간의 연결을 찾는 과정은 사용자가 직접 수행하는 것이 종종 더 효과적일 수 있습니다. 자동화된 도구가 편리함을 제공하지만, 개인의 지식 네트워크를 구축하고 관리하는 과정에서 직접적인 탐색과 연결은 더 깊은 이해와 지식의 체계적인 정리에 기여할 수 있습니다.

결론적으로 옵시디언과 챗GPT를 결합하는 것은 지식을 체계적으로 관리하고, 학습 과정을 극대화하는 데 매우 유용한 접근법입니다. 이를 통해 개인화된 학습 경험을 제공하며, 지식의 깊이와 연결성을 향상시킬 수 있습니다. 하지만 그전에 먼저 API 사용 시 발생할 수 있는 비용과 노트 간 연결을 직접 관리하는 중요성을 이해하는 것이 선결되어야 합니다.

♣ Smart Connections 플러그인 활용 지식 연결 강화

이 가이드는 사용자가 이미 옵시디언과 기본적인 플러그인 사용법에 익숙하다는 전제 하에 작성되었으니 어느 정도 챗GPT를 사용하면서 사용법을 숙지한 뒤 적용해보시는 것을 추천합니다. 복잡하거나 크게 어려운 일이 아니니 차근차근 다음에 적힌 내용을 따라하다 보면 쉽게 이해할 수 있으실 겁니다.

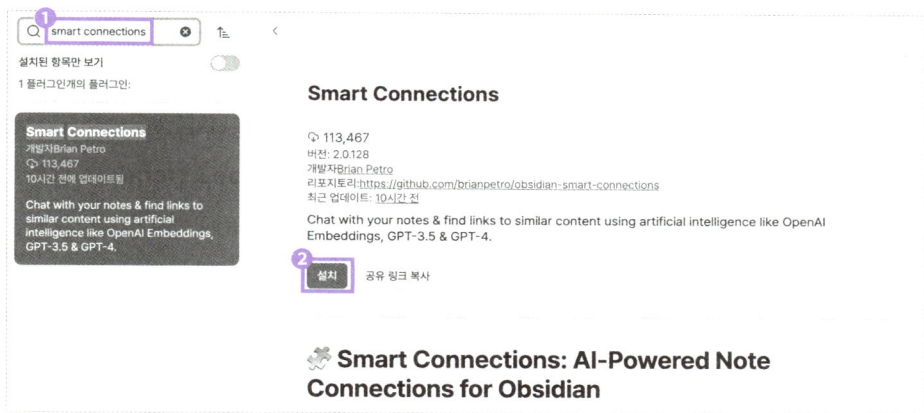

그림 6-7 Smart Connections 플러그인 설치하고 GPT API key 설정하기

1단계: Smart Connections 플러그인을 설치하기입니다. 132쪽의 내용을 따라 옵시디언을 실행하고 '설정'의 플러그인 섹션에서 '커뮤니티 플러그인'을 선택합니다. '탐색'을 클릭하여 검색창에 ❶ 'Smart Connections'를 입력하고 ❷ [설치] 버튼을 누르면 플러그인이 설치됩니다.

2단계: 챗GPT API key를 설정하기입니다. 이 부분은 244쪽에서 설명했습니다. OpenAI 웹사이트에 로그인하고, API 섹션으로 이동하여 API key를 생성합니다. 이 때 API 사용량에 따라 추가 비용이 발생할 수 있다는 것을 기억해야 합니다. 특히 무료버전인 챗GPT-3.5를 사용할 때의 습관이 나타나 API를 제한 없이 사용하는 경우가 있는데 굉장히 많은 비용이 청구될 수 있으니 주의하시길 바랍니다.

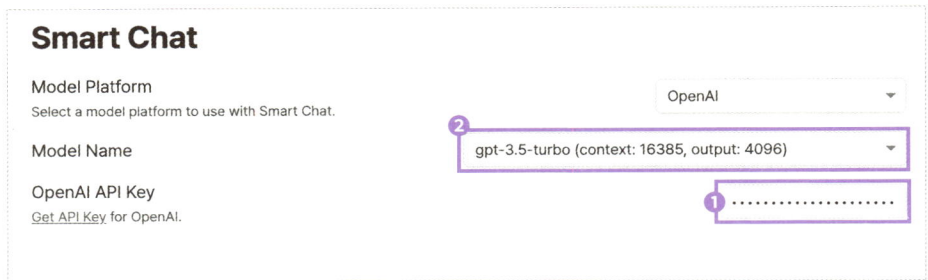

그림 6-8 Smart Connections 설정 탐색하기

3단계: Smart Connections 설정 탐색하기입니다. 설치 후 Smart Connections 플러그인의 설정으로 이동합니다. ❶에 Open AI에서 생성한 API key를 입력합니다. 이를 통해 옵시디언과 챗GPT 간의 연결이 설정됩니다. ❷는 GPT의 모델을 선택하는 부분입니다. GPT-3.5와 GPT-4.0 모델이 있고 모델에 따라서 속도와 정확도에 차이가 나는데 모델간 금액 확인은 API를 발급받은 Open AI 사이트에서 확인하실 수 있습니다.

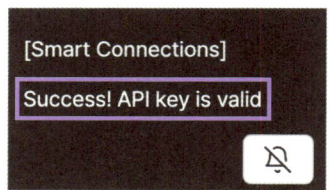

그림 6-9 API key가 유효할 때 나타나는 메시지

위의 그림처럼 'Success! API key is valid' 메시지가 나오면 API 연결이 성공했다는 의미입니다. 반면 제대로 API key를 발급했는데 에러 메시지가 뜨면 앞에서 설명한 OpenAI 사이트의 'Credit Balance'를 확인해야 합니다.

이외의 Smart Connections 플러그인의 작동 방식과 노트 간 연결을 자동화하는데 사용되는 다양한 옵션을 설정할 수 있습니다. 설정을 통해 특정 키워드나 문구에 대한 연결 강도를 조절하고 자동 연결 제안 기능의 민감도를 조정할 수 있습니다. 우선은 API만 연결하고 나머지는 기본으로 두고 사용하겠습니다.

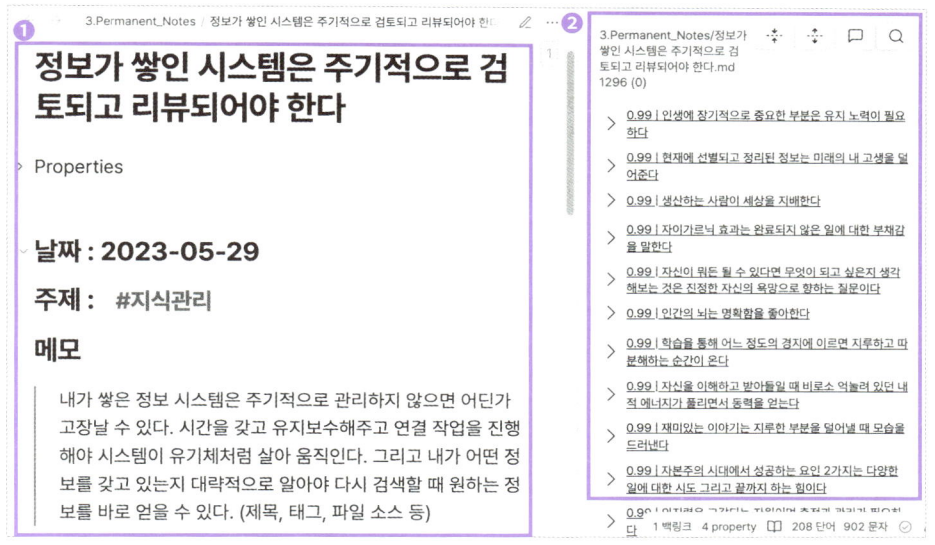

그림 6-10 Smart Connection을 활용해 옵시디언에 지식 네트워크 구축하기

4단계: 지식 네트워크 구축 시작하기입니다. [그림 6-10]과 같이 ❶새로운 노트를 생성하거나 기존 노트를 열어 주제에 대한 내용을 작성합니다. 작성 과정에서 Smart Connections 플러그인은 ❷와 같이 노트 내용과 관련된 다른 노트들을 자동으로 제안하여 노트 간의 연결을 강화하고 관련 지식을 쉽게 탐색할 수 있도록 도와줍니다. 그리고 기존에 작성된 영구메모에 추가 연결할 수 있는 노트를 관련도 순으로 정렬해서 보여줍니다.

5단계: 연결 깊이 더하기입니다. 제안된 노트들을 검토하고 주제와 관련성이 높은 노트들에 대해 직접 연결을 생성합니다. 이 과정에서 노트 간의 관계를 심층적으로 이해하고 지식의 맥락을 깊게 파악할 수 있습니다. 자동으로 제안된 연결뿐만 아니라, 자신의 판단으로 새로운 연결을 만들어내는 것도 중요합니다. 이는 제텔카스텐 방식의 핵심인 지식의 상호 연결성을 강화하는 데 도움이 됩니다.

6단계: 자신의 노트와 대화하기입니다. Smart Connections 플러그인이 다른 플러그인과 차별화되는 점은 자신의 노트 내용을 기반으로 챗GPT와 대화하는 것처럼 이용할 수 있다는 점입니다. 다만 활성화된 노트를 자동으로 불러오지는 않기 때문에 자신의 노트를 링크 방식인 "[["를 입력해 노트를 불러와서 대화할 수 있습니다. 처음 플러그인을 설치하고 나서 노트를 한번 인덱싱하는 과정을 거치게 됩니다.

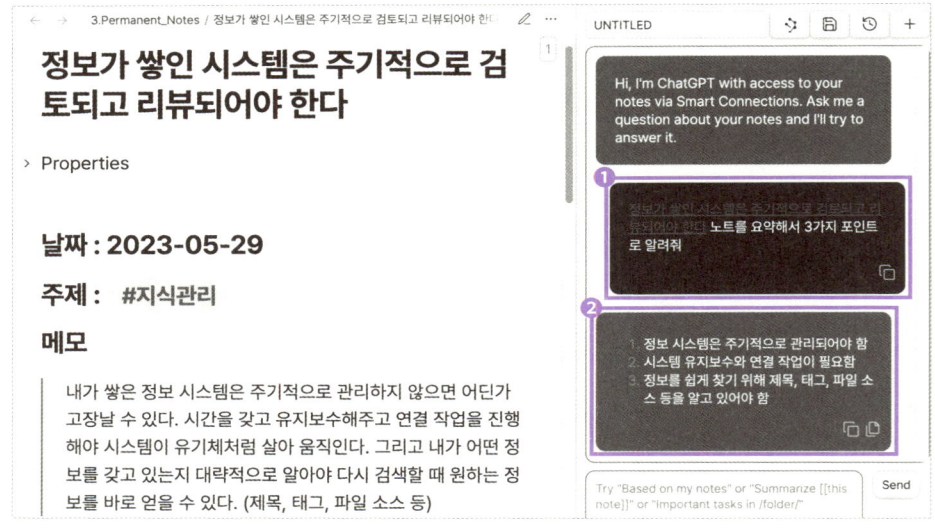

그림 6-11 **노트 내용을 불러오기**

❶처럼 노트의 내용을 옵시디언 연결로 불러올 수 있고, 노트 내용을 기반으로 챗GPT와 대화를 주고 받을 수 있습니다. ❷에서는 제가 요청한 대로, 왼쪽에 활성화된 노트를 세 가지 포인트로 정리해서 알려주는 걸 보실 수 있습니다. 이렇게 노트를 불러와서 정리하고 요약해 달라고 요청할 수 있고 여러 노트를 링크하고 노트끼리 비교하거나 검증하거나 연결 가능성을 물어볼 수도 있습니다. 플러그인 설정에서 선택한 GPT 모델 버전에 따라서 결과가 달라집니다.

챗GPT의 장점 중 하나는 길고 복잡한 정보를 간단히 요약하고 정리하는 것입니다. 문헌메모는 하이라이트와 메모량이 많은데 Smart Connections 플러그인을 이용해 정리해보면 보다 쉽고 빠르게 자료를 학습하고 이해할 수 있습니다.

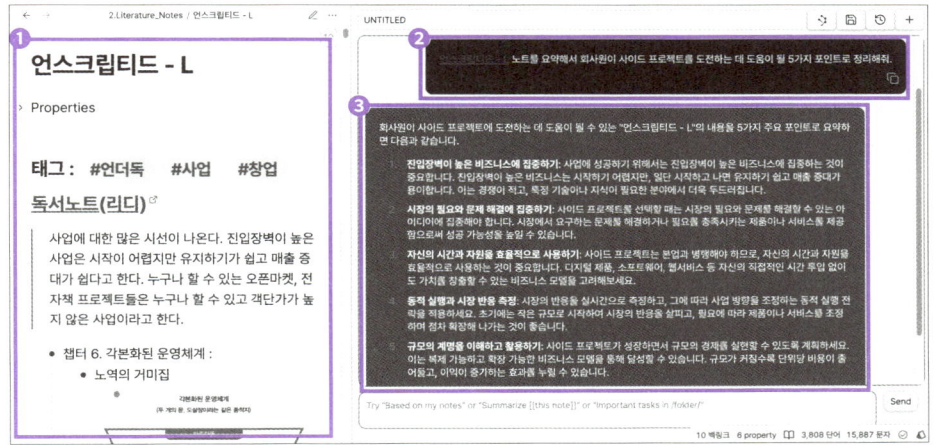

그림 6-12 Smart Connection플러그인으로 문헌메모 요약하기

❶처럼 엄청나게 긴 문헌메모를 요약하는 과정을 진행해보겠습니다. 이렇게 긴 노트일 경우 GPT-3.5 모델로 진행하면 오류가 뜨는 경우가 있습니다. 모델이 인식할 수 있는 텍스트 길이를 초과해서 나타나는 현상입니다. 이럴 땐 플러그인 설정에 가서 GPT-4.0으로 바꿔서 진행하시면 대부분 진행이 됩니다. 다만 상위 모델을 선택하면 API 비용이 올라간다는 점을 유의하시기 바랍니다. GPT-3.5 Turbo 모델과 GPT-4.0 Turbo 모델의 동일 토큰에 대한 비용은 20배까지 차이가 납니다.

❷에서 문헌메모를 불러와서 사이드 프로젝트를 진행하는 데 도움이 될 아이디어를 5가지로 요약해 달라고 했습니다. 이렇게 하면 ❸처럼 출력을 해줍니다. 만족스러운 답변이 나왔습니다. 모델 버전이 높을수록 프롬프트가 복잡하고 길이가 길어도 잘 수행해냅니다.

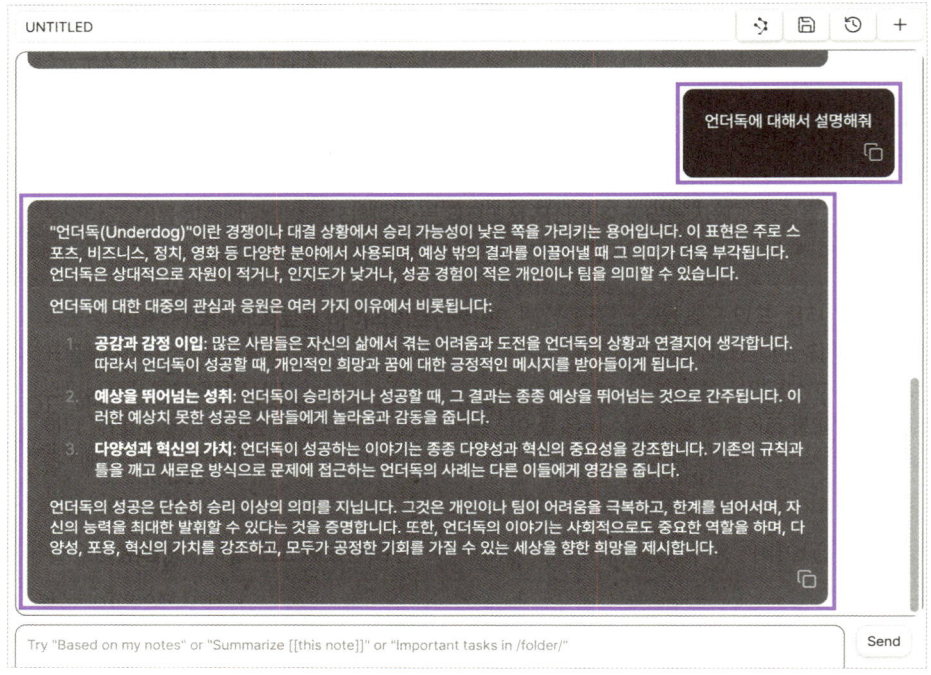

그림 6-13 노트 내용을 챗GPT에 물어보기

노트에서 이해가 가지 않는 부분이나 더 깊게 알고 싶은 것이 있다면 챗GPT에 질문을 하면 됩니다. 이 방식은 노트에 있는 내용을 두고 챗GPT와 대화를 하는 것이 아니라 그냥 챗GPT를 이용하는 것과 같은 방식입니다. 문제는 이런 방식이 API 자원을 소모하는 것이기 때문에 추가 요금이 부과된다는 점입니다. 챗GPT나 AI 서비스를 구독하고 있으시면 굳이 요금이 나가는 API 방식으로 사용할 필요는 없습니다. 챗GPT에 로그인해서 물어볼 수도 있지만 'Custom Frames' 플러그인을 설치하면 어떤 AI 사이트라도 불러와 옵시디언 사이드바에서 비용을 지불하지 않고 이용할 수 있습니다. (Custom Frames 플러그인 설치는 3장의 〈플러그인 살펴보기〉절에서 〈커뮤니티 플러그인〉항 참조)

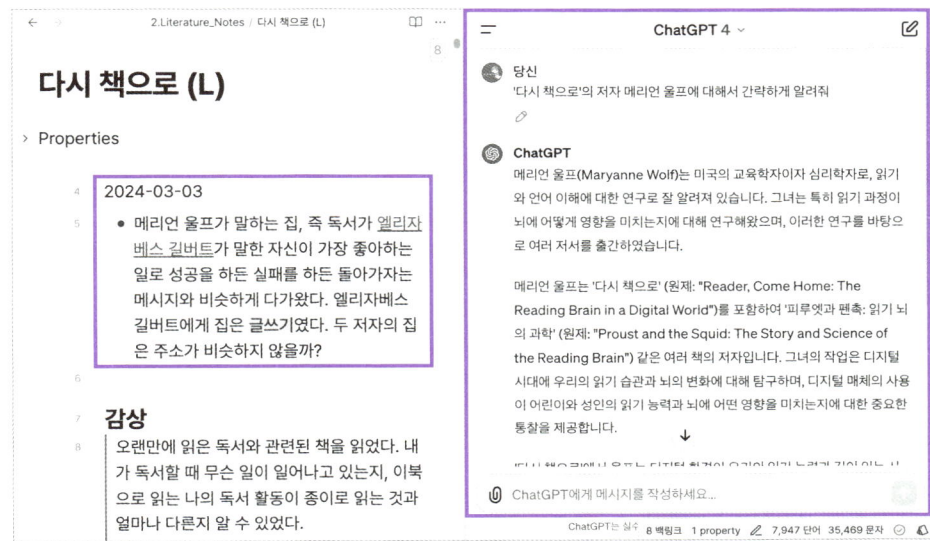

그림 6-14 챗GPT 내용이 옵시디언 내부에 나타났을 때의 화면

위의 화면은 챗GPT를 Custom Frames 플러그인으로 불러왔을 때의 모습입니다. 화면 오른쪽에는 챗GPT를 브라우저에서 볼 때의 화면이 그대로 옵시디언 사이드바에 들어오게 됩니다. 원래 'Custom Frames' 플러그인을 설치하면 왼쪽 사이드바에 리본 형태로 나타나는데 저는 오른쪽 사이드바에 나타나도록 드래그해서 사용하고 있습니다. 왼쪽에는 '다시 책으로'라는 제목의 문헌메모가 있는데 새롭게 책을 쓰면서 노트를 방문했을 때 메모를 추가했습니다. 연결할 부분이 생기면 날짜와 함께 메모를 추가하여 지식의 연결과 확장을 꾸준히 해 나갑니다.

Smart Connections 플러그인과 Custom Frames 플러그인으로 옵시디언 사용자는 자신의 지식 베이스를 체계적이고 연결성 높은 방식으로 구축할 수 있습니다. 이 과정에서 중요한 것은 자동 제안된 연결에만 의존하지 않고 지식 간의 연결을 직접 탐색하고 생각하는 능력을 발휘하는 것입니다. 이러한 접근 방식은 궁극적으로 더 깊고 풍부한 학습 경험을 제공합니다.

챗GPT가 가능하게 해주는 생산적 업무 방식

이번 절에서는 챗GPT를 활용하여 업무와 개인 지식관리의 효율성을 극대화하는 구체적인 사례를 소개하겠습니다. 먼저 챗GPT를 활용한 업무 효율화 및 최적 활용 사례를 다음의 화면으로 살펴보겠습니다.

당신
내가 관심있는 연구분야는 제텔카스텐과 같은 연결하는 메모법이 개인의 통합적인 지식관리와 성장에 기여할 수 있는지에 대한 부분인데 기존에 관련된 연구 자료가 있는지 확인해줘. 논문만 출력해.

< 2/2 >

ChatGPT
제텔카스텐과 같은 연결하는 메모법이 개인의 통합적인 지식 관리와 성장에 기여할 수 있는지에 대한 관련 연구는 다음과 같은 논문에서 찾을 수 있습니다:

1. **지식관리시스템을 활용한 지식공유 의도 향상에 대한 연구**에서는 지식 관리가 조직 성과에 중요하다고 인식되면서, 지식 관리 정책 및 기술에 대한 투자가 증가하고 있음을 설명합니다. 이 연구는 개인이 지식 관리 시스템을 통해 지식을 공유하는 의도에 미치는 긍정적 및 부정적 요인을 탐구하며, 조직의 공유 분위기가 미치는 영향을 분석합니다. [1]

2. **평생학습자의 개인지식관리에 대한 탐색적 실증 연구**는 지식사회와 평생학습 시대의 맥락에서 현대인이 자신의 삶과 생활에 지식을 연계시켜 관리하는 주도적 특성을 반영합니다. 이 연구는 평생학습자의 개인지식관리 수준을 측정하고, 개인지식관리에 대한 요인을 도출하며, 관련 변인별 개인지식관리 수준의 차이와 영향 요인을 분석합니다. [1]

3. **평생교육조직의 지식관리에 대한 실증적 연구**에서는 지식사회의 도래가 평생교육의 학문적 관심을 증대시키고 있음을 언급합니다. 평생교육 실천 현장에서 정보와 지식 중에서 실효성 있는 지식을 획득, 저장, 공유, 활용하여 평생교육의 가치를 실현하기 위한 지식 관리 실천에 초점을 맞추며, 평생교육조직의 지식관리 조사도구 개발을 통해 평생교육조직의 지식관리 실천의 특성을 분석합니다. [1]

이 논문들은 제텔카스텐과 같은 연결 메모법이 개인 및 조직 차원에서의 지식 관리와 성장에 기여하는 방식을 탐구하는 데 유용한 정보를 제공합니다. 각각의 연구는 조직 및 개인 차원에서의 지식 관리의 중요성과 효과적인 지식 관리 실천 방법을 탐색하며, 이러한 관리가 개인 및 조직의 성장에 어떻게 기여할 수 있는지에 대한 심층적인 분석을 제공합니다.

그림 6-15 **챗GPT로 아이디어 생성하기**

사례 1: 연구 및 개발 프로젝트의 아이디어 생성입니다. 연구 및 개발 팀은 새로운 프로젝트 아이디어를 도출하기 위해 챗GPT와 옵시디언을 함께 사용하여 제텔카스텐 방식으로 지식을 구조화하고 연결할 수 있습니다. 팀원들은 옵시디언 내에서 관련 주제와 아이디어를 노트로 작성하고, 챗GPT를 활용하여 이러한 노트를 바탕으로 새로운 아이디어를 생성하거나 기존 아이디어를 확장합니다. 이 과정을 통해, 프로젝트 아이디어의 깊이와 범위를 넓힐 수 있습니다.

앞의 화면에서 표시된 따옴표[77] 부분은 챗GPT가 내놓은 답변의 출처입니다. 클릭해서 원문을 함께 보며 연구 아이디어에 대한 추가 학습과 검증을 진행할 수 있습니다. 연결된 논문을 Zotero Connector로 Zotero에 수집하고 하이라이트한 뒤 메모한 내용을 옵시디언으로 동기화해서 연구 아이디어를 기존 지식과 연결하면서 확장할 수 있습니다.

사례 2: 코드 작성 및 디버깅 지원입니다. 개발자들은 챗GPT를 사용하여 코드 작성 과정을 가속화하고, 디버깅을 보다 효율적으로 수행할 수 있습니다. 챗GPT는 특정 프로그래밍 언어에 대한 이해를 바탕으로, 코드 스니펫 제안, 로직 오류 탐지, 최적화 방안 제시 등을 수행할 수 있습니다. 이를 통해 개발자는 보다 빠르게 고품질의 코드를 작성하고, 잠재적인 문제를 사전에 해결할 수 있습니다.

사례 3: 데이터 분석 및 해석을 통한 업무 방향성 설정입니다. 데이터 분석가나 마케터는 챗GPT를 활용하여 대량의 데이터 분석과 해석 작업을 보다 쉽게 수행할 수 있습니다. 챗GPT는 복잡한 데이터 세트를 분석하여 트렌드, 패턴, 인사이트를 도출하고, 이를 바탕으로 전략적인 업무 방향성을 제시할 수 있습니다. 이 과정에서 챗GPT의 자연어 처리 능력은 데이터를 보다 쉽게 이해하고, 의사 결정 과정에서 중요한 정보를 제공합니다.

이러한 케이스들은 챗GPT와 옵시디언, 그리고 제텔카스텐 방식의 통합 사용을 통해, 실제 업무와 학습에서 근본적인 생산성 향상을 이룰 수 있음을 보여줍니다. 이 접근 방식은 업무 속도를 단순히 높이는 것을 넘어, 질적으로 더 높은 수준의 결과물을 생성하고, 지식의 깊이와 연결성을 향상시키는 데 중점을 둡니다. 개인지식 관리에 관심이 있는 사람들은 챗GPT와 옵시디언을 활용하여 자신의 지식과 아이디어를 보다 효과적으로 관리하고 확장할 수 있으며, 이는 결국 더욱 생산적이고 만족스러운 업무 및 학습 생활로 이어질 수 있습니다.

전문적인 분석은 아니지만 기존에 만들어놓은 데이터를 이용해서 원하는 방향으로 활용하는 과정으로 활용할 수 있습니다. '다시 책으로' 문헌메모에 들어가 있는 하이라이트와 메모를 통해서 글을 읽은 자신에 대해서 분석하는 과정을 챗GPT와 함께 진행해보겠습니다.

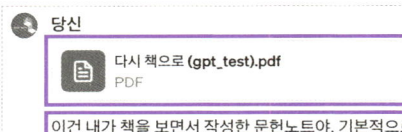

그림 6-16 **문헌메모를 PDF 파일로 출력해 챗GPT에 데이터로 입력하기**

옵시디언에 있는 문헌메모를 PDF 파일로 출력해서 챗GPT에 첨부합니다. GPT-4.0을 사용하고 있을 때 선택할 수 있습니다. 파일을 첨부한 상태에서 원하는 분석 방향을 설정하는 PDF 파일 내용을 읽으면서 분석하고 프롬프트에 대한 결과물을 출력합니다.

같은 책을 함께 읽어도 책에 대한 생각은 사람마다 모두 다를 수밖에 없습니다. 이렇게 자신이 작성한 메모를 데이터로 입력하여 챗GPT에게 분석하게 하면 자신의 생각이나 삶의 방향성을 명확하게 알 수 있습니다.

당신
책에 남긴 메모를 기반으로 나에 대해서 분석하는 과정을 진행해보자. 어떤 성격이나 기질, 능력을 갖고 있는 사람인지 분석해줘. 그리고 어떤 직업이 잘 어울리는 사람이지도 함께 출력해.

< 3/3 >

ChatGPT
당신이 책에 남긴 메모를 기반으로 한 분석에 따르면, 여러 가지 성격 특성, 기질 및 잠재적으로 어울리는 직업 경로를 제안할 수 있습니다.

성격과 기질
- **깊은 사고력**: 당신은 독서를 통해 깊은 사고와 비판적 사고를 발달시킬 수 있다는 점을 인식하고 있습니다. 이는 복잡한 문제를 분석하고 해결하는 데 필요한 깊은 사고력을 가진 사람임을 나타냅니다.
- **공감 능력**: 독서를 통해 공감 능력을 키우고자 하는 태도는 다른 사람의 감정과 생각을 이해하고 공감할 수 있는 능력이 뛰어남을 의미합니다.
- **평생 학습자**: 다양한 주제에 대한 독서를 통해 지식을 넓히려는 당신의 태도는 평생 학습자의 특성을 보여줍니다.
- **디지털과 아날로그의 균형**: 디지털 독서와 종이 책 독서의 차이를 이해하고 둘 다의 가치를 인정하는 점은 변화하는 환경에 적응하면서도 균형을 중시하는 성격을 나타냅니다.

잠재적으로 어울리는 직업
- **교육자**: 깊은 사고력과 평생 학습에 대한 열정은 교육자로서 학생들에게 지식을 전달하고 사고력을 키워주는 데 적합합니다.
- **심리학자/상담가**: 공감 능력이 뛰어난 당신은 사람들의 문제를 이해하고 해결하는 데 도움을 줄 수 있는 심리학자나 상담가로서 성공할 가능성이 높습니다.
- **작가**: 다양한 독서를 통해 얻은 지식과 사고력은 풍부한 아이디어와 깊이 있는 내용을 글로 표현하는 작가에게 필수적인 요소입니다.
- **연구원**: 깊은 사고와 분석 능력은 복잡한 문제를 연구하고 해결책을 모색하는 연구원에게 매우 중요합니다.

당신의 메모에서 나타나는 성격과 기질은 다양한 분야에서 성공할 수 있는 잠재력을 보여줍니다. 이러한 특성을 바탕으로 적성과 관심사에 맞는 직업을 선택한다면 큰 만족과 성취를 얻을 수 있을 것입니다.

그림 6-17 입력된 데이터로 챗GPT가 저자에 대해 분석하게 하기

앞의 화면 내용처럼 어울리는 직업까지 책에 대한 하이라이트 및 메모를 입력한 문헌메모를 PDF로 바꿔 챗GPT에 물으면 답변을 해줍니다. 사람이 PDF 내용을 읽고 그에 대한 내용을 요약하는 데 많은 시간이 필요한데 챗GPT는 굉장히 빠른 속도로 답변을 주고 내용도 괜찮다는 점이 눈여겨볼 만합니다. 개인의 독서 경험이 문헌메모로 정리되고, 문헌메모를 다시 인공지능을 사용해 추출하고 분석하는 과정을 통해서 기록의 본래 목적인 자기 성찰을 진행하고, 앞으로의 방향성(어울리는 직업)까지 살펴볼 수 있었습니다.

저는 독서 경험을 통해서 진행했지만, 독자 여러분의 다양한 직무에서 얻은 다양한 데이터를 활용해서 데이터 전처리 및 프롬프트를 통한 분석 과정을 통해서 업무에 필요한 방향성을 도출하고 아이디어 발굴에도 도움을 받을 수 있습니다.

● 에필로그 ●

　지금까지 제텔카스텐과 옵시디언을 활용한 개인지식관리와 그 활용 방안에 대해서 하나씩 알려드렸습니다. 개인지식관리라는 새로운 분야에 첫 발걸음을 내딛으신 여러분께 축하의 말씀을 드립니다. 마지막으로 개인지식관리에 대해서 드리고 싶은 말을 적으며 책을 마무리하겠습니다.

　우리가 메모하고 기록하는 일차적인 목적은 기억하기 위해서입니다. 우리는 할 일을 잊지 않기 위해, 장기적으로 추구하는 목표를 다시 점검하고 진행 상황을 체크하기 위해, 주변 사람들과의 좋은 관계를 유지하기 위해 기록합니다. 우리가 남긴 기록은 우리에게 동기부여를 제공하며 약속이나 기념일 등 중요한 순간들을 놓치지 않고 챙기게 해줍니다.

　하지만 기록하고 개인지식을 관리하는 행위는 단순히 정보를 저장하는 것 이상의 의미를 가집니다. 좀 더 깊이 들어가 보면 기록하는 행위는 자기 자신을 더욱 잘 이해하기 위한 행위 중 하나이기도 합니다. 내가 삶의 목표를 잘 수행하고 있는지, 모든 사람이 추구하는 목표인 사회적 합의가 나 자신에게도 적합한 가치인지 되짚어 보거나 자신만의 목표를 발견해 수행하고 싶을 때 기록은 우리에게 중요한 단서를 제공합니다.

　개인지식관리는 바로 이 지점에서 그 중요성이 드러납니다. 자신만이 할 수 있는 일을 찾기 위한 과정, 즉 우리가 가진 다양한 능력이 중첩되는 지점에서 나오는 폭발적인 잠재력을 발견하기 위해 우리는 책을 읽고 배우며 지식을 쌓아갑니다. 이 과정에서 우리는 아직 다가오지 않은 삶의 가능성을 수집하며, 자신에게 의미 있고 영감을 주는 정보를 지식관리 시스템에 통합합니다. 이는 기존의 지식과 관련 있는 부분을 연결하고 비슷하거나 상반되는 부분도 검토하고 검증하면서 지식을 발전시키는 과정을 거치게 됩니다.

개인지식관리의 궁극적인 목적은 지식을 생산하는 것입니다. 입력은 곧 출력을 전제로 이루어지며 출력이 없는 입력만 하는 것은 물이 흐르지 않고 고여 있는 모습과 유사합니다. 공장에 원재료가 들어와 생산과 가공이라는 과정을 거쳐 제품으로 만들어지고 유통 과정을 거쳐 시장에 배포되어 구매자의 선택을 받는 것처럼, 우리의 지식도 같은 과정을 거쳐 하나의 결과물로 만들어져야 합니다. 그 결과물은 자신의 의견이 될 수도 있고 글이나 콘텐츠가 될 수도 있으니 결국 자신의 삶이 개인지식관리의 최종 생산물이 된다고 볼 수 있습니다.

이런 과정을 거치며, 우리는 자신이 원하는 삶에 대한 학습과 성찰을 통해 방향성을 찾게 됩니다. 방향성이 있는 사람은 목표에 집중하며, 생산적인 삶을 살 확률이 높아집니다. 중간에 다른 길로 들어설 수도 있지만, 한번 방향성을 설정해본 사람은 다른 길에 들어서더라도 곧 기존의 방향성을 되찾고, 다른 길에서 얻은 경험을 기존의 길을 더 잘 가기 위한 추진력으로 삼을 수 있습니다.

지금까지 책에서 다룬 제텔카스텐 메모법과 옵시디언 프로그램을 활용한 개인지식관리는 바로 이런 개인의 성찰과 성장의 과정을 지원합니다. 자신만의 지식과 통찰이 쌓인 시스템을 통해 여러분은 과거의 자신과 마주하는 동시에 가야 할 삶의 방향성을 찾는 데 도움을 얻으실 수 있으실 겁니다. 지적 성장의 역사가 담긴 시스템을 통해 누구도 정의할 수 없는, 여러분의 고유한 성공에 이르시길 바라며 이야기를 여기서 마무리합니다.

마지막으로 제안을 주시고, 책이 나오기까지 모든 과정에서 완성도 있는 책이 될 수 있도록 애써주신 출판사의 홍순용 편집자님께 감사합니다. 그리고 결혼을 앞두고 원고 작성하느라 주말마다 카페에 가던 저를 이해해주고 옆에서 지켜봐 준, 사랑하는 아내 토비에게 이 책을 바칩니다.